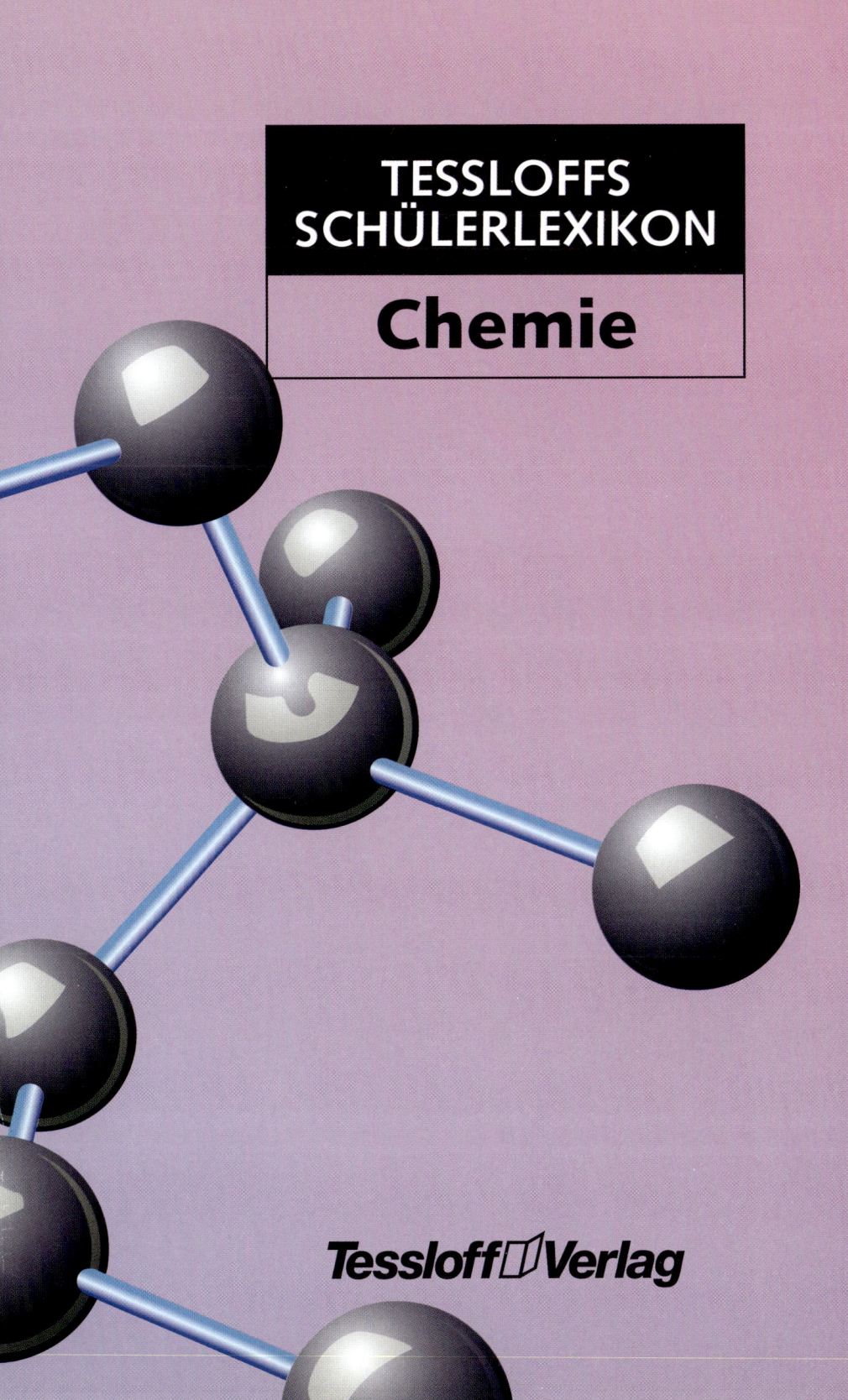

TESSLOFFS SCHÜLERLEXIKON

Chemie

Tessloff Verlag

WAS IST CHEMIE?

Chemie untersucht die Elemente, aus denen alle Stoffe zusammengesetzt sind. Sie beschäftigt sich mit der Struktur dieser Elemente, mit ihren Verbindungen zu neuen Stoffen und mit ihren Reaktionen unter bestimmten Bedingungen. In diesem Buch ist die Chemie in fünf Abschnitte gegliedert, denen jeweils eine Farbe zugeordnet ist:

 Physikalische Chemie

Beschäftigt sich mit dem Aufbau, den Eigenschaften und dem Verhalten von Stoffen. Beinhaltet die allgemeinen Gesetze der Chemie.

 Anorganische Chemie

Untersucht die Gruppen der Elemente im Periodensystem, ihre Eigenschaften, Verbindungen und Verwendung (außer Kohlenstoffverbindungen).

 Organische Chemie

Befasst sich mit kohlenstoffhaltigen Verbindungen, ihrem Aufbau und mit den Gruppen, in die sie eingeteilt werden.

 Umweltchemie

Erläutert die Wechselwirkungen natürlicher Chemikalien und die Auswirkungen von Umweltverschmutzung.

 Allgemeines

Schaubilder und Tabellen mit Eigenschaften, Symbolen und Nachweistechniken sowie Informationen über Experimentiergeräte, Tests und Methoden der chemischen Analyse.

INHALT

PHYSIKALISCHE CHEMIE

Physikalische Chemie ist der Teil der Chemie, der sich mit dem Verhalten der Stoffe bei **chemischen Reaktionen** unter verschiedenen Bedingungen beschäftigt und gewonnene Erkenntnisse in allgemein gültige Gesetze zusammenfasst. Sie untersucht:

Chemische Reaktionen in den Zellen von Tiefseefischen erzeugen Licht und lassen den Fisch leuchten.

Leuchtorgane

1. Feste Stoffe, Flüssigkeiten und Gase, die Umwandlungen dieser Zustände ineinander, die Ursachen dieser Umwandlungen und ihre Abhängigkeit von der Struktur der Materie (s. a. **Aggregatzustände** 6–7, **Kinetische Theorie** 9 und **Gasgesetze** 28–29).

5. Symbole, Beschreibung chemischer Vorgänge (s. a. **Formeln, Namen Gleichungen** 26–27).

Diagramm eines Ethenmoleküls

Beide Darstellungsweisen zeigen, dass ein Ethenmolekül aus zwei Kohlenstoff- und vier Wasserstoffatomen besteht.

C_2H_4 *Molekülformel für Ethen*

6. Wie sich Substanzen vermischen (s. a. **Lösungen und Löslichkeit** 30–31).

Salz

Salz ist löslich – es löst sich in Wasser auf und ergibt eine klare Lösung.

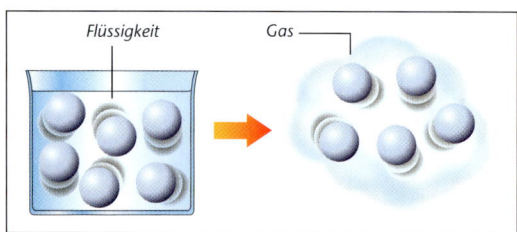

Flüssigkeit   Gas

2. Die physikalische und chemische Zusammensetzung der Stoffe – ihre Bausteine und ihre Bindungen (s. a. **Elemente, Verbindungen, Gemische** 8–9, **Atome und Moleküle** 10–11, **Chemische Bindung** 16–20 und **Kristalle** 21–23).

Schwefelkristalle kommen in zwei Formen vor.

7. Umwandlungen bei chemischen Prozessen (s. a. **Energie und chemische Reaktionen** 32–33 und **Reaktionsgeschwindigkeit** 46–47) und spezielle Reaktionen (s. a. **Oxidation und Reduktion** 34–35 und **Gleichgewichtsreaktionen** 48–49).

Die Substanz am Streichholz brennt als Reaktion auf den Phosphor an der Schachtel.

8. Typische Reaktionen chemischer Stoffe (s. a. **Säuren und Basen** 36–38 und **Salze** 39–41).

*Salzsäure und Natriumhydroxid (eine alkalische Lösung) reagieren miteinander, indem sie Natriumchlorid (Kochsalz) bilden. Die Lösungen sind mit **Lackmus*** gefärbt um zu zeigen, ob sie sauer, basisch oder neutral sind.*

Salzsäure   Natriumhydroxid

Natriumchlorid

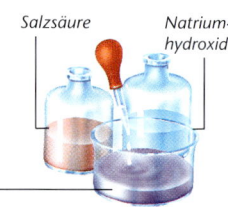

3. Die Struktur der Atome, der Atomkerne und ihre Umwandlung (s. a. **Bau der Atome** 12–13 und **Radioaktivität** 14–15).

Bau eines Natriumatoms

4. Quantitative Messungen an Atomen. Vergleich der Werte von Gasen, Flüssigkeiten und festen Stoffen (s. a. **Atommassen** 24–25).

Bestimmung relativer Atommassen

9. Die Wirkung der elektrischen Ladung auf Stoffe und die Gewinnung elektrischer Energie aus chemischen Reaktionen (s. a. **Elektrolyse** 42–43, **Reaktivität** 44–45).

Elektrolyse von Kupfer

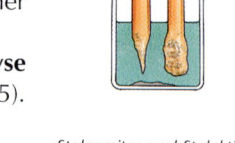

10. Die verschiedenen Ebenen der Reaktivierung und ihre Erklärungen (s. a. **Reaktivität** 44–45).

Stalagmiten and Stalaktiten bilden sich als Ergebnis einer langsamen chemischen Reaktion zwischen dem Calciumcarbonat im Kalkstein und der Kohlensäure im Regenwasser.

EIGENSCHAFTEN UND VERÄNDERUNGEN

Physikalische Eigenschaften

Alle Eigenschaften, die ein Stoff hat, außer den Eigenschaften, die direkt zu einer **chemischen Reaktion** gehören. Man unterscheidet **qualitative Eigenschaften** und **quantitative Eigenschaften**.

Qualitative Eigenschaften

Eigenschaften der Stoffe, die nicht mit Zahlenwerten erfassbar sind, wie z. B. Geruch, Geschmack oder Farbe.

Qualitative Eigenschaften zur Beschreibung von Stoffen, z. B.

Fest   Flüssig   Gasförmig

Geruch   Geschmack   Farbe

Quantitative Eigenschaften

Eigenschaften, die gemessen und in Zahlenwerten angegeben werden können, z. B. Schmelzpunkt, Siedepunkt, **Masse***, **Löslichkeit*** und **Dichte***. Weitere Beispiele s. u.

Quantitative Eigenschaften zur Beschreibung von Stoffen, z. B.

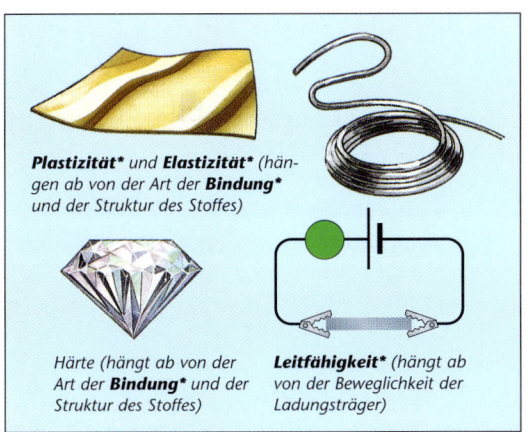

Plastizität und Elastizität* (hängen ab von der Art der **Bindung*** und der Struktur des Stoffes)*

*Härte (hängt ab von der Art der **Bindung*** und der Struktur des Stoffes)*

Leitfähigkeit* (hängt ab von der Beweglichkeit der Ladungsträger)

Physikalische Umwandlung

Umwandlung, bei der eine physikalische Eigenschaft eines Stoffes verändert wird. Der Prozess ist meist umkehrbar.

*Die **physikalische Umwandlung** eines Feststoffes in eine Flüssigkeit wird durch Energiezufuhr verursacht (s. a. **Kinetische Theorie** 9).*

Eiscreme zerschmilzt in der Sonne von einem festen Stoff zu einer Flüssigkeit.

Chemische Eigenschaften

Eigenschaften, die das Verhalten der Stoffe bei **chemischen Reaktionen** beschreiben.

*Chemische Eigenschaften hängen von der **Elektronenkonfiguration***, der **Bindung***, der Struktur und der Energieänderung ab.*

Chemische Reaktion

Eine Umwandlung, bei der die chemischen Eigenschaften eines Stoffes verändert werden oder bei der aus den **Reaktanten** ein neuer Stoff entsteht.

Reaktant

Substanz, die zu Beginn einer **chemischen Reaktion** vorhanden ist.

Produkt

Substanz, die bei einer **chemischen Reaktion** entsteht.

*Das **Rosten*** von Eisen ist eine chemische Reaktion. Die Reaktion verläuft sehr langsam. Viele Reaktionen verlaufen viel heftiger.*

*Eisen, Wasser und Sauerstoff aus der Luft sind **Reaktanten**.*   ***Rost*** ist das **Produkt**.*

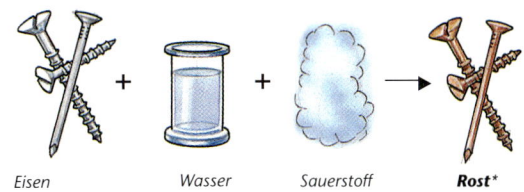

Eisen   Wasser   Sauerstoff   Rost*

Reagenz

Eine Substanz, die man zum Auslösen einer **chemischen Reaktion** benutzt. Sie ist auch ein **Reaktionspartner**. Gebräuchliche Reagenzien in den Laboratorien sind Salzsäure, Schwefelsäure und Natronlauge.

AGGREGATZUSTÄNDE

Materie kann in drei Aggregatzuständen auftreten: **fest**, **flüssig** und **gasförmig**. Sie kann ihren Aggregatzustand ändern. Dies geschieht normalerweise, wenn man sie erwärmt oder abkühlt und dadurch die Energie der Partikel erhöht oder senkt (s. a. **Kinetische Theorie** 9).

*Eiskristalle – die **feste** Form von Wasser*

Fester Zustand
Die Materie hat eine feste Form und ein festes Volumen.

*Im **festen Zustand** bleiben Form und Volumen gleich.*

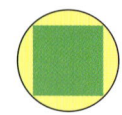

Flüssiger Zustand
Die Materie hat ein festes Volumen, aber keine feste Form.

*Im **flüssigen Zustand** bleibt das Volumen gleich, aber die Form ändert sich.*

Gasförmiger Zustand
Weder Volumen noch Form sind fest. Die Materie ist ein **Dampf** oder ein **Gas**. Ein Dampf kann durch Druckerhöhung zu einer Flüssigkeit werden. Ein Gas muss dagegen erst in einen Dampf verwandelt werden – durch Absenken der Temperatur unter seine so genannte **kritische Temperatur**.

*Im **gasförmigen Zustand** ändern sich Form und Volumen.*

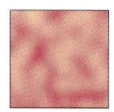
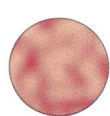

Phase
Teil eines Gemisches von Stoffen mit unterschiedlichen physikalischen und chemischen Eigenschaften. Gemische von Wasser und Sand oder auch Wasser und Öl haben zwei Phasen.

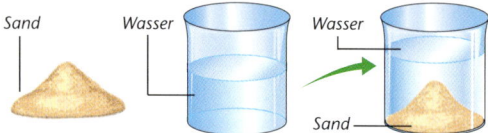

Sand   Wasser   Wasser

Sand

Fluide
Substanzen, die fließen können, sich also im **gasförmigen** oder **flüssigen Zustand** befinden.

Änderung des Aggregatzustands

Änderungen des Aggregatzustands sind **physikalische Umwandlungen*** der Stoffe. Sie treten auf, wenn der Energiezustand der Partikel durch Erwärmung oder Abkühlung der Stoffe verändert wird (s. a. **Kinetische Theorie** 9).

Schmelze
Flüssiger Aggregatzustand eines Stoffes, der bei Raumtemperatur fest ist.

*Festes Wachs **schmilzt**, wenn es erhitzt wird.*

Erstarren
Übergang vom **flüssigen** in den **festen** Aggregatzustand bei Stoffen, die bei Raumtemperatur und Normaldruck fest sind.

Schmelzen
Übergang eines Stoffes vom **festen Aggregatzustand** in den **flüssigen**, meist durch Erwärmung. Die Temperatur, bei der dies erfolgt, nennt man **Schmelzpunkt** (s. a. 98–99); es ist dieselbe Temperatur wie der Erstarrungs bzw. **Gefrierpunkt** (s. a. **Gefrieren** 7). Beim Schmelzpunkt können der flüssige und der feste Aggregatzustand gleichzeitig bestehen. Der Schmelzpunkt erhöht sich mit steigendem Druck. Reine Stoffe haben bei gleichem Druck den gleichen Schmelzpunkt.

*Eis (**feste** Form von Wasser) **schmilzt** bei 0 °C (273 K). Durch den Zusatz von Stoffen wie Orangensaft kann der **Schmelzpunkt** sinken.*

* **Physikalische Umwandlung**, 5.

Gefrieren

Übergang vom **flüssigen** zum **festen** Aggregat-
zustand durch Abkühlung bei Stoffen, die bei
Raumtemperatur und Normaldruck flüssig sind.
Die Temperatur, bei der ein Stoff gefriert, ist der
Gefrierpunkt – dieselbe Temperatur wie der
Schmelzpunkt (s. a. **Schmelzen** 6).

*Wasser **gefriert** bei 0 °C
(273 K). Durch
den Zusatz
von Stoffen
wie Salz im
Meerwasser
kann der **Gefrier-
punkt** sinken.*

Unterkühlte Schmelze

Feststoffe, die beim Erstarren aus der Schmelze
die Teilchenordnung des flüssigen Aggregat-
zustandes beibehalten. Glas ist ein Beispiel
oder auch die unterkühlte Schmelze von
Schwefel, die durch Schmelzen von Schwefel
und folgendes Abschrecken in kaltem Wasser
entsteht.

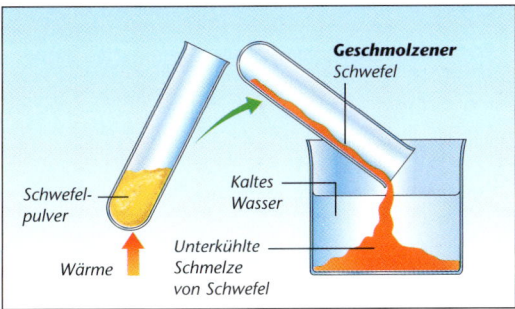

**Geschmolzener
Schwefel**

Schwefel-
pulver

Kaltes
Wasser

Wärme

Unterkühlte
Schmelze
von Schwefel

Sieden

Übergang vom **flüssigen** in den **gasförmigen**
Aggregatzustand (Dampf) bei einer Temperatur,
die Siedepunkt genannt wird (s. a. 98–99). Der
Dampf entsteht durch die Bildung von
Blasen in der Flüssigkeit.
Alle reinen Mengen
derselben Flüssigkeit
haben bei gleichem
Druck den gleichen
Siedepunkt. Druck-
erhöhung erhöht den
Siedepunkt, Druck-
senkung senkt den
Siedepunkt.

Wasser siedet bei 100 °C (373 K).

100°C

Verdunsten

Übergang vom **flüssigen** in den
gasförmigen Aggregatzustand
(Dampf) durch das
Entweichen von
Molekülen von der
Oberfläche (s. a. 30).
Eine Flüssigkeit, die
schnell verdunstet,
heißt **flüchtig***.

*In der Wärme des Regenwalds
verdunsten Regentropfen
schnell und bilden in der Luft
Wasserdampf.*

Verflüssigung

Übergang vom **gasförmigen** in den
flüssigen Aggregatzustand bei Stoffen, die
bei Raumtemperatur und Normaldruck
Gase sind. Verursacht durch Abkühlung
oder Druckerhöhung.

*Einige **Gase** werden für den Transport **verflüssigt**.*

Kondensation

Übergang vom **gasförmigen** (Gas oder Dampf)
in den **flüssigen** Aggregatzustand durch
Abkühlung bei Stoffen, die bei Raum-
temperatur und Normaldruck flüssig sind.

Draußen

Drinnen

Kalte Luft

*Wasserdampf kondensiert
am kalten Fenster. Es bilden
sich kleine Wassertropfen.*

Warme Luft

Sublimation

Übergang vom **festen** in den **gasförmigen**
Aggregatzustand und umgekehrt durch Erhitzen
bzw. Abkühlen. Dabei ist der Stoff zu keinem
Zeitpunkt flüssig (s. a. 48, Grafik).

Verdampfung

Jeder Übergang in den gasförmigen Zustand,
also Sieden, Verdunsten und Sublimation.

* **Flüchtig**, 116.

ELEMENTE, VERBINDUNGEN, GEMISCHE

Elemente, **Verbindungen** und **Gemische** sind die drei Hauptformen chemischer Stoffe. Die meisten natürlichen Stoffe bestehen aus mehreren Verbindungen.

Element
Stoff, den man nicht mehr durch chemische Reaktionen in andere Stoffe zerlegen kann. Es gibt zurzeit 106 bekannte Elemente, geordnet im **Periodensystem** (s. a. 50–51), die meisten sind bei Raumtemperatur fest oder gasförmig. Alle Atome desselben Elements haben in ihrem **Kern*** die gleiche Zahl an **Protonen*** (s. a. **Ordnungszahl** 13).

Eisen und Schwefel sind **Elemente** *– sie können nicht mehr in einfachere Stoffe zerlegt werden.*

Schwefel-pulver

Eisen-späne

Verbindung
Kombination von zwei oder mehr **Elementen**, die durch Bindungskräfte zusammengehalten werden. Die Eigenschaften einer Verbindung sind andere als die der Elemente, aus denen sie zusammengesetzt ist. Die Stoffmengen, die sich miteinander verbinden, stehen immer in einem festen Verhältnis zueinander, z. B. beim Wasser verbinden sich H + H + O zu H_2O. Verbindungen sind nur wieder in ihre Elemente zu zerlegen durch chemische Reaktionen oder **Elektrolyse***, bei der chemische Umwandlung durch Strom eingeleitet wird.

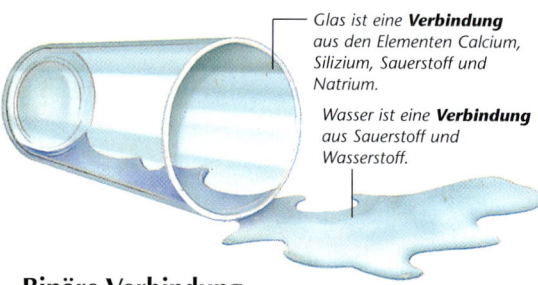

Glas ist eine **Verbindung** *aus den Elementen Calcium, Silizium, Sauerstoff und Natrium.*

Wasser ist eine **Verbindung** *aus Sauerstoff und Wasserstoff.*

Binäre Verbindung
Verbindung aus nur zwei verschiedenen **Elementen** wie z. B. Kohlenmonoxid, das nur aus Kohlenstoff und Sauerstoff besteht.

Synthese
Prozess, bei dem eine chemische **Verbindung** durch eine Reihe chemischer Reaktionen aufgebaut wird. Bei der Eisen(III)-chloridsynthese z. B. leitet man Chlorgas über heißes Eisen.

Quartz ist eine **Verbindung** *aus Silizium und Sauerstoff. Temperatur und Druck bei der* **Synthese** *wirken sich auf die Struktur des sich bildenden Minerals aus.*

Gemisch
Mischung von zwei oder mehr Elementen und/oder Verbindungen, die nicht miteinander chemisch verbunden sind. Die gemischten Substanzen können in beliebigen Gewichtsverhältnissen vermengt werden. Meistens kann man die Mischung durch physikalische Methoden wieder in ihre Bestandteile zerlegen.

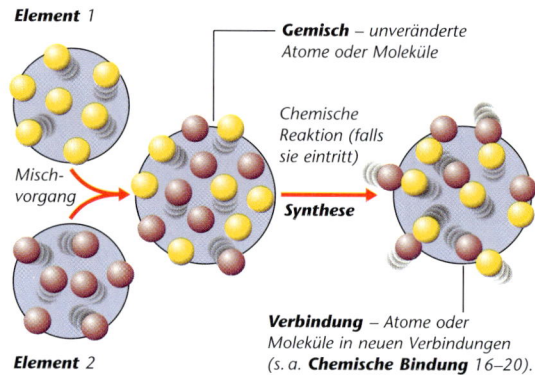

Element 1

Misch-vorgang

Synthese

Element 2

Gemisch *– unveränderte Atome oder Moleküle*

Chemische Reaktion (falls sie eintritt)

Verbindung *– Atome oder Moleküle in neuen Verbindungen (s. a.* **Chemische Bindung** *16–20).*

Chemisches Symbol
Kurzzeichen für ein Atom eines Elementes in **Formeln*** und **Gleichungen** (s. a. 26–27). Das Zeichen besteht in der Regel aus dem ersten oder aus zwei Buchstaben des meist griechischen oder lateinischen Namens des Elements (s. a. **Eigenschaften der Elemente** 98–99 und **Tabelle der Stoffe, Symbole und Formeln** 112–113).

Schwefel

Eisen

Chemisches Symbol S

Chemisches Symbol Fe
(von Lateinisch ferrum: Eisen)

* **Elektrolyse**, 42; **Formeln**, 26; **Kern**, 12; **Periodensystem**, 50; **Proton**, 12.

Homogene Stoffe

Stoffe, deren Partikel alle in der gleichen **Phase*** sind, z. B. **Lösungen*** (die physikalischen und chemischen Eigenschaften sind an jeder Stelle gleich).

Homogen

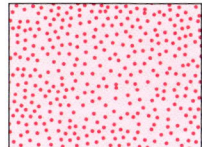

*Alle Partikel sind in derselben **Phase***.*

*Der Sand am Strand ist ein **heterogenes** Gemisch aus winzigen Partikeln von Quartz, Muscheln und organischer Materie.*

Heterogene Stoffe

Stoffe, deren Partikel in mehr als einer **Phase*** sind, z. B. **Suspensionen*** (die Eigenschaften der festen Partikel sind anders als die der Flüssigkeit).

Heterogen

*Die Partikel sind in verschiedenen **Phasen***.*

Rein

Ein Stoff ist rein, wenn er nur aus einem **Element** oder einer **Verbindung** besteht. Er hat keinerlei Beimengungen irgendeines anderen Stoffes. Ist das nicht der Fall, enthält er auch nur Spuren eines anderen Stoffes, so ist der Stoff verunreinigt. Man bezeichnet den Stoff dann als **unrein**.

Kinetische Theorie

Die **kinetische Theorie** erklärt das Verhalten der festen Stoffe, Flüssigkeiten und Gase und die **Änderungen der Aggregatzustände*** als Folge der Eigenbewegung der Atome und Moleküle, aus denen die Stoffe bestehen.

*Nach der **kinetischen Theorie**:*

Partikel in Festkörpern sind dicht gepackt. Sie schwingen um ihren festen Ort.

Wärme macht die Schwingung so heftig, dass der feste Verband sich auflöst.

Partikel einer Flüssigkeit liegen eng aneinander, sie können sich umeinander frei bewegen.

Wärme erhöht die Geschwindigkeit, bis die Partikel aus der Flüssigkeit ausbrechen können und ein Gas bilden.

Ein Gas besteht aus freien Partikeln, die sich mit hoher Geschwindigkeit bewegen.

Je größer die Geschwindigkeit und Anzahl der Partikel, die auf die Oberfläche und aufeinander treffen, desto höher ist der Druck.

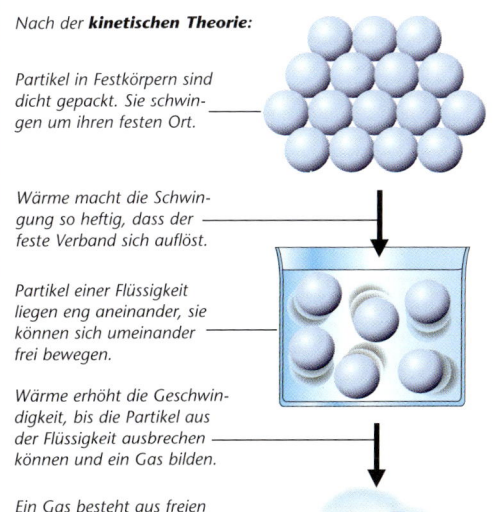

Brown'sche Molekularbewegung

Zufällige Bewegung kleiner Partikel in Wasser oder Luft. Beleg für die kinetische Theorie, da eindeutig hervorgerufen durch unsichtbare Zusammenstöße mit Wasser- oder Luftmolekülen.

Die Pollenkörner bewegen sich im Wasser erkennbar zufällig. Sie werden von Wassermolekülen getroffen.

Diffusion

Prozess, bei dem sich Flüssigkeiten oder Gase ohne mechanische Hilfe vermischen. Diffusion stützt die kinetische Theorie, denn Partikel müssen sich bewegen, um sich zu mischen. Sichtbare Gase, wie z. B. Bromgas, diffundieren schneller als Flüssigkeiten. Nur **mischbare*** Stoffe können diffundieren.

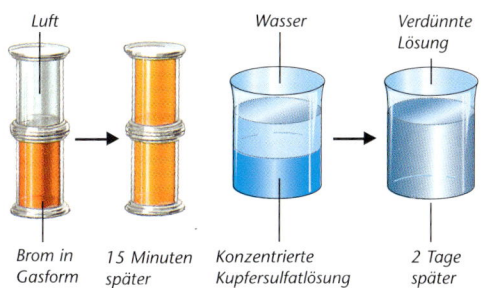

Luft · Wasser · Verdünnte Lösung

Brom in Gasform · 15 Minuten später · Konzentrierte Kupfersulfatlösung · 2 Tage später

---

* **Änderung des Aggregatzustands**, **Fluide**, 6; **Lösungen**, 30; **Mischbar**, 31; **Phase**, 6; **Suspension**, 31.

ATOME UND MOLEKÜLE

Vor über 2000 Jahren nahmen die Griechen an, dass alle Stoffe aus kleinsten Teilchen (Partikeln) bestehen. Sie nannten sie **Atome**. Später erweiterte man die Theorie um die Idee vom Molekül als Zusammenschluss von Atomen. **Anorganische*** Moleküle bestehen meist aus nur wenigen Atomen, die **organischen*** können jedoch aus hunderten von Atomen zusammengesetzt sein.

Atom
Kleinstes Partikel eines Elements, das alle Eigenschaften des chemischen Elements verkörpert; besteht aus drei kleineren Teilchen (s. a. **Bau der Atome** 12). Die Atome fast aller Elemente können sich zu Atomgruppen verbinden, die man **Moleküle** nennt (s. a. **Kovalente Bindung** 18).

Molekül
Kleinstes Partikel einer Verbindung. Moleküle bestehen aus zwei oder mehr **Atomen** und sind die Träger aller Eigenschaften der Verbindung. Es gibt Moleküle mit mehr als tausend Atomen. **Ionenverbindungen*** haben keine Moleküle, sondern bestehen aus **Ionen*** (elektrisch geladenen Partikeln).

Tetrachlormethan (CCl₄). Das Molekül besteht aus vier Atomen Chlor und einem Atom Kohlenstoff.

Neon ist ein Edelgas. Das Neonmolekül besteht aus einem einzigen Neonatom.

Atomigkeit
Zahl der **Atome** in einem **Molekül**, die nach der **Molekülformel*** der Verbindung berechnet wird.

*Ein **Molekül** mit der **Atomigkeit** eins heißt **einatomig**.*

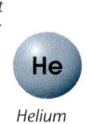

Helium

*Ein **Molekül** mit der **Atomigkeit** zwei heißt **zweiatomig**.*

Wasserstoff

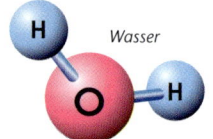

Wasser

*Ein **Molekül** mit der **Atomigkeit** drei heißt **dreiatomig**.*

*Ein **Molekül** mit einer **Atomigkeit** über drei ist **polyatomig**.*

Daltons Atomtheorie
John Daltons Theorie, veröffentlicht 1808, versucht mit noch heute richtigen Ideen das Verhalten der **Atome** zu erklären.

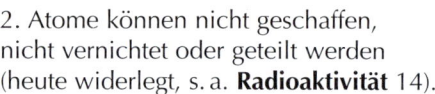

1. Alle Materie ist aus **Atomen** zusammengesetzt.

2. Atome können nicht geschaffen, nicht vernichtet oder geteilt werden (heute widerlegt, s. a. **Radioaktivität** 14).

3. Alle Atome desselben Elements haben die gleichen Eigenschaften und dieselbe Masse (heute widerlegt, s. a. **Isotope** 13).

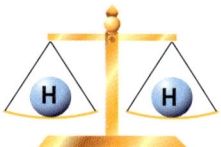

4. **Atome** verschiedener Elemente haben verschiedene Eigenschaften und verschiedene Massen.

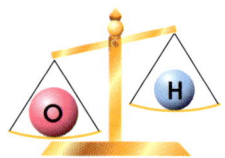

5. Elemente vereinigen sich zu einer chemischen Verbindung stets in einem festen Verhältnis ganzer Zahlen (Gewichtsverhältnis). Heute wissen wir jedoch, dass dies auf organische Moleküle nicht immer zutrifft.

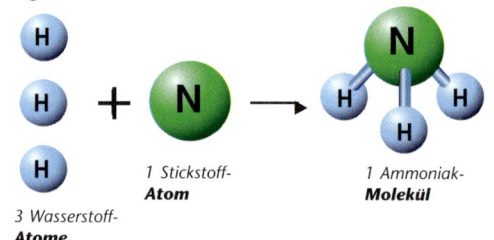

3 Wasserstoff-Atome

1 Stickstoff-Atom

1 Ammoniak-Molekül

Dimer
Stoff mit Molekülen, die zusammengesetzt sind aus zwei Molekülen eines **Monomers*** (ein relativ kleines Molekül).

*Dinitrogentetraoxid (**Dimer**) setzt sich zusammen aus zwei Molekülen Stickstoff-dioxid (**Monomer***).*

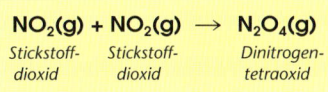

$$NO_2(g) + NO_2(g) \rightarrow N_2O_4(g)$$

Stickstoff-dioxid   Stickstoff-dioxid   Dinitrogen-tetraoxid

Trimer
Stoff mit Molekülen, zusammengesetzt aus drei Molekülen eines **Monomers***.

Makromoleküle
Moleküle aus einer großen Zahl von Atomen. Es sind meist **organische*** Moleküle mit einer sehr großen **relativen Molekülmasse***.

Grundgesetze der Chemie

Drei Gesetze der Chemie wurden im späten 18. und frühen 19. Jahrhundert aufgestellt. Zwei sind älter als **Daltons Atomtheorie** und das dritte, das **Gesetz der multiplen Proportionen**, wurde aus ihr hergeleitet. Diese Gesetze waren für die Entwicklung der Atomtheorie sehr wichtig.

Gesetz von den konstanten Proportionen
Alle Moleküle einer Verbindung enthalten dieselben Elemente im gleichen Massenverhältnis. Das Gesetz wurde 1799 von dem Franzosen Joseph Proust entwickelt.

*Alle **Moleküle** des Methan bestehen aus vier Wasser-stoffatomen (**relative Atommasse*** 1) und einem Kohlenstoffatom (**relative Atommasse*** 12).*

*Methan-**Molekül***

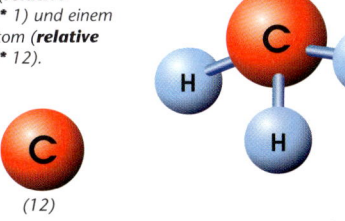

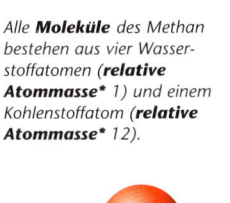

(12)

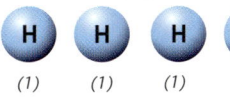

(1)   (1)   (1)   (1)

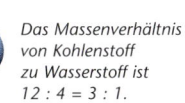

Das Massenverhältnis von Kohlenstoff zu Wasserstoff ist 12 : 4 = 3 : 1.

*Alle Mengen reiner Stoffe bestehen aus ganzen **Molekülen**. Es kommen keine Teile von Molekülen vor.*

Alle Mengen von Methan enthalten Kohlenstoff und Wasserstoff im Mengenverhältnis 3:1.

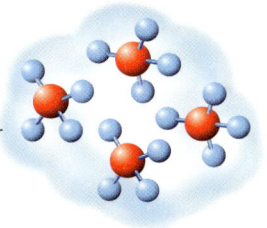

Gesetz von der Erhaltung der Masse
Bei chemischen Reaktionen kann Masse weder erzeugt noch vernichtet werden. Dieses Gesetz wurde 1774 von dem Franzosen Antoine Lavoisier formuliert.

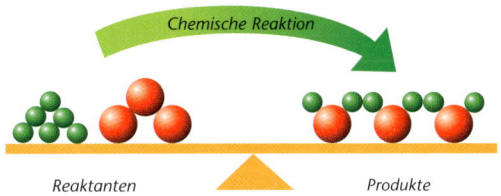

Chemische Reaktion

Reaktanten   Produkte

Gesetz der multiplen Proportionen
Verbinden sich zwei Elemente A und B in mehr als einem Massenverhältnis, so stehen die Mengen des Stoffes A, die sich mit der gleichen Menge des Stoffes B verbinden, im Verhältnis kleiner ganzer Zahlen.

Beispiel für ein Stickstoffatom

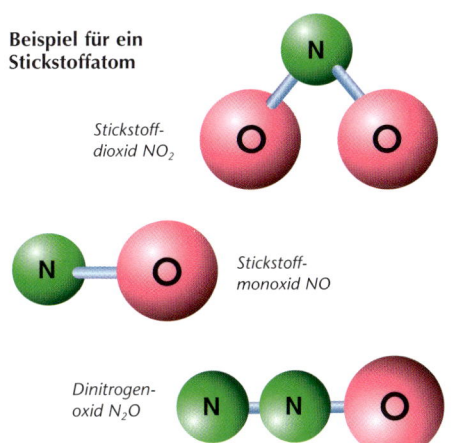

Stickstoff-dioxid NO_2

Stickstoff-monoxid NO

Dinitrogen-oxid N_2O

Die Zahl der Sauerstoffatome pro Stickstoffatom ist je 2, 1, 1/2.

Das Massenverhältnis des Sauerstoffes ist 4 : 2 : 1.

*Monomere, 86; **Organische Chemie**, 76;
Relative Atommasse, **Relative Molekülmasse**, 24.

11

BAU DER ATOME

Daltons Atomtheorie (s.a. 10) nimmt an, dass das Atom das kleinstmögliche Teilchen der Materie ist. Experimente haben jedoch gezeigt, dass ein Atom aus einem Atomkern besteht, der aus noch kleineren Partikeln besteht, den **Protonen** und den **Neutronen**, und aus einer Hülle, in der sich **Elektronen** mit hoher Geschwindigkeit um den Kern herum bewegen.

Atomkern (auch **Kern** oder **Nukleus**)
Enthält fast die ganze Masse des Atoms. Besteht aus den Nukleonen Proton und Neutron. Die Anzahl der Neutronen ist etwa gleich der Anzahl der Protonen. Bei größeren Kernen überwiegt die Zahl der Neutronen. Sie sind sehr dicht gepackt; der Durchmesser des Kerns ist kleiner als $1/10000$ des Atomdurchmessers.

Elektron

Atomkern

Proton

Neutron

Elektron
Elementarteilchen des Atoms, das sich mit großer Geschwindigkeit auf geschlossenen Bahnen innerhalb einer Schale um den **Kern** herum bewegt. Es trägt eine negative Ladung, genauso groß wie die des **Protons**, aber entgegengesetzter Polarität. Seine Masse ist sehr klein, sie ist nur $1/1836$ der Masse des Protons. Die Anzahl der Elektronen ist gleich der Anzahl der Protonen.

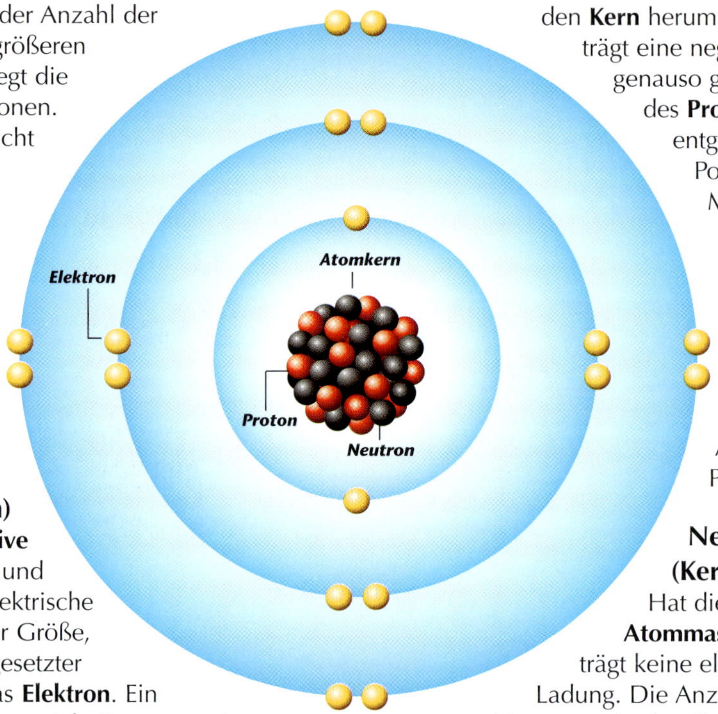

Proton (Kernbaustein)
Es hat die **relative Atommasse*** 1 und eine positive elektrische Ladung gleicher Größe, aber entgegengesetzter Polarität wie das **Elektron**. Ein Atom hat genauso viele Protonen wie Elektronen, deshalb ist es nach außen neutral.

Neutron (Kernbaustein)
Hat die **relative Atommasse*** 1 und trägt keine elektrische Ladung. Die Anzahl der Neutronen in den Kernen desselben Elements kann verschieden sein (s.a. **Isotope** 13).

Elektronenschale (Schale)
Bereich, in dem sich die **Elektronen** um den **Atomkern** herum bewegen. Ein Atom hat bis zu sieben Schalen, deren Radius sich mit dem Abstand zum Kern vergrößert. Jede Schale kann eine bestimmte Anzahl an Elektronen enthalten. Das Modell rechts ist stark vereinfacht – die genaue Position der Elektronen kann zu keinem Zeitpunkt bestimmt werden, und jede Schale besteht aus **Orbitalen**.

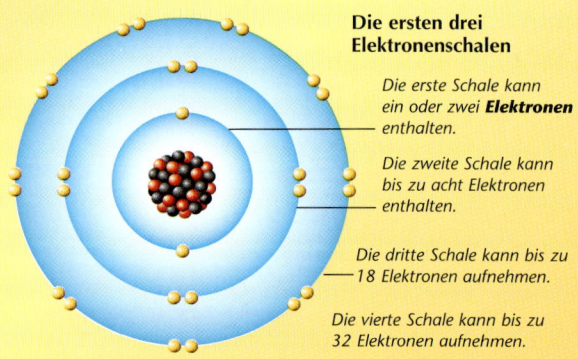

Die ersten drei Elektronenschalen

*Die erste Schale kann ein oder zwei **Elektronen** enthalten.*

Die zweite Schale kann bis zu acht Elektronen enthalten.

Die dritte Schale kann bis zu 18 Elektronen aufnehmen.

Die vierte Schale kann bis zu 32 Elektronen aufnehmen.

* **Relative Atommasse**, 24.

Orbital

Bereich, in dem sich ein oder zwei **Elektronen** befinden. Jede **Schale** besteht aus einem oder mehreren Orbitalen unterschiedlicher Form.

Außenschale

Die letzte **Schale**, die noch mit **Elektronen** besetzt ist. Die Zahl der Elektronen auf der Außenschale bestimmt die chemischen Eigenschaften und die Zugehörigkeit zu einer **Gruppe** (s. a. **Periodensystem** 50–51).

Elektronenkonfiguration

Kombination von Zahlen, die die Anordnung der **Elektronen** auf den **Schalen** beschreibt. Man setzt die Anzahl der Elektronen hintereinander, innen beginnend.

Das Natriumatom hat die Elektronenkonfiguration 2.8.1.

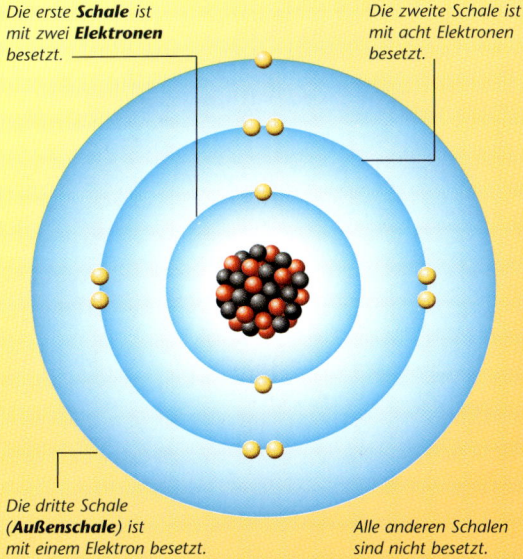

*Die erste **Schale** ist mit zwei **Elektronen** besetzt.*

Die zweite Schale ist mit acht Elektronen besetzt.

*Die dritte Schale (**Außenschale**) ist mit einem Elektron besetzt.*

Alle anderen Schalen sind nicht besetzt.

Oktett (Edelgaskonfiguration)

Gruppe von acht **Elektronen** in einer **Schale**. Atome mit Oktett sind sehr stabil und reaktionsträge. Alle **Edelgase*** bis auf Helium sind so angeordnet. Auch andere Atome können ein stabiles Oktett erreichen, indem sie sich mit anderen Atomen Elektronen teilen (s. a. **Kovalente Bindung** 18) oder indem sie Elektronen gewinnen oder verlieren (s. a. **Ionenbindung** 17).

Ordnungszahl

Anzahl der **Protonen** im **Kern** des Atoms. Die Ordnungszahl bestimmt, was das Element ist, z. B. ist jedes Atom mit sechs Protonen Kohlenstoff, unabhängig von der Zahl der **Neutronen** und **Elektronen**.

Massenzahl

Summe aller **Protonen** und **Neutronen** im Kern. Die Massenzahl der Atome eines Elements kann variieren, weil die Anzahl der Neutronen verschieden sein kann. Die Massenzahl ist meist doppelt so hoch wie die Ordnungszahl.

Ordnungszahl und Massenzahl werden oft zu dem chemischen Symbol dazugeschrieben.

Massenzahl 12

Ordnungszahl 6

*Anzahl der **Protonen** = Ordnungszahl = 6*

*Anzahl der **Elektronen** = 6 = Anzahl der **Protonen***

*Anzahl der **Neutronen** = Massenzahl = Ordnungszahl = 6*

Massenzahl 1

Ordnungszahl 1

*Anzahl der **Protonen** und Elektronen = je 1*

*Anzahl der **Neutronen** = 0*

*Massen- und Ordnungszahl sind gleich. Wasserstoffkerne bestehen nur aus einem **Proton**.*

Isotope

Atome desselben Elements mit unterschiedlichen Massenzahlen, d. h. Atome mit gleicher Anzahl an Protonen, aber verschiedener Anzahl an Neutronen. Um Isotope zu unterscheiden, schreibt man die Massenzahl hinter den Namen des Elements oder hinter das Symbol.

Drei Isotope des Kohlenstoffes

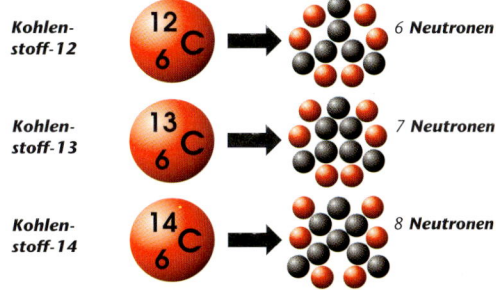

Kohlenstoff-12 — 6 Neutronen

Kohlenstoff-13 — 7 Neutronen

Kohlenstoff-14 — 8 Neutronen

---

* **Edelgase**, 75.

RADIOAKTIVITÄT

Radioaktivität tritt ein, wenn **Atomkerne*** in die Kerne anderer Elemente zerfallen und dabei Strahlen und Partikel aussenden. Dieser Vorgang heißt **radioaktiver Zerfall**. Elemente, deren Kerne sich auf diese Weise langsam spalten, heißen **radioaktive Elemente**. Ihre Kerne spalten sich, weil sie aufgrund einer sehr hohen **Massenzahl*** oder eines Ungleichgewichts von **Protonen*** und **Neutronen*** instabil sind.

Atomkern, der **Gammastrahlen** aussendet – Strahlen mit sehr hoher Energie*

Radioisotope oder radioaktive Isotope

Allgemeiner Begriff für radioaktive Stoffe, da sie alle **Isotope*** sind. In der Natur kommen diverse Isotope vor, wie z. B. Kohlenstoff-14 und Uran-238. Andere können auf verschiedene Weisen gebildet werden.

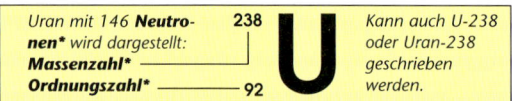

Uran mit 146 **Neutronen*** wird dargestellt:
Massenzahl*
Ordnungszahl*
238
92
U
Kann auch U-238 oder Uran-238 geschrieben werden.

Alphateilchen (α-Teilchen)

Vom **Kern*** eines Radioisotops ausgesandtes Teilchen. Wie ein Heliumkern besteht es aus zwei **Protonen*** und zwei **Neutronen***, hat die **relative Atommasse*** 4 und eine zweifache positive Ladung. Es ist relativ langsam und hat nur eine geringe Reichweite.

Betateilchen (β-Teilchen)

Mit hoher Geschwindigkeit aus einem radioaktiven **Kern*** ausgesandte Teilchen. Sie können entweder **Elektronen*** oder (positiv geladene) **Protonen** sein und Gegenstände geringer Dichte oder Stärke, z. B. Papier, durchdringen.

Gammastrahlen (γ-Strahlen)

Werden meist nach **α-** oder **β-Teilchen** von einem radioaktiven **Kern*** ausgesandt. Haben wie Licht und Röntgenstrahlen die Form von Wellen und eine so große Durchdringungskraft, dass sie durch Aluminiumbleche hindurchgehen. Können durch Blei gestoppt werden.

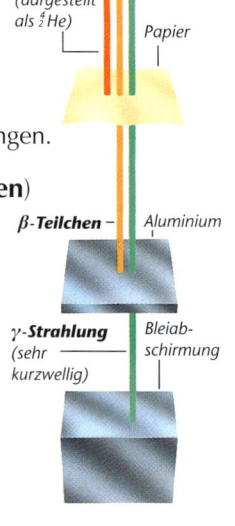

Strahlungsquelle

α-Teilchen (dargestellt als ⁴He)

Papier

β-Teilchen – Aluminium

γ-Strahlung (sehr kurzwellig)

Bleiabschirmung

Radioaktiver Zerfall

Vorgang, bei dem die **Kerne*** eines radioaktiven Elements eine Reihe von **Kernumwandlungen** (**Zerfallsreihe**) durchmachen, um stabile Kerne eines anderen Elements zu werden.

Kernumwandlung

Zerfallen eines instabilen **Atomkerns*** in zwei Teile, meist in einen anderen Kern und ein α- oder β-Teilchen. Die **Ordnungszahl*** ändert sich, so dass ein neues Element entsteht. Ist dies ein stabiles Atom, so finden keine neuen Kernumwandlungen mehr statt. Ist es das nicht, so zerfallen auch die neuen Kerne in einer **Zerfallsreihe**, bis ein stabiler Atomkern entsteht.

Umwandlung von Uran-238 in Thorium-234

*Neue **Kernmassenzahl** = 238 – 4 = 234*

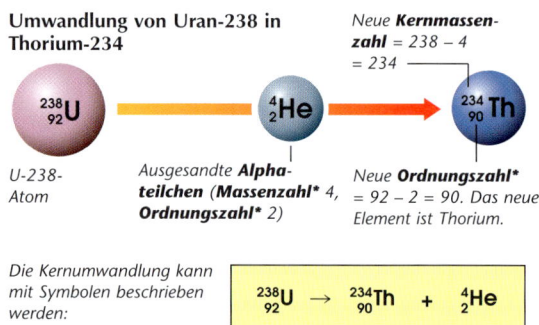

U-238-Atom

*Ausgesandte **Alphateilchen** (**Massenzahl*** 4, **Ordnungszahl*** 2)*

*Neue **Ordnungszahl*** = 92 – 2 = 90. Das neue Element ist Thorium.*

Die Kernumwandlung kann mit Symbolen beschrieben werden:

$$^{238}_{92}U \rightarrow {}^{234}_{90}Th + {}^{4}_{2}He$$

Zerfallsreihe

Tritt immer dann auf, wenn bei der **Umwandlung** eines radioaktiven Elements ein weiteres radioaktives Element entsteht. Endet erst dann, wenn ein Element mit stabilen Atomen vorliegt.

Zerfallsreihe vom Plutonium-242 bis zum Uran-234

*Ausgesandte α-**Teilchen***

*Ausgesandte β-**Teilchen***

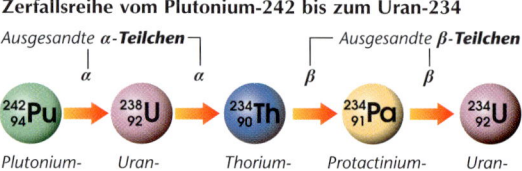

α   α   β   β

$^{242}_{94}$Pu $^{238}_{92}$U $^{234}_{90}$Th $^{234}_{91}$Pa $^{234}_{92}$U

Plutonium-242   Uran-238   Thorium-234   Protactinium-234   Uran-234

* **Atomkern, Elektron**, 12; **Isotope**, 13; **Kern**, 12; **Massenzahl**, 13; **Neutron**, 12; **Ordnungszahl**, 13; **Proton**, 12; **Relative Atommasse**, 24.

Becquerel

Einheit des **radioaktiven Zerfalls**. Ein Becquerel (Bq) steht für einen nuklearen **Zerfallsakt** pro Sekunde (1 **Curie** $= 3,7 \times 10^{10}$ Bq).

Halbwertszeit

Zeit, in der bei einer beliebigen Menge eines radioaktiven Elements die Hälfte aller Atome zerfallen ist. Nach Ablauf einer Halbwertszeit ist die radioaktive Strahlung auf die Hälfte gesunken. Die Halbwertszeit variiert erheblich, z. B. für Uran-238 ist sie 4 500 000 000 Jahre, für Radium-221 nur 30 Sekunden.

Radioaktive Zerfallskurve

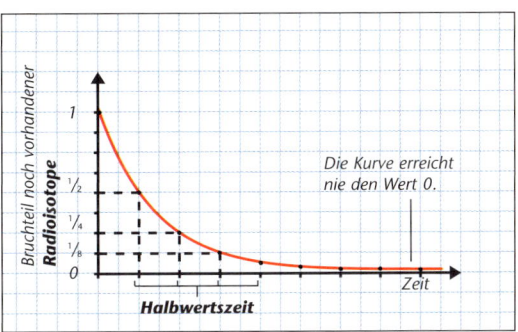

Die Kurve erreicht nie den Wert 0.

Bruchteil noch vorhandener Radioisotope — *Zeit* — **Halbwertszeit**

Anwendung der Radioaktivität

Kernspaltung

Kernumwandlung*, die durch Neutronenbeschuss eingeleitet wird. Die Kerne spalten sich, es entstehen zwei neue kleinere Kerne und bei jeder dieser Spaltungen auch 2 bis 3 **Neutronen***. Eine große Menge Energie wird frei. Die Neutronen dringen in andere Kerne ein und lösen eine neue Spaltung aus – eine **Kettenreaktion**. Die kontrollierte Kernspaltung findet ihre Anwendung in den Kernkraftwerken. Eine unkontrollierte Kettenreaktion führt bei einer Atombombe zur Explosion.

Spaltung von Uran-235

→ **Neutron***
Uran-235
Atomkerne*

*Wenn der Kern von einem **Neutron*** getroffen wird, teilt er sich und bildet zwei neue Elemente, Strontium und Xenon, und drei Neutronen.*

*Die drei Neutronen treffen dann weitere drei Uran-235-Kerne und der Prozess setzt sich als **Kettenreaktion** fort.*

$$^{235}_{95}U + ^{1}_{0}n \rightarrow ^{90}_{38}Sr + ^{143}_{54}Xe + 3\,^{1}_{0}n$$

Neutron* (Massenzahl* 1, Ordnungszahl* 0)

Kernverschmelzung

Vereinigung zweier kleiner **Kerne*** zu einem größeren Kern. Die Verschmelzung kann nur bei extrem hoher Temperatur erfolgen. Es werden dabei gewaltige Mengen Energie freigesetzt. Die Kernverschmelzung wird für Wasserstoffbomben genutzt.

Radiografie

Methode, einer sich bewegenden Substanz **Radioisotope** beizufügen und durch Messung der Strahlung die Bewegung oder ihren Aufenthalt zu beobachten.

Radiocarbonmethode

Dient der Altersbestimmung. Alle Lebewesen haben eine kleine Menge Kohlenstoff C-14 (ein **Radioisotop**) in ihrem Körper. Aus dem Abklingen der Radioaktivität nach dem Tod können mithilfe der Halbwertszeit Sterbedatum und Alter bestimmt werden.

Radiologie

Lehre von der radioaktiven Strahlung und ihrer Anwendung in der Medizin (**Radiotherapie**). Krebszellen reagieren auf Strahlung und können so behandelt werden.

Bestrahlung

Behandlung von Lebensmitteln mit γ-Strahlen, um sie frisch zu halten.

Bestrahlte Erdbeere nach zwei Wochen

Unbehandelte Erdbeere

---

* **Atomkern**, 12; **Kern**, 12; **Kernumwandlung**, 14; **Massenzahl**, 13; **Neutron**, 12; **Ordnungszahl**, 13.

CHEMISCHE BINDUNG

Wenn chemische Stoffe miteinander reagieren, so neigen ihre Atome dazu, **Elektronen*** aufzunehmen, abzugeben oder zu teilen, bis sie eine stabile **Außenschale*** erhalten. Auf diese Weise entwickeln die Atome eine Art Anziehung zueinander. Man sagt, dass sie durch eine **Bindung** zusammengehalten werden. Die wichtigsten Bindungen sind die **Ionenbindung**, die **kovalente Bindung*** und die **Metallbindung*** (s. a. **Intermolekulare Kräfte** 20).

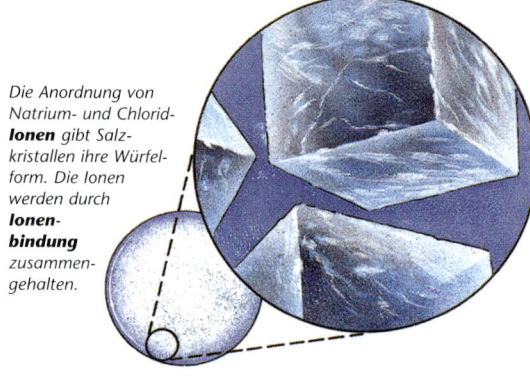

*Die Anordnung von Natrium- und Chlorid-**Ionen** gibt Salz-kristallen ihre Würfel-form. Die Ionen werden durch **Ionen-bindung** zusammen-gehalten.*

Valenzelektron

Elektron der **Außenschale***, das an einer Bindung beteiligt ist. Kann abgegeben werden wie bei der **Ionenbindung** oder der **Metallbindung***, aber auch mit anderen Atomen in einer **kovalenten Bindung*** geteilt werden.

Ionen

Ein **Ion** ist ein elektrisch geladenes Teilchen, das entsteht, wenn ein Atom ein oder mehrere Elektronen abgibt oder aufnimmt, um eine stabile **Außenschale*** zu bilden. Das Ion ist entweder ein **Kation** oder ein **Anion**.

Kation

Ion mit positiver Ladung. Entsteht, wenn ein Atom bei der Reaktion Elektronen abgibt und damit mehr **Protonen*** als Elektronen hat. Wasserstoff und Metalle neigen zur Bildung von Kationen. Sie haben auf der **Außenschale*** höchstens drei Elektronen. Es ist leichter, diese drei abzugeben, als fünf oder mehr Elektronen aufzunehmen.

*Ein Magnesiumatom hat zwei Elektronen in der **Außenschale***, die es abgibt, wenn es zum **Kation** mit der Ladung +2 wird. Ein Magnesiumion (Kation) wird mit M²⁺ dargestellt.*

Anion

Ein **Ion** mit negativer Ladung entsteht, wenn ein Atom während einer Reaktion Elektronen aufnimmt und damit mehr Elektronen als **Protonen*** hat. Nichtmetalle neigen zur Bildung von Anionen. Sie haben fünf, sechs oder sieben Elektronen auf der **Außenschale***. Sie füllen leichter die Schale zur Edelgas-anordnung auf, als dass sie alle Elektronen abwerfen. Auch Atomgruppen können Anionen bilden, z. B. **Säurereste***.

*Ein Fluoratom hat sieben Elektronen auf der **Außenschale***. Es nimmt ein Elektron auf und bildet ein **Anion** mit der Ladung –1. Ein Fluoridion (Anion) wird mit F⁻ dargestellt.*

Atomkern* (Protonen* und Neutronen*)

Elektronen

Ionisation

Prozess der Ionenbildung. Geschieht durch Abwerfen oder Aufnehmen von Elektronen oder beim Spalten von Molekülen in Lösungen.

Ionisation (Dissoziation) von Salzsäure in Wasser erzeugt Wasserstoffionen und Chloridionen.

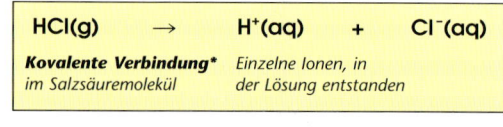

$HCl(g)$	$\rightarrow$	$H^+(aq)$	$+$	$Cl^-(aq)$
Kovalente Verbindung* im Salzsäuremolekül		Einzelne Ionen, in der Lösung entstanden		

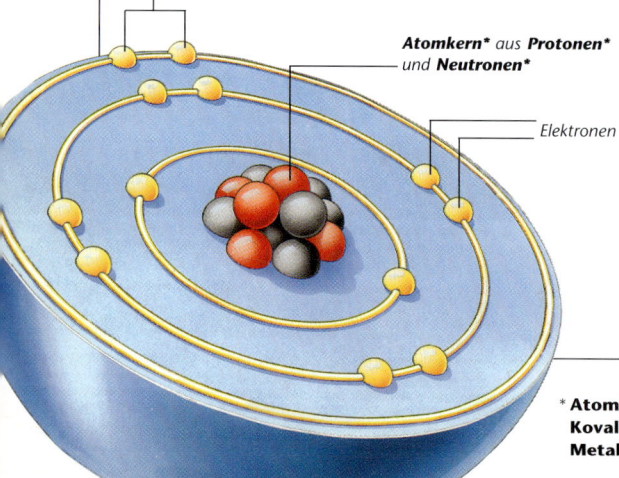

Atomkern* aus **Protonen*** und **Neutronen***

Elektronen

Ionenbindung

Wenn zwei Elemente miteinander reagieren und sich **Anionen** und **Kationen** bilden, so ziehen sie sich der entgegengesetzten Ladung wegen an. Durch die Anziehungskräfte halten sie zusammen. Diese Art der Bindung ist die **Ionenbindung**. Elemente aus Gruppen im **Periodensystem***, die weit auseinander stehen, neigen zu dieser Bindungsart und bilden **Ionenverbindungen**, z. B. Natrium und Chlor (Kochsalz) oder Magnesium und Sauerstoff (Magnesiumoxid).

Ionenverbindung

Verbindung, deren Bestandteile durch eine **Ionenbindung** zusammengehalten werden. Hat keine Moleküle, sondern durch die Anziehung von Anionen und Kationen bilden sich riesige **Ionengitter*** (Kristalle). Ionenverbindungen haben einen hohen Schmelz- und Siedepunkt. Die Bindungskräfte sind groß, und zum Trennen der Ionenbindung ist viel Energie nötig. In der **Schmelze*** und in **wässriger Lösung*** leiten sie elektrischen Strom, da sie frei bewegliche Ionen haben.

*Natrium und Chlor verbinden sich zu Kochsalz, einer **Ionenverbindung**.*

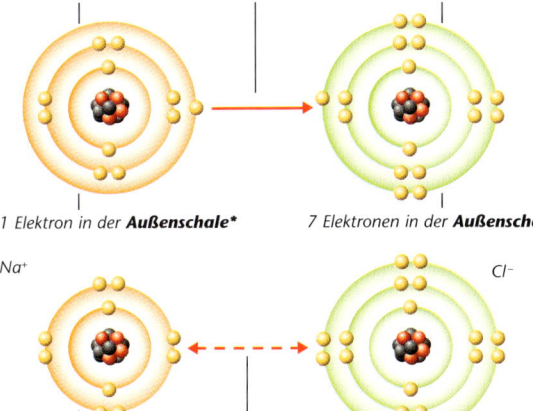

Natriumatom — Elektron wird übernommen — Chloratom

*1 Elektron in der **Außenschale*** — *7 Elektronen in der **Außenschale***

Na^+ — Cl^-

*Vollständige **Außen-schale*** geht verloren. — *Elektrostatische Anziehung* — *Vollständige **Außenschale*** bildet sich.

Die Formel für Natriumchlorid lautet NaCl oder Na⁺Cl⁻.

Das Modell zeigt einen Teil des Ionengitters von Natriumchlorid

Chlorion

Natriumion

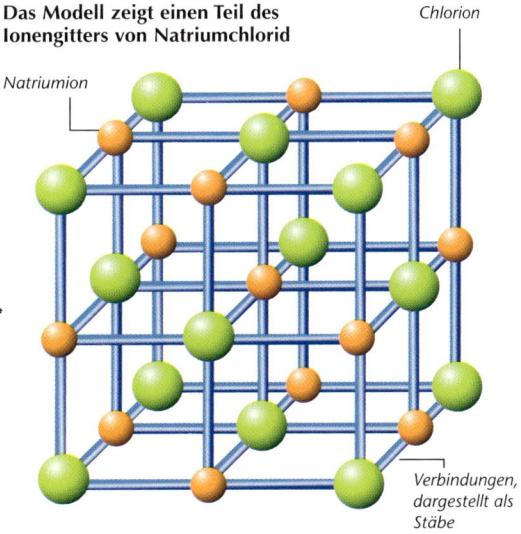

Verbindungen, dargestellt als Stäbe

*Es gibt keine einzelnen Moleküle. Die Formel lässt das Zahlenverhältnis der Ionen im **Ionengitter*** erkennen. Hier zeigt die Formel NaCl, dass das Verhältnis von Natrium- und Chlorionen eins zu eins ist.*

Wertigkeit (Elektrovalenz)

Die Anziehungskraft zwischen Ionen ist abhängig von der Größe der beiden Ladungen. Die Ionen verbinden sich stets in solchen Verhältnissen, dass die Gesamtladung der Verbindung (der Moleküle) null ist.

*Elemente der Gruppen II und VI des **Periodensystems*** sind zweiwertig (**bivalent**). Ihre Ionen haben die Ladung –2 oder +2.*

Mg → Mg^{2+} O → O^{2-}

*Die Elemente der Gruppe I und VII des **Periodensystems*** sind einwertig (**monovalent**). Ihre Ionen haben die Ladung –1 oder +1.*

*Elemente der Gruppen III und V des **Periodensystems*** sind dreiwertig (**trivalent**). Ihre Ionen haben die Ladung –3 oder +3.*

Na → Na^+ Cl → Cl^-

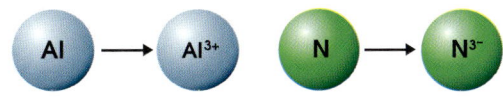

Al → Al^{3+} N → N^{3-}

Kovalente Bindung

Bei einer kovalenten Bindung gibt es **Elektronenpaare**, die den **Außenschalen*** zweier Atome angehören, so dass beide eine stabile Außenschale erhalten (Edelgaskonfiguration). Kovalente Bindungen innerhalb eines Moleküls sind sehr fest. **Kovalente Verbindungen** (Verbindungen, deren Moleküle durch kovalente Bindung zusammengehalten werden) sind dagegen meist nicht so fest. Sie sind bei Raumtemperatur im Allgemeinen Flüssigkeiten und Gase, da die Kräfte zwischen ihren Molekülen **Van-der-Waals-Kräfte*** sind. Es wird nur wenig Energie benötigt, um diese Kräfte zu überwinden. Daher haben die meisten kovalenten Verbindungen einen niedrigen Schmelz- und Siedepunkt. Sie sind nicht elektrisch leitend, da es keine freien **Ionen*** gibt.

Einfachbindung
Kovalente Bindung, bei der ein Elektronenpaar den **Außenschalen*** zweier Atome angehört.

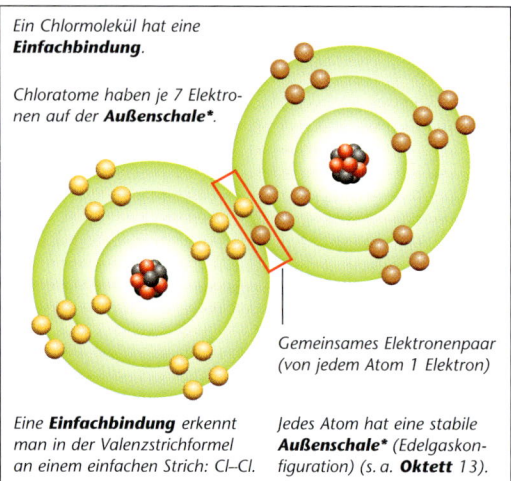

Ein Chlormolekül hat eine **Einfachbindung**.

Chloratome haben je 7 Elektronen auf der **Außenschale***.

Gemeinsames Elektronenpaar (von jedem Atom 1 Elektron)

Eine **Einfachbindung** erkennt man in der Valenzstrichformel an einem einfachen Strich: Cl–Cl.

Jedes Atom hat eine stabile **Außenschale*** (Edelgaskonfiguration) (s. a. **Oktett** 13).

Doppelbindung
Kovalente Bindung mit zwei gemeinsamen Elektronenpaaren, die den **Außenschalen*** zweier Atome angehören.

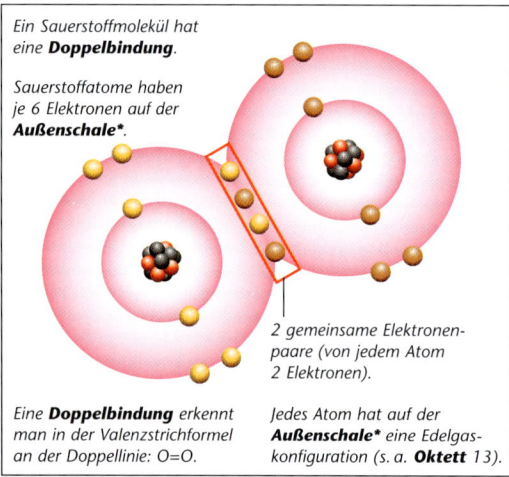

Ein Sauerstoffmolekül hat eine **Doppelbindung**.

Sauerstoffatome haben je 6 Elektronen auf der **Außenschale***.

2 gemeinsame Elektronenpaare (von jedem Atom 2 Elektronen).

Eine **Doppelbindung** erkennt man in der Valenzstrichformel an der Doppellinie: O=O.

Jedes Atom hat auf der **Außenschale*** eine Edelgaskonfiguration (s. a. **Oktett** 13).

Dreifachbindung
Kovalente Bindung, in der drei Elektronenpaare den **Außenschalen*** zweier Atome angehören.

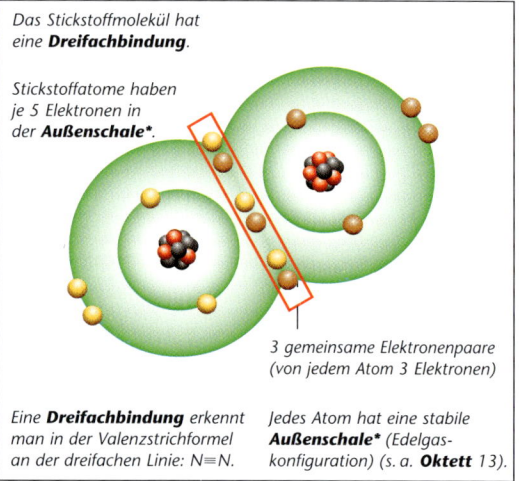

Das Stickstoffmolekül hat eine **Dreifachbindung**.

Stickstoffatome haben je 5 Elektronen in der **Außenschale***.

3 gemeinsame Elektronenpaare (von jedem Atom 3 Elektronen)

Eine **Dreifachbindung** erkennt man in der Valenzstrichformel an der dreifachen Linie: N≡N.

Jedes Atom hat eine stabile **Außenschale*** (Edelgaskonfiguration) (s. a. **Oktett** 13).

Koordinative Bindung
Kovalente Bindung, bei der das gemeinsame Elektronenpaar von nur einem Atom stammt. Es stiftet ein **freies Elektronenpaar**.

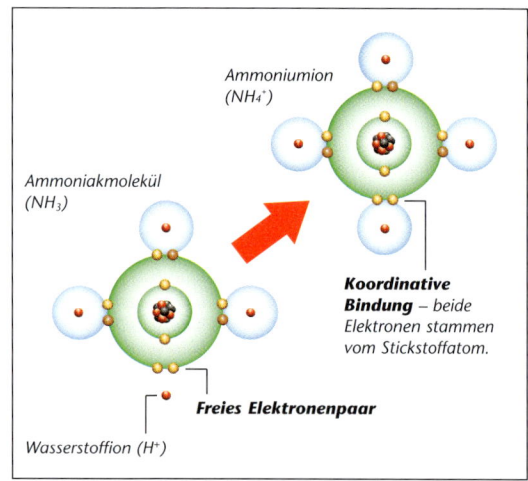

Ammoniumion (NH_4^+)

Ammoniakmolekül (NH_3)

Koordinative Bindung – beide Elektronen stammen vom Stickstoffatom.

Freies Elektronenpaar

Wasserstoffion (H^+)

* **Außenschale**, 13; **Ionen**, 16; **Van-der-Waals-Kräfte**, 20.

Bindigkeit

Maximale Zahl kovalenter Bindungen, die ein Atom in einer Verbindung eingehen kann. Sie ist gleich der Anzahl der Wasserstoffatome, die sich mit dem Atom verbinden können. Die Bindigkeit der meisten Elemente ist konstant.

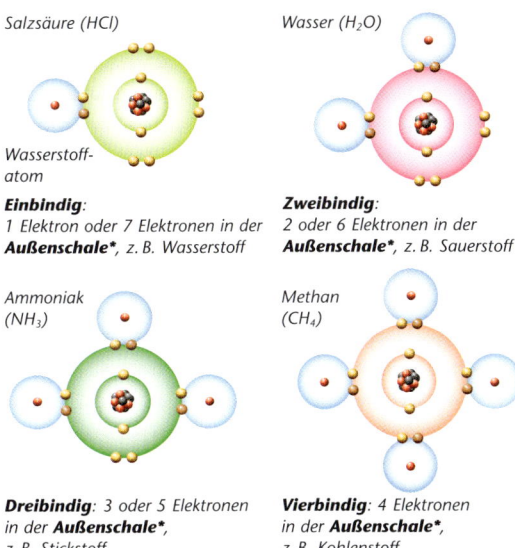

Salzsäure (HCl)

Wasserstoff-atom

Einbindig:
1 Elektron oder 7 Elektronen in der **Außenschale***, *z. B. Wasserstoff*

Wasser (H₂O)

Zweibindig:
2 oder 6 Elektronen in der **Außenschale***, *z. B. Sauerstoff*

Ammoniak (NH₃)

Dreibindig: *3 oder 5 Elektronen in der* **Außenschale***, *z. B. Stickstoff*

Methan (CH₄)

Vierbindig: *4 Elektronen in der* **Außenschale***, *z. B. Kohlenstoff*

Freies Elektronenpaar

Elektronenpaar in der **Außenschale*** eines Atoms, das keine kovalente Bindung eingegangen ist (s. 18, Ammoniakmoleküle).

Elektronegativität

Fähigkeit eines Atoms, Elektronen von benachbarten Atomen in einem Molekül zu sich herüberzuziehen. Kommen Atome mit verschiedener Elektronegativität zusammen, entsteht eine **polare Bindung**. Schwach elektronegative Atome werden auch als **elektropositiv** bezeichnet (z. B. Natrium).

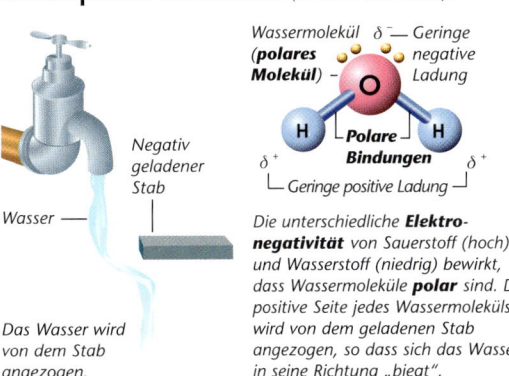

Negativ geladener Stab

Wasser

Das Wasser wird von dem Stab angezogen.

Wassermolekül **(polares Molekül)**
δ⁻ — Geringe negative Ladung

Polare Bindungen
δ⁺ — Geringe positive Ladung

*Die unterschiedliche **Elektronegativität** von Sauerstoff (hoch) und Wasserstoff (niedrig) bewirkt, dass Wassermoleküle **polar** sind. Die positive Seite jedes Wassermoleküls wird von dem geladenen Stab angezogen, so dass sich das Wasser in seine Richtung „biegt".*

Polare Bindung

Kovalente Bindung, bei der die Elektronen länger in dem einen **Atomkern*** verweilen als in dem anderen. Das Molekül ist **polarisiert**. Dies wird verursacht durch den Unterschied in der **Elektronegativität** der Atome.

Polares Molekül

Molekül mit verschiedener elektrischer Ladung an den Enden, die durch die ungleiche Verteilung **polarer Bindungen** und manchmal durch **freie Elektronenpaare** verursacht wird. Flüssigkeiten mit polaren Molekülen sind polarisierte **Lösungsmittel***, sie können **Ionenverbindungen*** lösen. **Nichtpolare** oder **unpolare Moleküle** haben keine unterschiedlichen Ladungen an den Enden.

Einige einfache polare und nichtpolare Moleküle

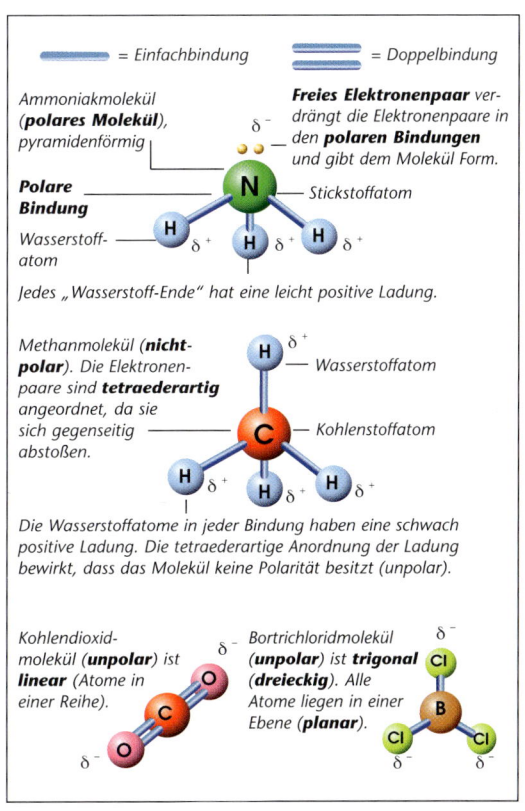

══ = Einfachbindung   *═══ = Doppelbindung*

Ammoniakmolekül **(polares Molekül)**, *pyramidenförmig*

Freies Elektronenpaar *verdrängt die Elektronenpaare in den **polaren Bindungen** und gibt dem Molekül Form.*

Polare Bindung

Stickstoffatom

Wasserstoff-atom

Jedes „Wasserstoff-Ende" hat eine leicht positive Ladung.

Methanmolekül **(nichtpolar)**. *Die Elektronenpaare sind* **tetraederartig** *angeordnet, da sie sich gegenseitig abstoßen.*

Wasserstoffatom

Kohlenstoffatom

Die Wasserstoffatome in jeder Bindung haben eine schwach positive Ladung. Die tetraederartige Anordnung der Ladung bewirkt, dass das Molekül keine Polarität besitzt (unpolar).

Kohlendioxidmolekül **(unpolar)** *ist* **linear** *(Atome in einer Reihe).*

Bortrichloridmolekül **(unpolar)** *ist* **trigonal (dreieckig)**. *Alle Atome liegen in einer Ebene (**planar**).*

Isomerie

Moleküle mit gleicher Anzahl von Atomen jedes Elements, aber verschiedener Anordnung. **Isomere*** haben die gleiche **Molekülformel***, aber unterschiedliche andere Formeln (s. a. 26).

* **Atomkern**, 12; **Außenschale**, 13; **Ionenverbindung**, 17; **Isomere**, 77; **Molekülformel**, 26; **Polare Lösungsmittel**, 30.

19

Metallbindung

Eine Metallbindung (auch **metallische Bindung**) bewirkt den Zusammenhalt von Partikeln in einem großen **Metallgitter***. Das Gitter besteht aus positiven Metallionen (**Kationen***) mit **Valenzelektronen***, die sich frei zwischen den Ionen bewegen. Die Elektronen verhindern die gegenseitige Abstoßung der Ionen und sind ein Grund dafür, dass Metalle den elektrischen Strom und die Wärme gut leiten. Die Kräfte zwischen den Elektronen und den Ionen sind groß; deshalb haben Metalle hohe Schmelz- und Siedepunkte. Man benötigt große Energiemengen, um die Aggregatzustände zu ändern. Über andere Bindungsarten s. a. 16–19.

Freie Elektronen

Anteil der **Valenzelektronen*** aller Atome in einem **Metallgitter***. Die freien Elektronen können jedem Atom im Gitter angehören. Sie können sich innerhalb des Gitters frei bewegen, so dass das Metall elektrischen Strom und Wärme leiten kann.

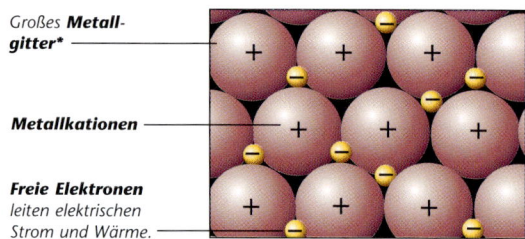

*Großes **Metallgitter*** ———

Metallkationen ———

Freie Elektronen leiten elektrischen Strom und Wärme. ———

Intermolekulare Kräfte

Van-der-Waals-Kräfte

Schwache Anziehungskraft zwischen Molekülen, verursacht durch die ungleiche Verteilung und Bewegung der Elektronen der Atome in den Molekülen. Die Anziehungskraft ist etwa zwanzigmal geringer als die der **Ionenbindung***. Es ist die Kraft, die das **Molekülgitter*** zusammenhält, z. B. Iod und festes Kohlendioxid.

Wasserstoffbindung (Wasserstoffbrücke)

Anziehungskraft zwischen **polaren Molekülen*** mit Wasserstoff und **freien Elektronenpaaren*** anderer Moleküle. Der **polaren Bindung*** wegen hat das Wasserstoffatom leichte positive Ladung und wird daher von einem freien Elektronenpaar angezogen. Wasserstoffbrücken sind verantwortlich für den hohen Schmelz- und Siedepunkt bei Wasser gegenüber Stoffen aus **nichtpolaren Molekülen***. Wasserstoffbrücken und **Van-der-Waals-Kräfte** sind bei der Trennung der Moleküle zu überwinden.

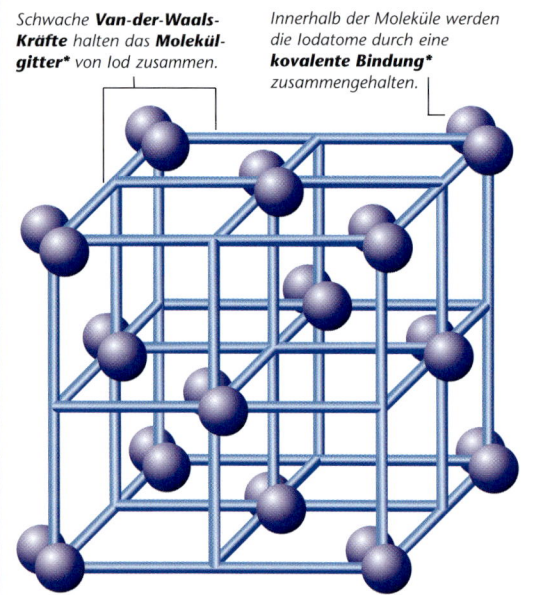

*Schwache **Van-der-Waals-Kräfte** halten das **Molekülgitter*** von Iod zusammen.*

*Innerhalb der Moleküle werden die Iodatome durch eine **kovalente Bindung*** zusammengehalten.*

Polares Wassermolekül

δ^-

Polare Bindung*

Sauerstoffatom

δ^+ δ^+ Wasserstoffatom

H H

δ^-

O

Wasserstoffbrücke Meist durch eine gebrochene Linie dargestellt. ———

δ^-

H δ^+ H δ^+

Freies Elektronenpaar*

O

H δ^+ H δ^+

Dies bedeutet eine kleine positive Ladung.

KRISTALLE

Kristalle sind feste Stoffe mit regulären geometrischen Formen, gebildet durch eine reguläre Anordnung der Partikel. Die Partikel können Atome, Ionen oder Moleküle sein, und es kann eine beliebige oder auch mehrere verschiedene Bindungsarten zwischen ihnen geben. Die Kanten sind gerade und die Oberflächen eben. Stoffe, die Kristalle bilden, bezeichnet man als **kristallin**. Feste Stoffe ohne reguläre Form bezeichnet man als **amorph**.

Kristallisation

Prozess, bei dem sich Kristalle bilden. Das kann geschehen durch Abkühlen einer **Schmelze***, durch **Sublimieren*** beim Übergang vom Gas zum Festkörper, durch Einbringen eines Kristallkeims in eine **übersättigte*** Lösung oder in eine **gesättigte*** Lösung mit anschließender Abkühlung oder Einbringen in ein Vakuum. Letztere Methode wird am häufigsten angewandt; man erreicht damit, dass der Anteil des **Lösungsmittels*** abnimmt, die Lösung **übersättigt*** wird und sich die gelösten Partikel dem Kristallkeim anlagern. Mit der Kristallisation kann man reine Stoffe gewinnen (s. a. 107).

*Edelsteine sind Kristalle, die an ihrer **Spaltebene*** entlang geschnitten wurden.*

Kristallkeim

Kleiner Kristall eines Stoffes, eingesetzt in die Lösung, in der derselbe Stoff gelöst ist. Es ist die Basis, von der aus der Kristall während der **Kristallisation** wächst und die Form des Kristalls übernimmt.

Mutterlauge

Flüssigkeit, die nach dem Auskristallisieren einer chemischen Verbindung zurückbleibt.

Kristallwasser

Wasser, das im Kristall bestimmter **Salze*** eingelagert ist. Die Zahl der eingelagerten Wassermoleküle pro Molekül des Kristalls ist normalerweise konstant und wird oft in der chemischen **Formel*** angegeben. Das Kristallwasser kann durch Erhitzen ausgetrieben werden. Kristalle mit Kristallwasser nennt man **hydratisiert***.

Methoden der Kristallisation

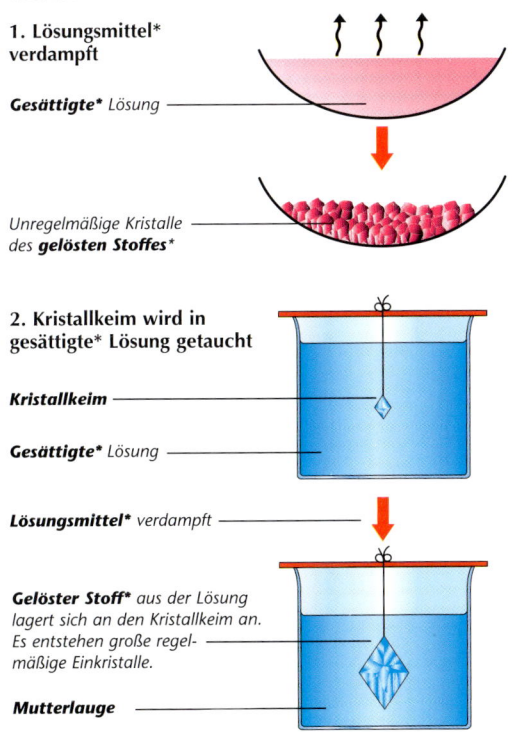

1. **Lösungsmittel* verdampft**

Gesättigte* Lösung

Unregelmäßige Kristalle des gelösten Stoffes*

2. **Kristallkeim wird in gesättigte* Lösung getaucht**

Kristallkeim

Gesättigte* Lösung

Lösungsmittel* verdampft

Gelöster Stoff* aus der Lösung lagert sich an den Kristallkeim an. Es entstehen große regelmäßige Einkristalle.

Mutterlauge

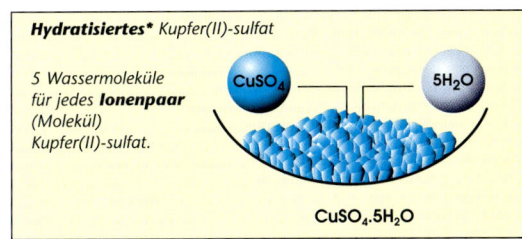

Hydratisiertes* Kupfer(II)-sulfat

5 Wassermoleküle für jedes Ionenpaar (Molekül) Kupfer(II)-sulfat.

$CuSO_4$ · $5H_2O$

$CuSO_4.5H_2O$

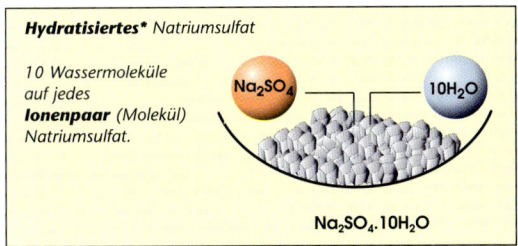

Hydratisiertes* Natriumsulfat

10 Wassermoleküle auf jedes Ionenpaar (Molekül) Natriumsulfat.

Na_2SO_4 · $10H_2O$

$Na_2SO_4.10H_2O$

* **Formeln**, 26; **Gelöster Stoff**, 30; **Gesättigt**, 31; **Hydratisiert**, 40 (**Hydrate**); **Ionen**, 16; **Lösungsmittel**, 30; **Salze**, 39; **Schmelze**, 6; **Spaltebene**, 22; **Sublimation**, 7; **Übersättigt**, 31.

Kristalle (Fortsetzung) – Formen und Strukturen

Kristalle (s. a. 21) haben verschiedene Formen und Größen. Das hängt von der Anordnung und der Art der Bindung der Partikel (Atome, Moleküle, **Ionen***) ab. Die räumliche Anordnung der Partikel und die reguläre Art, in der sie zusammengefügt sind, wird **Kristallgitter** genannt. Die Form eines einzelnen Kristalls hängt ab vom Kristallgitter und wie dieses Gitter entlang der **Spaltebenen** gespalten werden kann. Die Basisformen der Kristalle geben die Form größerer Kristalle vor. Ein Stoff kann mehrere kristalline Formen haben.

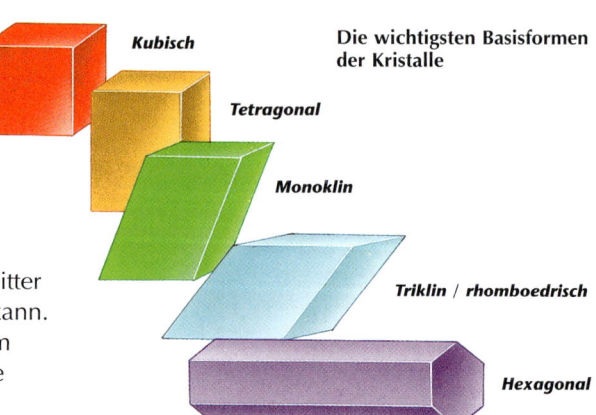

Die wichtigsten Basisformen der Kristalle

Kubisch

Tetragonal

Monoklin

Triklin / rhomboedrisch

Hexagonal

Polymorphie
Fähigkeit eines Stoffes, mehrere Kristallarten zu bilden, die sich in Form und Eigenschaften unterscheiden. Das liegt an den verschiedenen Anordnungen in den einzelnen Kristallen. Der Übergang von einer Kristallform zur anderen erfolgt oft bei einer festen Temperatur, dem **Umwandlungspunkt**. Bei Elementen nennt man die Polymorphie **Allotropie**.

Allotropie
Eigenschaft einiger Elemente, mehr als eine Kristallform zu bilden (Spezialfall der **Polymorphie**). Die verschiedenen **allotropen** Formen entstehen durch Umordnung der Atome im Kristall.

Monotropie
Polymorphie, bei der es nur eine stabile Kristallform gibt. Die anderen Formen sind instabil und haben keinen **Umwandlungspunkt**.

Enantiotropie
Polymorphie mit zwei stabilen Kristallformen, einer oberhalb des **Umwandlungspunktes** und einer unterhalb.

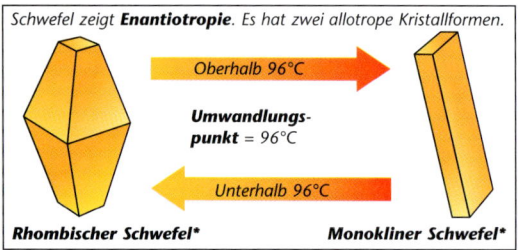

*Schwefel zeigt **Enantiotropie**. Es hat zwei allotrope Kristallformen.*

Oberhalb 96°C

Umwandlungspunkt = 96°C

Unterhalb 96°C

Rhombischer Schwefel* **Monokliner Schwefel***

Umwandlungspunkt
Temperatur, bei der ein Stoff, der **Enantiotropie** zeigt, von einer Form in eine andere übergeht.

Isomorphie
Haben verschiedene Stoffe die gleiche Kristallform, so nennt man sie **isomorph**.

Spaltebene
Ebene, entlang der ein Kristall gespalten werden kann. Bei der Spaltung entstehen Flächen. Wird der Kristall nicht an der Spaltebene getrennt, zerbricht er.

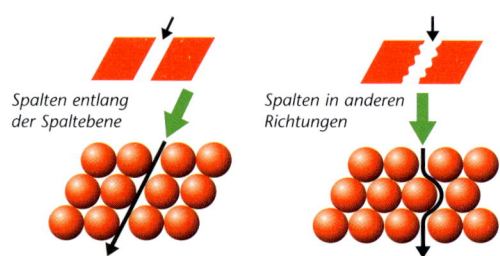

Spalten entlang der Spaltebene

Spalten in anderen Richtungen

Kristallstrukturanalyse
Bestimmung der Kristallstruktur mithilfe von Röntgenstrahlen. Gebeugte Röntgenstrahlen erzeugen ein **Beugungsbild**, aus dem man die Struktur des Kristalls abliest.

Kristallstrukturanalyse

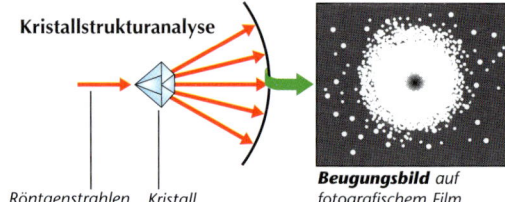

Röntgenstrahlen Kristall

***Beugungsbild** auf fotografischem Film*

* **Ionen**, 16; **Monokliner Schwefel, Rhombischer Schwefel**, 70.

Kristallgitter

Atomgitter

Kristallgitter, das aus Atomen besteht, die durch die **kovalente Bindung*** zusammengehalten werden, z. B. Diamanten. Kristalle mit Atomgittern sind sehr hart, haben einen hohen Schmelz- und Siedepunkt.

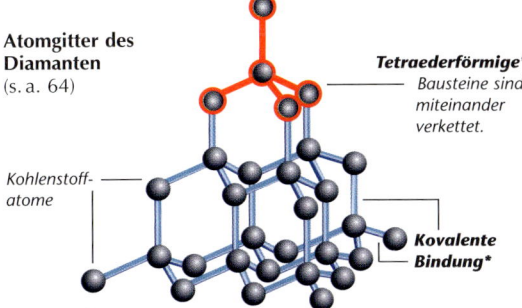

Atomgitter des Diamanten (s. a. 64)

Tetraederförmige* Bausteine sind miteinander verkettet.

Kohlenstoff- atome

Kovalente Bindung*

Ionengitter

Kristallgitter, das aus **Ionen*** besteht und durch **Ionenbindungen*** zusammengehalten wird, z. B. Natriumchlorid. Die Ionenbindung ist sehr fest; deshalb haben die Stoffe einen hohen Schmelz- und Siedepunkt.

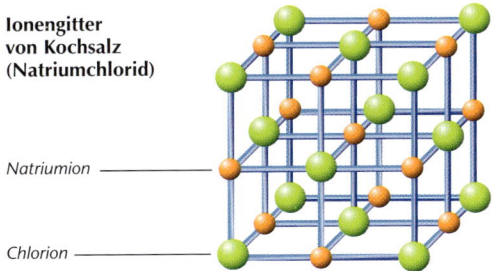

Ionengitter von Kochsalz (Natriumchlorid)

Natriumion

Chlorion

Metallgitter

Kristallgitter, das aus Metallatomen besteht und durch die **Metallbindung*** zusammengehalten wird, z. B. Zink. Die **freien Elektronen*** bewegen sich zwischen den Metallionen und bewirken die gute Leitfähigkeit für Strom und Wärme. Die Atomschichten lassen sich gegeneinander gleitend verschieben. Deshalb sind Metalle **dehnbar*** und **geschmeidig***.

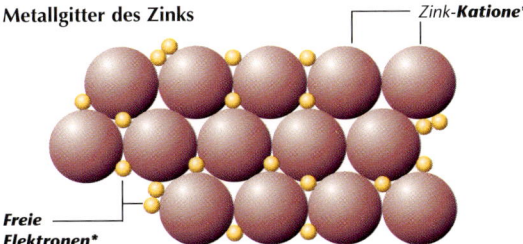

Metallgitter des Zinks

*Zink-**Kationе****

Freie Elektronen*

Molekülgitter

Kristallgitter, das aus Molekülen besteht und durch **intermolekulare Kräfte** zusammengehalten wird (s. a. 20), z. B. Iod. Diese Kräfte sind schwach, so dass der Kristall, verglichen mit **Ionenverbindungen***, einen niedrigen Schmelz- und Siedepunkt hat und leicht zerbricht. Die **kovalenten Bindungen*** in den Molekülen selbst sind stärker und brechen weniger leicht.

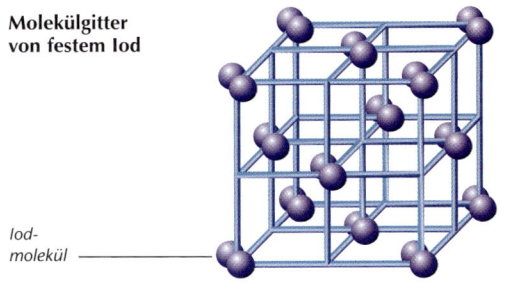

Molekülgitter von festem Iod

Iod- molekül

Bei Kristallen, deren Partikel gleich groß sind, z. B. in **Metallgittern**, sind verschiedene Anordnungen möglich. Die häufigsten Anordnungen sind:

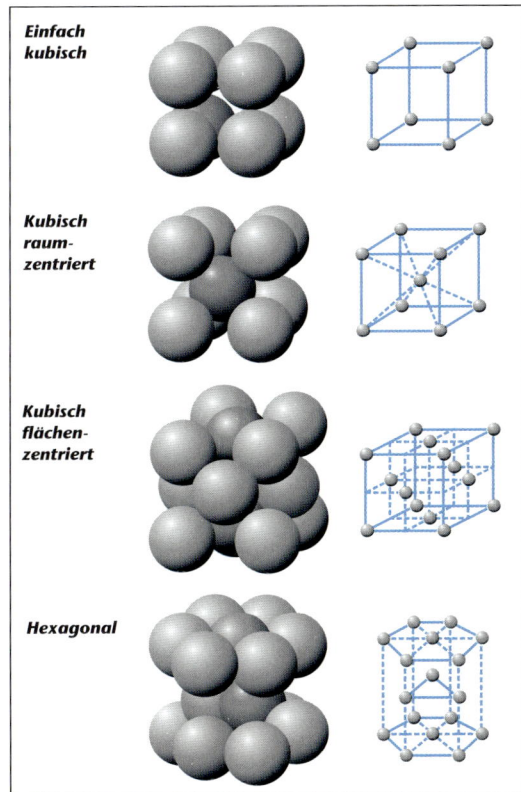

Einfach kubisch

Kubisch raum- zentriert

Kubisch flächen- zentriert

Hexagonal

ATOMMASSEN

Mit einem Durchmesser von 10^{-7} Millimeter und einer Masse um 10^{-22} Gramm sind die Atome so klein, dass es extrem schwer ist, ihre Daten messend zu erfassen. Ihre Massen werden deshalb bezogen auf eine vereinbarte Masse, um ihnen einen anschaulichen, handzuhabenden Wert zu geben.
Da viele Millionen Atome in kleinsten Mengen der Stoffe vorhanden sind, benutzt man das **Mol** als Mengeneinheit. Die Atom- und Molekülmassen werden mit **Massenspektrometern** bestimmt.

Relative Atommasse oder Atomgewicht
Durchschnittliche Masse eines Atoms eines Elementes geteilt durch $1/12$ der Masse des Kohlenstoffatomes C-12 (durchschnittliche Masse, da Isotopengemisch betrachtet wird, s. a. **Isotope** 13). Wird als **atomare Masseneinheit (u)** angegeben. Für eine Tabelle mit relativen Atommassen s. a. 98–99.

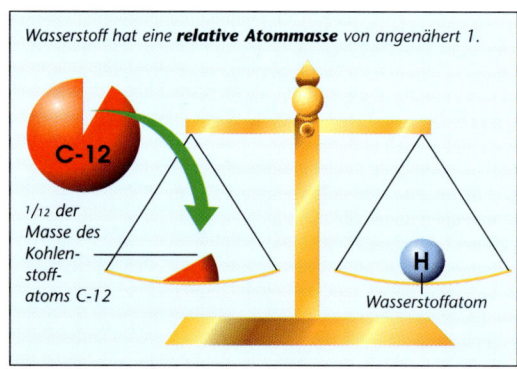

Wasserstoff hat eine **relative Atommasse** von angenähert 1.

$1/12$ der Masse des Kohlenstoffatoms C-12

Wasserstoffatom

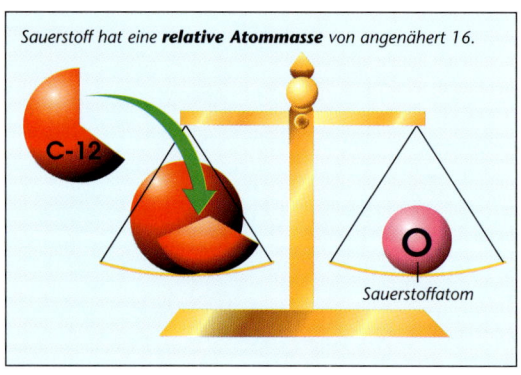

Sauerstoff hat eine **relative Atommasse** von angenähert 16.

Sauerstoffatom

Relative Molekülmasse oder Molekülgewicht
Masse des Moleküls eines Elements oder einer Verbindung geteilt durch $1/12$ der Masse des Kohlenstoffatoms C-12 (s. a. **Isotope** 13). Das Molekülgewicht hat keine Einheit, es ist die Summe der **relativen Atommassen** der Atome, aus denen das Molekül besteht.

Ein Wassermolekül besteht aus einem Sauerstoffatom und zwei Wasserstoffatomen.

Relative Molekülmasse von Wasser

H_2O

Wasserstoffatom — H

Sauerstoffatom —

H   O

*Die **relative Molekülmasse** ist angenähert $16 + 1 + 1 = 18$.*

*Von **relativer Molekülmasse** spricht man auch bei **Ionenverbindungen***, obwohl sie keine Moleküle haben.

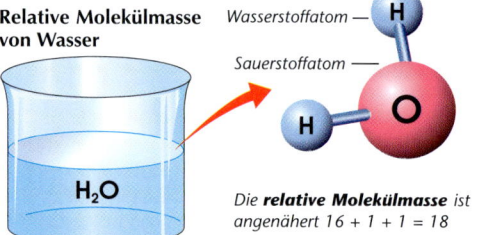

Calciumchlorid

$CaCl_2$

Cl^- Ca^{2+} Cl^-

Calcium (**relative Atommasse** 40)

Chlor (**relative Atommasse** 35,5)

*Angenäherte **relative Molekülmasse**: $40 + (2 \times 35,5) = 111$.*

Relative Isotopenmasse
Masse des Atoms eines speziellen **Isotops*** geteilt durch $1/12$ der Masse des Kohlenstoffatoms C-12. Es ist nahezu dieselbe Zahl wie die **Massenzahl*** des Isotops.

Isotopenhäufigkeit
Verhältnis der Anzahl der **Isotope*** eines Elementes zur Gesamtzahl der Atome. Zusammen mit der **relativen Isotopenmasse** kann man mit ihr die **relative Atommasse** berechnen.

Eine gewöhnliche Menge Chlor enthält dreimal so viele Atome Cl-35 wie das Isotop Cl-37.

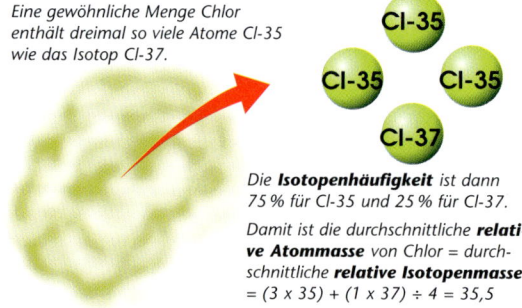

Cl-35

Cl-35   Cl-35

Cl-37

*Die **Isotopenhäufigkeit** ist dann 75 % für Cl-35 und 25 % für Cl-37.*

*Damit ist die durchschnittliche **relative Atommasse** von Chlor = durchschnittliche **relative Isotopenmasse** $= (3 \times 35) + (1 \times 37) \div 4 = 35,5$.*

Mol

SI-Einheit* der Stoffmenge. Ein Mol eines Stoffes enthält stets genauso viele Partikel, wie Atome in 12 Gramm des C-12-**Isotops*** des Kohlenstoffes enthalten sind.

Avogadrozahl

Anzahl der Partikel in einem **Mol** eines Stoffes, entspricht $6{,}023 \times 10^{23}$ mol^{-1}.

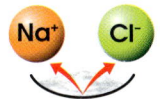

*Jedes **Mol** Kupfer besteht aus **Avogadrozahl** an Atomen.*

*Jedes **Mol** Sauerstoff enthält **Avogadrozahl** an Molekülen.*

*Ein **Mol** Kochsalz besteht aus 1 Mol Na$^+$-Ionen und 1 Mol Cl$^-$-Ionen.*

Molmasse

Masse von einem **Mol** eines Stoffes. Es ist die **relative Atom-** oder **Molekülmasse** in Gramm.

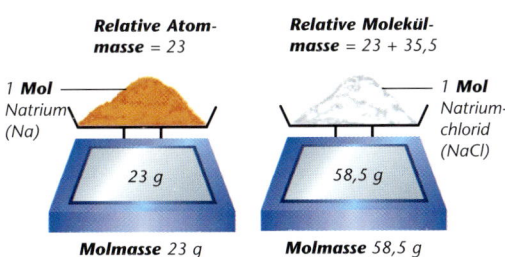

Relative Atommasse = 23

Relative Molekülmasse = 23 + 35,5

*1 **Mol** Natrium (Na)*

*1 **Mol** Natriumchlorid (NaCl)*

23 g

58,5 g

***Molmasse** 23 g*

***Molmasse** 58,5 g*

Molvolumen

Volumen von einem **Mol** eines Stoffes. Molvolumina von Flüssigkeiten und festen Stoffen sind verschieden. Gase haben bei gleichem Druck und gleicher Temperatur stets das gleiche Molvolumen. Unter **Normalbedingungen*** ist das Molvolumen aller Gase 22,4 dm^3. Bei Raumtemperatur (20 °C) und einem Normaldruck von 101 325 **Pascal*** ist das Molvolumen $V_m = 24$ dm^3.

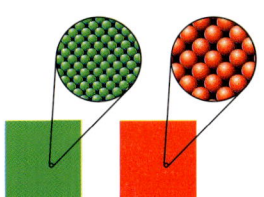
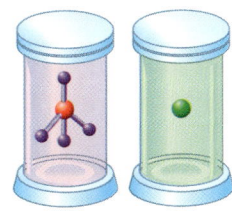

*Bei festen Stoffen und Flüssigkeiten hängt das **Molvolumen** von der Größe und Anordnung der Partikel ab.*

*Alle Gase haben bei gleichen Druck- und Temperaturbedingungen gleiche **Molvolumina**.*

Konzentration

Maß für die Menge des **gelösten Stoffes*** in einer Lösung, angegeben in Massenprozenten, Volumenprozenten oder der **Molarität**, stets bezogen auf die fertige Lösung.

*Konzentration ist die Zahl der **Mole** des **gelösten Stoffes*** in jedem Liter der Lösung (**Molarität**).*

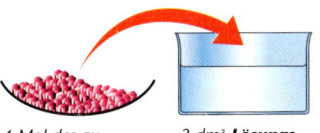

*4 Mol des zu **lösenden** Stoffes*

*2 dm^3 **Lösungsmittel***

***Konzentration** 2 Mol dm^{-3}*

Molarität

Konzentration angegeben in **Mol** des **gelösten Stoffes** pro dm^3 der **Lösung**. Man bezeichnet eine Lösung mit **M-Molen** pro dm^3 als **M-molare** Lösung. Eine 3-molare Lösung hat 3 Mol des gelösten Stoffes in 1 dm^3 der Lösung.

*Eine 2-**molare** Kupfer(II)-sulfatlösung enthält 2 **Mol** Kupfer(II)-sulfat in jedem Liter Lösung (**Molarität**).*

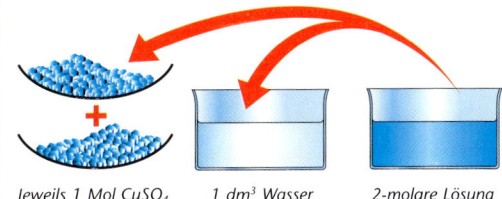

Jeweils 1 Mol CuSO$_4$

1 dm^3 Wasser

2-molare Lösung

Molare Lösung

Eine Lösung, die ein **Mol** des gelösten Stoffes in jedem Liter der Lösung gelöst hat. Man nennt sie auch einmolare Lösung (s. a. **Molarität**).

*Eine **einmolare Kupfer(II)-sulfatlösung** enthält ein **Mol** Kupfer(II)-sulfat in jedem Liter.*

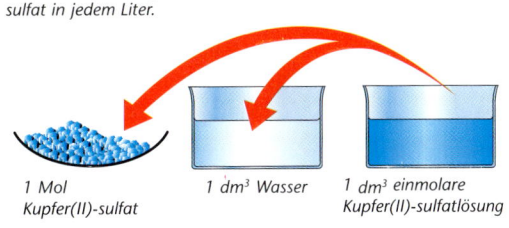

1 Mol Kupfer(II)-sulfat

1 dm^3 Wasser

1 dm^3 einmolare Kupfer(II)-sulfatlösung

Standardlösung

Lösung mit bekannter **Konzentration**. Sie wird bei der **Maßanalyse*** gebraucht.

* **Gelöster Stoff**, 30; **Isotope**, 13; **Lösungsmittel**, 30; **Normalbedingungen**, 29; **Pascal**, 115; **SI-Einheiten**, 114; **Volumetrie**, 108.

25

FORMELN, NAMEN, GLEICHUNGEN

Die meisten Namen von Verbindungen werden aus den Namen der Elemente gebildet, aus denen sie zusammengesetzt sind. Aufschluss über die Zusammensetzung und Struktur einer Verbindung gibt die **Formel**, die aus den **chemischen Symbolen*** der Elemente besteht. Aus der chemischen **Gleichung** kann man Ausgangsstoffe und Produkte einer chemischen Reaktion erkennen sowie ihren Ablauf.

Formeln

Verhältnisformel

Lässt erkennen, welche Elemente die Verbindung aufbauen und in welchem Verhältnis die Elemente vorkommen. Lässt nicht erkennen, wie viele Atome dem Molekül angehören und welche **Bindungsart** die Atome zusammenhält (s. a. 16–20).

Strukturformel (Konstitutionsformel)

Formel, aus der die Anordnung aller Atome eines Moleküls und alle **Bindungsarten** zwischen ihnen erkennbar sind. In der Strukturformel werden Einfachbindungen durch eine einfache Linie, Doppelbindungen durch eine doppelte Linie usw. dargestellt.

Molekülformel (Summen-, Bruttoformel)

Formel für ein Molekül eines Elementes oder einer Verbindung. Sie zeigt, welche Atome das Molekül aufbauen und in welcher Anzahl sie auftreten. Über die **Bindungsart** sagt die Formel nichts aus (s. a. 16–20).

Diagramm des Ethenmoleküls zeigt die Bindungsarten innerhalb des Moleküls

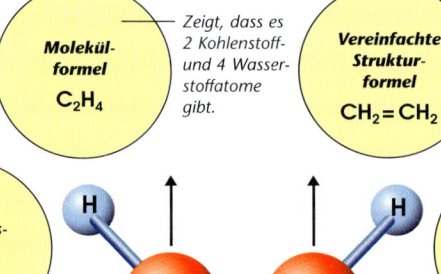

Molekülformel C_2H_4

Zeigt, dass es 2 Kohlenstoff- und 4 Wasserstoffatome gibt.

Vereinfachte Strukturformel $CH_2 = CH_2$

Zeigt, dass es 2 Gruppen aus je einem C- und 2 H-Atomen gibt, zusammengehalten durch **Doppelbindung***.

Verhältnisformel CH_2

Zeigt, dass auf jedes Kohlenstoffatom 2 Wasserstoffatome kommen.

Strukturformel

$$\begin{array}{ccc} H & & H \\ | & & | \\ C & = & C \\ | & & | \\ H & & H \end{array}$$

Zeigt die Anordnung der Atome mit **Einfachbindung*** und **Doppelbindung***.

Vereinfachte Strukturformel

Formel, die eine Folge von Atomgruppen (z. B. **Carboxylgruppe*** –COOH) und die **Bindungsart** zwischen diesen Gruppen erkennen lässt, dargestellt als Linie (s. a. **Bindungsarten** 16–20).

Stereoformel oder dreidimensionale Strukturformel

Formel, die die dreidimensionale Anordnung der Atome und die **Bindungsarten** erkennen lässt (zur stereochemischen Formel des Methans s. a. **Stereochemie** 77).

Prozentuale Zusammensetzung

Die Zusammensetzung einer Verbindung, ausgedrückt in prozentualen Massenanteilen der einzelnen Elemente.

Prozentuale Zusammensetzung von Kohlendioxid (CO_2)

Kohlenstoffatom, *relative Atommasse** = 12

Zwei Sauerstoffatome, *relative Atommasse* = 2 x 16 = 32

Relative Molekülmasse* der Verbindung

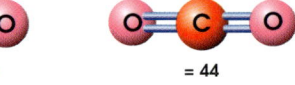

12   +   (2 x 16)   = 44

Anteil Sauerstoff: (32 ÷ 44) x 100 = 73%

Anteil Kohlenstoff: (12 ÷ 44) x 100 = 27%

*Die **prozentuale Zusammensetzung** von Kohlendioxid ist daher: 27% Kohlenstoff, 73% Sauerstoff.*

* **Carboxylgruppe**, 81 (**Carbonsäuren**); **Chemisches Symbol**, 8; **Doppelbindung**, **Einfachbindung**, 18; **Relative Atommasse**, **Relative Molekülmasse**, 24.

Namen

Trivialname

Name, mit dem eine Verbindung im Alltag bezeichnet wird; oft auch Handelsname. Er gibt normalerweise keinen Aufschluss darüber, aus welchen Elementen die Verbindung aufgebaut ist, z. B. Kochsalz oder Kalk.

Traditioneller Name

Meist historischer Name einer Verbindung, der aus dem Namen der Elemente abgeleitet ist, ohne eine quantitative Aussage oder einen Strukturhinweis. Einige traditionelle Namen sind auch **systematische Namen.**

Trivialname: *Vitriol*
Traditioneller Name: *Ferrosulfat*

Eisensulfat FeSO$_4$

Systematischer Name

Ein Name, der zeigt, welche Elemente eine Verbindung hat, wie viele Atome von jedem Element vorhanden sind und welche **Oxidationsstufe*** vorliegt. Auch die Art der **Bindung** (s. a. 16–20) kann man aus dem systematischen Namen herleiten. In einigen Fällen ist der systematische Name vereinfacht. Einige systematische Namen stimmen mit den **traditionellen** überein (s. a. **Namen einfacher organischer Verbindungen** 100).

Systematischer Name
Eisen(II)-tetraoxosulfat(VI)

Oxidationszahl* *von*	**Oxidationszahl** *von*
Eisen: +II	*Schwefel: +VI*

Der systematische Name wird zu Eisen(II)-sulfat vereinfacht.

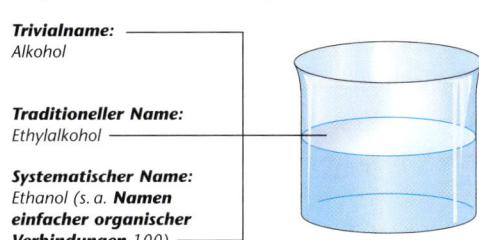

Trivialname:
Alkohol

Traditioneller Name:
Ethylalkohol

Systematischer Name:
Ethanol (s. a. Namen einfacher organischer Verbindungen 100)

Gleichungen

Wortgleichung

Gleichung, in die die an der Reaktion beteiligten Stoffe mit ihrem Namen eingesetzt sind, z. B.:

> **Natrium + Wasser → Natronlauge + Wasserstoff**

Die Namen der Stoffe können durch ihre **Formeln** ersetzt werden (s. a. gegenüberliegende Seite).

> **Na + H$_2$O → NaOH + H$_2$**

Ausgeglichene Gleichung

Gleichung, bei der die Anzahl der Atome eines jeden Elements nach dem **Gesetz von der Erhaltung der Masse*** auf beiden Seiten der Gleichung identisch ist. Man schreibt die Gleichungen so, dass nur ganze Moleküle vorkommen. Ihre Anzahl wird vor ihre **Formel** geschrieben:

> **2Na + 2H$_2$O → 2NaOH + H$_2$**

Ionengleichung

Gleichung, die nur über die Veränderung der Ionen bei einer Reaktion Aufschluss gibt (Beispiel s. u.).

Zustandssymbol

Buchstaben in Klammern hinter den **Formeln** zeigen den **Aggregatzustand*** in der Reaktion.

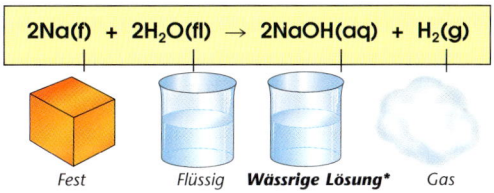

> **2Na(f) + 2H$_2$O(fl) → 2NaOH(aq) + H$_2$(g)**

Fest   *Flüssig*   **Wässrige Lösung***   *Gas*

Ionenerhaltung

Ionen, die bei einer chemischen Reaktion gleich bleiben.

*In der folgenden Reaktion sind Na$^+$, OH$^-$, H$^+$, Cl$^-$ Ionen. Na$^+$, Cl$^-$ erscheinen auf beiden Seiten der Gleichung – sie sind bei der Reaktion erhalten geblieben. In **Ionengleichungen** fehlen sie.*

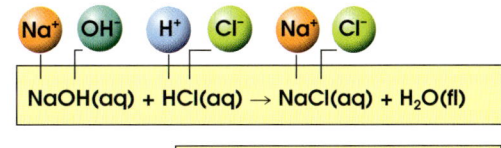

> **NaOH(aq) + HCl(aq) → NaCl(aq) + H$_2$O(fl)**

*Die **Ionengleichung** lautet:*

> **OH$^-$(aq) + H$^+$(aq) → H$_2$O(fl)**

* **Aggregatzustände**, 6; **Gesetz von der Erhaltung der Masse**, 11; **Oxidationsstufe**, **Oxidationszahl**, 35; **Wässrige Lösung**, 30.

27

GASGESETZE

Die Moleküle eines Gases fliegen einzeln mit großer Geschwindigkeit ungeordnet umher (s. a. **kinetische Theorie***). Das eigentliche Volumen aller Gasmoleküle ist viel kleiner als das Volumen, welches das Gas gerade einnimmt. Die Kräfte zwischen den Molekülen sind sehr klein. Das gilt für alle Gase, sie verhalten sich ähnlich. Die **Gasgesetze** beschreiben das Verhalten der Gase.

Symbole in den **Gasgesetzen**	p = Druck T = Temperatur in **Kelvin**	V = Volumen c = **Konstante***

Gas bei konstanter Temperatur, konstantem Druck und Volumen

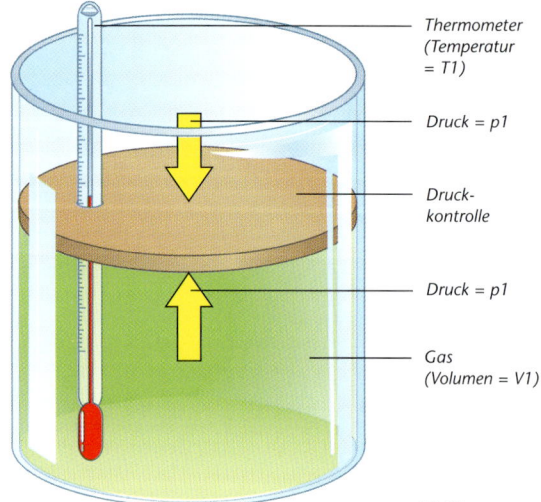

- Thermometer (Temperatur = T1)
- Druck = p1
- Druck-kontrolle
- Druck = p1
- Gas (Volumen = V1)

Boyle-Mariotte-Gesetz

Bei konstanter Temperatur ist das Volumen von Gas umgekehrt proportional zum Druck (bei steigendem Druck sinkt das Volumen).

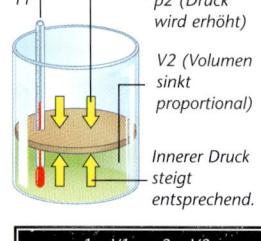

T1
p2 (Druck wird erhöht)
V2 (Volumen sinkt proportional)
Innerer Druck steigt entsprechend.

$$p1 \times V1 = p2 \times V2$$
$$\text{oder } pV = c$$

Amontons-Gesetz

Bei konstantem Volumen ist der Druck direkt proportional der Temperatur auf der **absoluten Temperaturskala** (der Druck steigt mit der Temperatur).

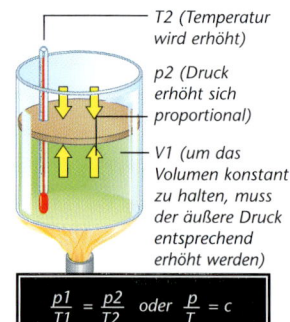

T2 (Temperatur wird erhöht)
p2 (Druck erhöht sich proportional)
V1 (um das Volumen konstant zu halten, muss der äußere Druck entsprechend erhöht werden)

$$\frac{p1}{T1} = \frac{p2}{T2} \quad \text{oder} \quad \frac{p}{T} = c$$

Gay-Lussac-Gesetz

Bei konstantem Druck ist das Volumen direkt proportional der Temperatur auf der **absoluten Temperaturskala** (das Gas dehnt sich mit steigender Temperatur aus).

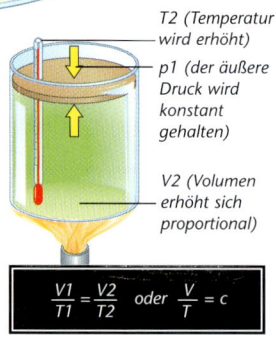

T2 (Temperatur wird erhöht)
p1 (der äußere Druck wird konstant gehalten)
V2 (Volumen erhöht sich proportional)

$$\frac{V1}{T1} = \frac{V2}{T2} \quad \text{oder} \quad \frac{V}{T} = c$$

Universelle Gasgleichung

Zeigt das Verhältnis von Druck, Volumen und Temperatur für eine abgeschlossene Gasmenge.

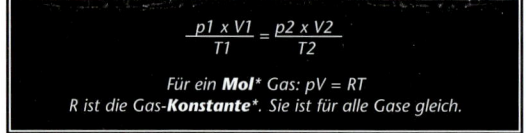

$$\frac{p1 \times V1}{T1} = \frac{p2 \times V2}{T2}$$

*Für ein **Mol*** Gas: pV = RT*
*R ist die Gas-**Konstante***. Sie ist für alle Gase gleich.*

Ideales Gas

Ein ideales Gas muss 3 Eigenschaften haben:
1. Die Moleküle haben kein Eigenvolumen.
2. Stöße der Gasmoleküle untereinander erfolgen elastisch.
3. Zwischen den Molekülen wirken keine Kräfte. Kein reales Gas erfüllt diese Bedingungen. Man nähert sich idealen Gasen, wenn man kleine Moleküle und große Abstände hat.

Kleine, weit verteilte Moleküle

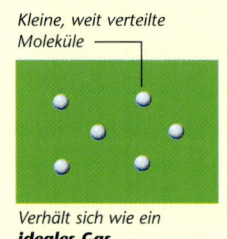

Verhält sich wie ein **ideales Gas**.

Große Moleküle dicht beieinander

Reales Gas. Verhält sich nicht wie ein **ideales Gas**.

Partialdruck

Druck, den jedes Gas in einem **Gemisch*** hätte, wenn es alleine das Volumen einnehmen würde, das das Gemisch einnimmt.

Partialdrucksatz von Dalton

Der Gesamtdruck eines nicht reagierenden Gasgemisches ist gleich der Summe der **Partialdrücke** aller Einzelgase.

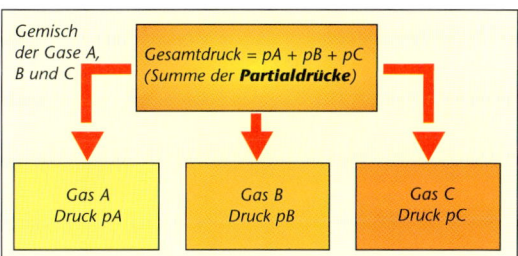

Diffusionsgesetz von Graham

Sind Temperatur und Druck konstant, so ist das Verhältnis der **Diffusionsgeschwindigkeit*** eines Gases umgekehrt proportional dem der Quadratwurzel seiner Dichte. Die Dichte eines Gases ist groß, wenn die Moleküle groß sind. Kleine leichte Moleküle bewegen sich schneller als schwere, deshalb diffundiert ein Gas mit geringerer Dichte schneller als eines mit größerer.

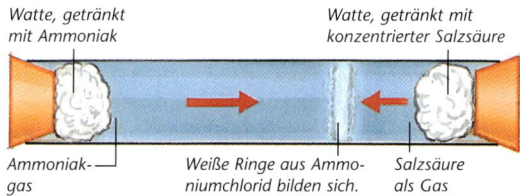

Watte, getränkt mit Ammoniak — Watte, getränkt mit konzentrierter Salzsäure

Ammoniak-gas — Weiße Ringe aus Ammoniumchlorid bilden sich. — Salzsäure als Gas

*Leichte Ammoniakmoleküle **diffundieren*** schneller als die Salzsäuremoleküle. Die Gase treffen sich in der rechten Hälfte des Rohres.*

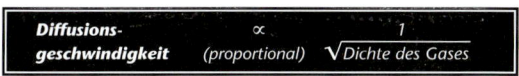

$$\text{Diffusionsgeschwindigkeit} \quad \underset{\text{(proportional)}}{\propto} \quad \frac{1}{\sqrt{\text{Dichte des Gases}}}$$

Relative Dampfdichte

Dichte eines Gases bezogen auf die Dichte von Wasserstoff. Sie wird berechnet aus dem Quotienten der Dichte des Gases und der Dichte von Wasserstoff. Sie hat keine Einheit.

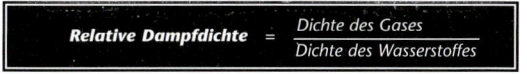

$$\text{Relative Dampfdichte} = \frac{\text{Dichte des Gases}}{\text{Dichte des Wasserstoffes}}$$

Gasvolumengesetz

Reagieren zwei Gase miteinander bei gleicher Temperatur und gleichem Druck und setzen sich ihre Volumina vollständig um, so reagieren ihre Volumina im Verhältnis kleiner ganzer Zahlen.

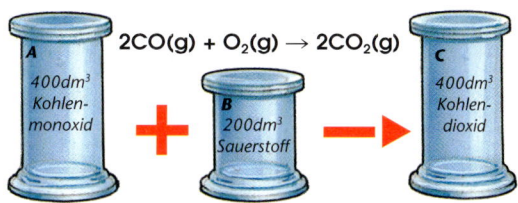

$$2CO(g) + O_2(g) \rightarrow 2CO_2(g)$$

A — 400dm³ Kohlenmonoxid
B — 200dm³ Sauerstoff
C — 400dm³ Kohlendioxid

*Nach dem **Satz des Avogadro** (s. u.) beinhalten Gefäße A und C dieselbe Anzahl an Molekülen.*

Satz des Avogadro

Gleiche Volumina aller Gase enthalten bei gleichem Druck und gleicher Temperatur die gleiche Anzahl von Molekülen.

Normalbedingungen

International vereinbarte Standardbedingungen (**Normaltemperatur und Normaldruck**) für den Zustand eines Gases, unter denen seine Eigenschaften bestimmt werden (Volumen, Dichte).

Normaltemperatur = 0 °C oder 273 K (**Kelvin**)
Normaldruck = 101 325 **Pascal***

Absolute Temperaturskala

Standardtemperaturskala mit der Einheit **Kelvin (K)**. 1 Kelvin ist gleich 1 Grad der **Celsiusskala*** (°C). Die niedrigste Temperatur 0 °K ist der absolute Nullpunkt. Er entspricht −273 °C. Es ist ein errechneter **Nullpunkt**, an dem ein **ideales Gas** das Volumen 0 annehmen müsste.

*Umrechnung von **Grad Celsius** in **Kelvin**: Addiere 273.
Umrechnung von **Kelvin** in **Grad Celsius**: Subtrahiere 273.*

Grad Celsius	Kelvin
100 °C Dampf	373 K
0 °C Eis	273 K
Absoluter Nullpunkt —273 °C	0K

LÖSUNGEN UND LÖSLICHKEIT

Wird ein Stoff in eine Flüssigkeit gegeben, so kann Verschiedenes geschehen. Wenn sich Atome, Moleküle oder Ionen des Stoffes gleichmäßig verteilen (**sich lösen**), so nennt man das **Gemisch*** eine **Lösung**. Falls nicht, erhält man ein **Kolloid**, eine **Suspension** oder einen **Niederschlag**. Wie gut sich ein Stoff löst, hängt von seinen Eigenschaften, den Eigenschaften des Lösungsmittels und anderen Faktoren wie Temperatur und Druck ab.

Lösungsmittel
Flüssigkeit, in der der **gelöste Stoff** gelöst wird.

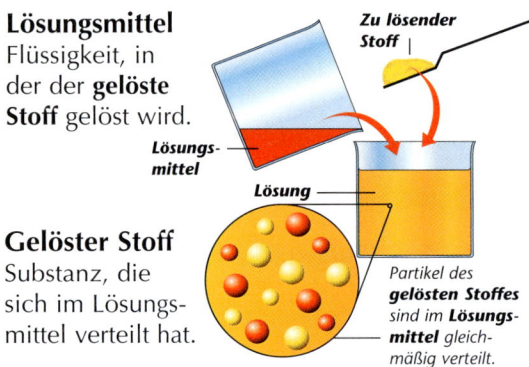

Zu lösender Stoff

Lösungsmittel

Lösung

Partikel des **gelösten Stoffes** sind im **Lösungsmittel** gleichmäßig verteilt.

Gelöster Stoff
Substanz, die sich im Lösungsmittel verteilt hat.

Solvatation
Prozess, bei dem sich Moleküle des **Lösungsmittels** Molekülen des **gelösten Stoffes** anlagern. Ist das Lösungsmittel Wasser, so sagt man **Hydration.** Ob Solvatation stattfindet, hängt von der Kraft zwischen den Molekülen des Lösungsmittels und denen des gelösten Stoffes sowie von der **Bindung*** des gelösten Stoffes ab.

Polares Lösungsmittel
Lösungsmittel mit **polaren Molekülen***. Polare Lösungsmittel lösen **Ionenverbindungen***. Dabei tritt eine **Solvatation** auf, da die geladenen Enden der Lösungsmittelmoleküle die Ionen im **Ionengitter*** anziehen. Wasser ist das häufigste polare Lösungsmittel.

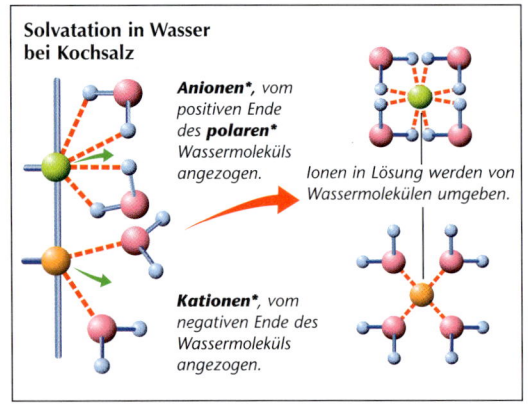

Solvatation in Wasser bei Kochsalz

Anionen*, vom positiven Ende des **polaren*** Wassermoleküls angezogen.

Ionen in Lösung werden von Wassermolekülen umgeben.

Kationen*, vom negativen Ende des Wassermoleküls angezogen.

Nichtpolares Lösungsmittel
Flüssigkeit mit **nichtpolaren Molekülen***. Löst **kovalente Verbindungen***. Die gelösten Moleküle werden durch die Moleküle des Lösungsmittels aus ihrem **Molekülgitter*** herausgezogen und **diffundieren***. Viele organische Flüssigkeiten sind nichtpolare Lösungsmittel.

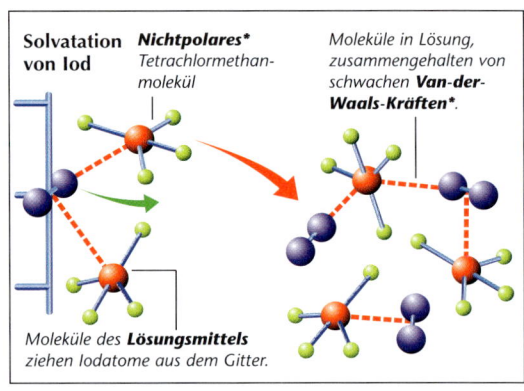

Solvatation von Iod

Nichtpolares* Tetrachlormethanmolekül

Moleküle in Lösung, zusammengehalten von schwachen **Van-der-Waals-Kräften***.

Moleküle des **Lösungsmittels** ziehen Iodatome aus dem Gitter.

Wässriges Lösungsmittel
Lösungsmittel, das Wasser enthält. Wassermoleküle sind **polar***; daher sind wässrige Lösungsmittel **polare Lösungsmittel**.

Wässrige Lösung
Lösung in einem **wässrigen Lösungsmittel**. Wässrige Lösungsmittel sind **polar** und bilden wässrige Lösungen. **Nichtpolare Lösungsmittel** sind **nichtwässrige Lösungsmittel** und bilden **nichtwässrige Lösungen**.

Verdünnte Lösung
Lösung mit geringer **Konzentration*** des gelösten Stoffes.

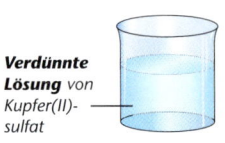

Verdünnte Lösung von Kupfer(II)-sulfat

Konzentrierte Lösung
Lösung mit hoher **Konzentration*** des gelösten Stoffes.

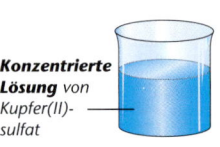

Konzentrierte Lösung von Kupfer(II)-sulfat

* **Anion, Bindung**, 16; **Diffundieren**, 9 (**Diffusion**); **Gemisch**, 8; **Ionengitter**, 23; **Ionenverbindung**, 17; **Kation**, 16; **Konzentration**, 25; **Kovalente Verbindung**, 18; **Molekülgitter**, 23; **Nichtpolare Moleküle**, 19 (**Polares Molekül**); **Van-der-Waals-Kräfte**, 20.

Gesättigt

Beschreibt eine Lösung, die keinen **gelösten Stoff** mehr aufnehmen kann. Der nicht gelöste Stoff bleibt als Bodensatz liegen. Erhöht man die Temperatur, so gehen weitere Moleküle in die Lösung, bis die Lösung wieder gesättigt ist.

Übersättigt

Bezeichnung für eine Lösung mit mehr **gelöstem Stoff** als in der **gesättigten** bei gleicher Temperatur. Man erhält die übersättigte Lösung, wenn man unter die Temperatur abkühlt, bei der die gesättigte Lösung vorliegt und keine Partikel in der Lösung sind, an die sich **Kristalle*** anlagern können. Die Lösung ist instabil; kommen Kristalle oder Staubpartikel hinein, bilden sich sofort Kristalle, und es entsteht die gesättigte Lösung.

Löslich

Bezeichnung eines Stoffes, der sich leicht im **Lösungsmittel** verteilt. Gegensatz: **unlöslich**.

Löslichkeit

Maximale Menge eines Stoffes, die in einer bestimmten Menge **Lösungsmittel** gelöst werden kann.

Löslichkeit eines Stoffes bei bestimmter Temperatur:

Maximale Masse des **gelösten Stoffes** in g, der 100 g des **Lösungsmittels** hinzugefügt werden müssen, damit eine **gesättigte Lösung** entsteht.

Die Löslichkeit fester Stoffe steigt im Allgemeinen mit der Temperatur, während die Löslichkeit eines Gases abnimmt.

 Zucker löst sich besser in heißem als in kaltem Wasser.

  Aus warmen Getränken steigen mehr Blasen auf als aus kalten.

Die Änderung der Löslichkeit mit der Temperatur ist aus dem **Löslichkeitsgrafen** zu ersehen.

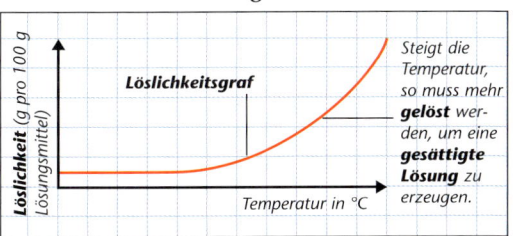

Steigt die Temperatur, so muss mehr **gelöst** werden, um eine **gesättigte Lösung** zu erzeugen.

Chemischer Niederschlag (Fällung)

Entsteht ein **unlöslicher** Stoff bei der Reaktion in einer Lösung, fällt er als Niederschlag aus.

Namen der **Niederschläge** entsprechend ihrer Erscheinung

Flockig   **Milchig**   **Cremig**   **Schwer**

Die Reaktion unten bildet einen dichten, weißen **Niederschlag** von Silberchlorid.

 Dichter **Niederschlag** von Silberchlorid

$$AgNO_3(aq) + NaCl(aq) \rightarrow AgCl(\downarrow) + NaNO_3(aq)$$

Silbernitrat   Natriumchlorid   └ Symbol bedeutet **Niederschlag**

Mischbar

Zwei Flüssigkeiten, die ineinander **diffundieren***, sind **mischbar**. Gegensatz: **nicht mischbar**.

Suspension

Unlösliche kleine Feststoffteilchen (Gruppen von Atomen, Molekülen oder Ionen) in einer Lösung fein verteilt.

Suspension von Sand und Erde in Wasser

Partikel setzen sich am Boden ab.

ODER:

Partikel lassen sich herausfiltern.

Reines Wasser

Kolloid

Gemisch* von extrem kleinen unlöslichen Feststoffteilchen in einem anderen Stoff. Die Teilchen (Atomgruppen, Moleküle oder Ionen) sind kleiner als die Teilchen in einer **Suspension**.

Milch ist ein **Kolloid**.

Partikel nicht herauszufiltern; fällen nicht aus.

Emulsion: Kolloid aus winzigen Teilchen einer Flüssigkeit in einer anderen, z. B. Mayonnaise

Schaum: Kolloid aus Gasblasen in Flüssigkeit

Nebel: Kolloid aus winzigen Flüssigkeitsteilchen in Gas

Rauch: Kolloid aus winzigen Festkörperteilchen in einem Gas

---

* **Diffundieren**, 9, (**Diffusion**); **Gemisch**, 8; **Kristalle**, 21.

ENERGIE UND CHEMISCHE REAKTIONEN

Chemische Reaktionen sind von Energieänderungen begleitet, von elektrischer Energie oder Lichtenergie, die meisten jedoch von Wärmeenergieänderungen. Die Moleküle werden von unterschiedlichen Bindungsenergien zusammengehalten. Entstehen neue Moleküle, so kann Energie freigesetzt werden, oder es muss Energie zugeführt werden. Die **Thermochemie** beschreibt diese Vorgänge.

Enthalpie (H)

Die in einem Stoff vorhandene Energiemenge. Man kann sie nicht direkt messen, aber ihre Änderung bei chemischen Reaktionen kann ermittelt werden.

Enthalpieänderung oder Wärmetönung (ΔH)

Energiemenge, die bei chemischen Reaktionen zugeführt oder gewonnen wird. Bei **Änderungen des Aggregatzustands*** spricht man auch von **Umwandlungswärme**. Es ist die Differenz zwischen der Gesamtenthalphie der Ausgangsstoffe und der Gesamtenthalpie der Produkte. Die Enthalpieänderung wird hinter die Gleichung geschrieben. Sie entsteht beim Aufbau oder beim Zerlegen von Bindungen bei der Reaktion und wird durch **Kalorimetrie*** bestimmt (s. a. **Bindungsenergie**).

Wärmetönung bei Reaktion von Wasserstoff und Sauerstoff

$$2H_2(g) + O_2(g) \rightarrow 2H_2O(g) \quad \Delta H = -488kJ$$

*Wärme wird abgegeben, daher liegt eine **exotherme Reaktion** vor.*

*Der Wert der Wärmetönung gilt nur für die in der Gleichung angegebene Zahl von **Molen*** und die jeweiligen **Aggregatzustände*** der Stoffe.*

*J ist die Einheit der Energie (**Joule***). 1 **kJ** (**Kilojoule**) = 1000 J.*

Energieniveau-Diagramm

Diagramm, aus dem man die **Enthalpieänderungen** einer Reaktion ablesen kann.

Energieniveau-Diagramm für die Reaktion von Wasserstoff und Sauerstoff

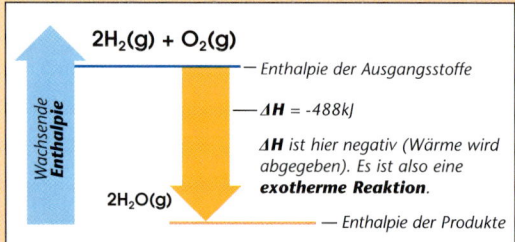

Standardenthalpie (ΔH^⊖)

Enthalpieänderung einer Reaktion, gemessen unter **Normalbedingungen*** (Normaltemperatur und Normaldruck) für 1 **Mol***. Bei Lösungen bezogen auf die **Konzentration*** 1 **Mol** dm⁻³.

Exotherme Reaktion

Chemische Reaktion, bei der Wärme an die Umgebung abgegeben wird.

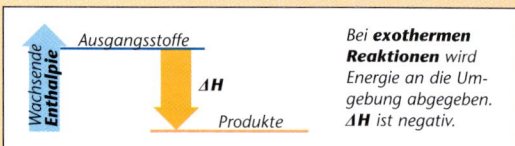

Bei **exothermen Reaktionen** wird Energie an die Umgebung abgegeben. *ΔH* ist negativ.

Endotherme Reaktion

Chemische Reaktion, bei der Wärme aus der Umgebung zugeführt werden muss.

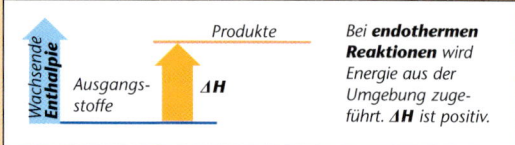

Bei **endothermen Reaktionen** wird Energie aus der Umgebung zugeführt. *ΔH* ist positiv.

Bindungsenergie

Maß für die Stärke einer **kovalenten Bindung***. Die Bindungsenergie muss zugeführt werden, um die Bindung zu lösen, und wird abgegeben, wenn sie entsteht. Verschiedene Bindungsenergien bei Ausgangs- und Endstoffen bewirken die Energieänderungen.

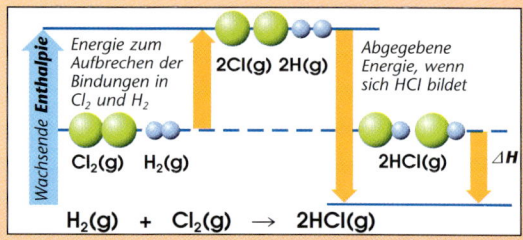

Satz von der Erhaltung der Energie

Bei einer Reaktion kann keine Energie erzeugt oder vernichtet werden. Die Energiemenge ist in einem **abgeschlossenen System*** konstant.

* **Abgeschlossenes System**, 48; **Aggregatzustände, Änderungen des Aggregatzustands**, 6; **Joule**, 114; **Kalorimetrie**, 116; **Konzentration**, 25; **Kovalente Bindung**, 18; **Mol**, 25; **Normalbedingungen**, 25 (**Molvolumen**).

Hess'scher Satz (Gesetz der konstanten Wärmesummen)

Die **Enthalpieänderung** während eines chemischen Gesamtvorgangs ist immer gleich, unabhängig von der Qualität und Reihenfolge der Teilvorgänge. Das Gesetz kann als **Energiekreislauf** dargestellt werden (s. rechts). Es dient der Berechnung der Enthalpieänderungen, die nicht direkt gemessen werden können, z. B. bei der **Synthese** von Methan.

Energiekreislauf

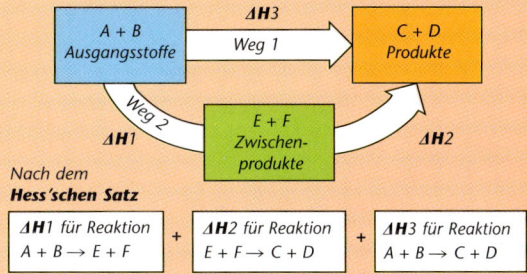

Nach dem
Hess'schen Satz

$\Delta H1$ für Reaktion $A + B \to E + F$ + $\Delta H2$ für Reaktion $E + F \to C + D$ + $\Delta H3$ für Reaktion $A + B \to C + D$

Spezielle Enthalpieänderungen

Verbrennungswärme

Wärmeenergiemenge, die bei der vollständigen Verbrennung eines **Mols*** eines Stoffes in Sauerstoff abgegeben wird. Die Verbrennungswärme wird in einem Kalorimeter bestimmt, das als **kalorimetrische Bombe** bezeichnet wird.

Kalorimetrische Bombe

Sauerstoffzuführung

Elektrische Zündvorrichtung

Der Anstieg der Wassertemperatur wird zur Berechnung der Verbrennungswärme benutzt.

Abgegebene Verbrennungswärme

Stahlbehälter

Untersuchte Substanz

Neutralisationswärme

Wärmeenergiemenge, die auftritt, wenn ein **Mol*** Wasserstoffionen (H+) durch ein Mol Hydroxidionen (OH–) **neutralisiert*** wird. Wenn eine Säure und eine Base vollständig **ionisiert*** sind, ist die Neutralisationswärme –57 kJ. Die **Ionengleichung*** für Neutralisation ist:

$$H^+(aq) + OH^-(aq) \to H_2O(fl) \quad \Delta H = -57 kJ$$

Wasserstoffion *Hydroxidion* *Wassermolekül*

Bei **schwachen Säuren*** und **schwachen Basen*** ist die Neutralisationswärme kleiner. Ein Teil der Energien wird noch zur Ionisation der Moleküle benötigt.

Molare Lösungswärme

Wärmeenergie, die benötigt oder freigesetzt wird, wenn ein **Mol*** eines Stoffes in einem so großen Volumen eines **Lösungsmittels*** gelöst wird, dass weitere Verdünnung keine Lösungswärme mehr produziert.

Molare Schmelzwärme

Wärmemenge, die benötigt wird, um ein **Mol*** eines festen Stoffes beim Schmelzpunkt in die flüssige Phase zu überführen. Die Energie muss aufgewendet werden, um die Bindungskräfte im **Kristallgitter*** des festen Stoffes zu überwinden.

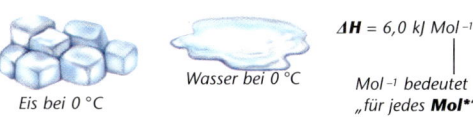

Eis bei 0 °C *Wasser bei 0 °C*

$\Delta H = 6{,}0 \ kJ \ Mol^{-1}$

Mol^{-1} *bedeutet „für jedes* **Mol***"

Molare Verdampfungswärme

Wärmemenge, die benötigt wird, um ein **Mol*** einer Flüssigkeit bei ihrem Siedepunkt in Dampf zu überführen.

Dampf bei 100 °C

Wasser bei 100 °C

$\Delta H = +41 kJ \ mol^{-1}$

Mol^{-1} *bedeutet „für jedes* **Mol***".

Molare Bildungswärme

Wärmemenge, die aufgebracht oder gewonnen wird, wenn ein **Mol*** einer Verbindung aus ihren Elementen aufgebaut wird. Z. B.:

$$C \ (Grafit) + O_2(g) \to CO_2(g) \quad \Delta H = -394 \ kJ$$

Kohlenstoff *Sauerstoff* *Kohlendioxid*

* **Ionengleichung**, 27; **Ionisation**, 16; **Kristallgitter**, 22; **Lösungsmittel**, 30; **Mol**, 25; **Neutralisation**, 37; **Schwache Base, Schwache Säure**, 38.

OXIDATION UND REDUKTION

Die Begriffe **Oxidation** und **Reduktion** bezogen sich ursprünglich auf die Aufnahme und Abgabe von Sauerstoff durch andere Stoffe. Heute sind sie ausgedehnt auf die Abgabe und Aufnahme von Wasserstoff und Elektronen. Es gibt bei diesen Vorgängen stets Übergänge von Elektronen, was bedeutet, dass die **Oxidationszahl** eines oder mehrerer Elemente jeweils verändert wird.

Oxidation
Chemische Reaktion, die nach einem der folgende Gleichungsschemen verläuft.

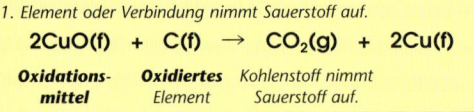

1. Element oder Verbindung nimmt Sauerstoff auf.

$$2CuO(f) + C(f) \rightarrow CO_2(g) + 2Cu(f)$$

Oxidationsmittel   **Oxidiertes Element**   *Kohlenstoff nimmt Sauerstoff auf.*

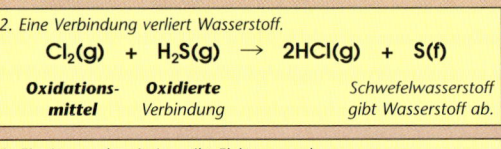

2. Eine Verbindung verliert Wasserstoff.

$$Cl_2(g) + H_2S(g) \rightarrow 2HCl(g) + S(f)$$

Oxidationsmittel   **Oxidierte Verbindung**   *Schwefelwasserstoff gibt Wasserstoff ab.*

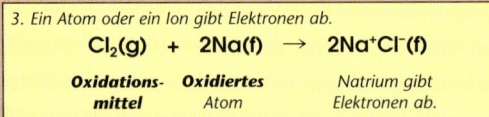

3. Ein Atom oder ein Ion gibt Elektronen ab.

$$Cl_2(g) + 2Na(f) \rightarrow 2Na^+Cl^-(f)$$

Oxidationsmittel   **Oxidiertes Atom**   *Natrium gibt Elektronen ab.*

Ein Stoff, der einer Oxidation unterzogen wird, wird **oxidiert**, und seine **Oxidationszahl** wird erhöht. Oxidation ist das Gegenteil von **Reduktion**.

Oxidationsmittel
Stoff, der Elektronen aufnimmt und damit die **Oxidation** eines anderen Stoffes bewirkt. Das **Oxidationsmittel** wird bei der Reaktion **reduziert**.

Reduktion
Chemische Reaktion, die nach einem der folgenden Gleichungsschemen erfolgt.

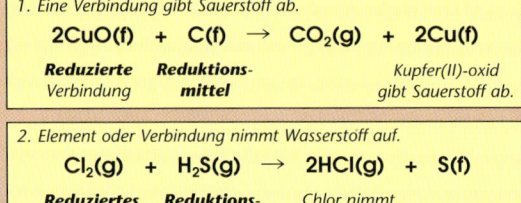

1. Eine Verbindung gibt Sauerstoff ab.

$$2CuO(f) + C(f) \rightarrow CO_2(g) + 2Cu(f)$$

Reduzierte Verbindung   **Reduktionsmittel**   *Kupfer(II)-oxid gibt Sauerstoff ab.*

2. Element oder Verbindung nimmt Wasserstoff auf.

$$Cl_2(g) + H_2S(g) \rightarrow 2HCl(g) + S(f)$$

Reduziertes Element   **Reduktionsmittel**   *Chlor nimmt Wasserstoff auf.*

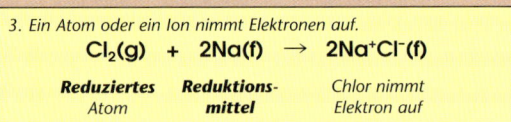

3. Ein Atom oder ein Ion nimmt Elektronen auf.

$$Cl_2(g) + 2Na(f) \rightarrow 2Na^+Cl^-(f)$$

Reduziertes Atom   **Reduktionsmittel**   *Chlor nimmt Elektron auf*

Ein Stoff, der einer Reduktion unterzogen wird, wird **reduziert.** Seine **Oxidationszahl** wird kleiner. Reduktion ist das Gegenteil von **Oxidation.**

Reduktionsmittel
Stoff, der Elektronen abgibt und dadurch die **Reduktion** eines anderen Stoffes bewirkt. Das Reduktionsmittel wird bei der Reduktion **oxidiert.**

Redoxreaktion
Reaktion, bei der **Oxidation** und **Reduktion** gleichzeitig erfolgen. Diese Prozesse geschehen stets gleichzeitig, da ein **Oxidationsmittel** während der Oxidation reduziert wird und auch ein **Reduktionsmittel** stets oxidiert. Im Beispiel rechts machen Magnesium und Chlor eine Redoxreaktion durch, um Magnesiumchlorid zu bilden.

$$Mg(f) + Cl_2(g) \rightarrow Mg^{2+} + 2Cl^-(f)$$

Die gleichzeitige **Oxidation** und **Reduktion** desselben Elementes in einer Reaktion nennt man **Disproportionierung.**

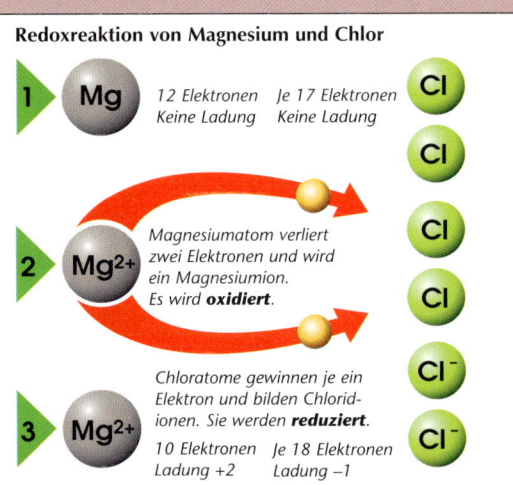

Redoxreaktion von Magnesium und Chlor

1 Mg   *12 Elektronen Keine Ladung*   *Je 17 Elektronen Keine Ladung*   Cl   Cl

2 Mg²⁺   *Magnesiumatom verliert zwei Elektronen und wird ein Magnesiumion. Es wird **oxidiert**.*   Cl   Cl

3 Mg²⁺   *Chloratome gewinnen je ein Elektron und bilden Chlorid-ionen. Sie werden **reduziert**.*   Cl⁻   Cl⁻

10 Elektronen Ladung +2   *Je 18 Elektronen Ladung −1*

Oxidationszahl

Zahl der Elektronen, die von einem Atom beim Entstehen einer Verbindung abgegeben werden. Gewöhnlich ist die Oxidationszahl gleich der Ladungszahl des Ions. Die Oxidationszahl wird bei **Oxidation** größer, bei **Reduktion** kleiner.

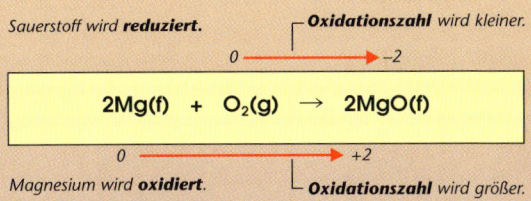

*Sauerstoff wird **reduziert**.*   **Oxidationszahl** *wird kleiner.*

$$2Mg(f) + O_2(g) \rightarrow 2MgO(f)$$

*Magnesium wird **oxidiert**.*   **Oxidationszahl** *wird größer.*

Diese Regeln helfen, die Oxidationszahl eines Elementes zu berechnen:

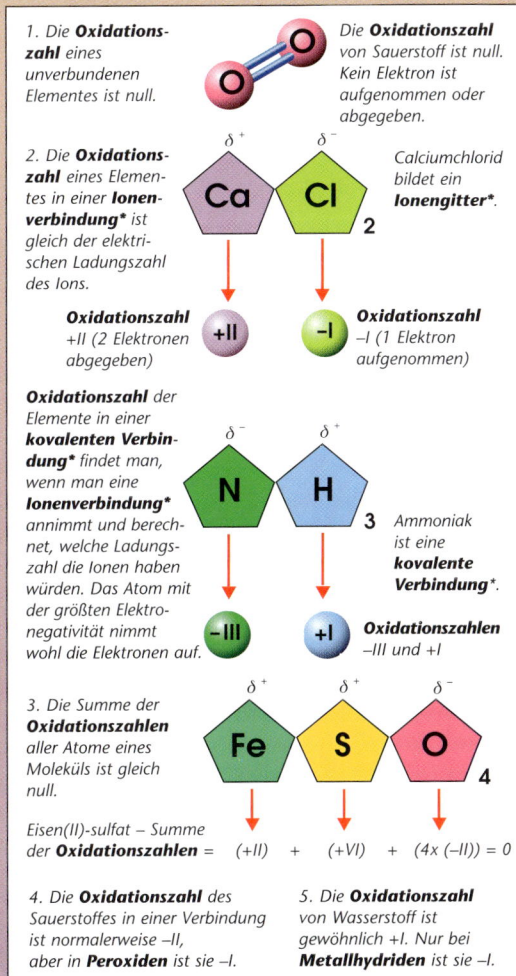

1. Die **Oxidationszahl** *eines unverbundenen Elementes ist null.*

Die **Oxidationszahl** *von Sauerstoff ist null. Kein Elektron ist aufgenommen oder abgegeben.*

2. Die **Oxidationszahl** *eines Elementes in einer **Ionenverbindung*** *ist gleich der elektrischen Ladungszahl des Ions.*

*Calciumchlorid bildet ein **Ionengitter***.*

Oxidationszahl *+II (2 Elektronen abgegeben)*

Oxidationszahl *–I (1 Elektron aufgenommen)*

Oxidationszahl *der Elemente in einer **kovalenten Verbindung*** *findet man, wenn man eine **Ionenverbindung*** *annimmt und berechnet, welche Ladungszahl die Ionen haben würden. Das Atom mit der größten Elektronegativität nimmt wohl die Elektronen auf.*

*Ammoniak ist eine **kovalente Verbindung***.*

Oxidationszahlen *–III und +I*

3. Die Summe der **Oxidationszahlen** *aller Atome eines Moleküls ist gleich null.*

*Eisen(II)-sulfat – Summe der **Oxidationszahlen*** *=*   *(+II)*   *+*   *(+VI)*   *+*   *(4x (–II)) = 0*

4. Die **Oxidationszahl** *des Sauerstoffes in einer Verbindung ist normalerweise –II, aber in **Peroxiden** ist sie –I.*

5. Die **Oxidationszahl** *von Wasserstoff ist gewöhnlich +I. Nur bei **Metallhydriden** ist sie –I.*

Oxidationsstufe

Bezeichnung für die **Oxidationszahl** in chemischen Formeln und Namen. Absoluter Betrag der Oxidationszahl: Sie wird in römischen Ziffern hinter den Namen des Elementes gesetzt. Man braucht die Bezeichnung nur, wenn mehr als eine Oxidationsstufe vorkommt.

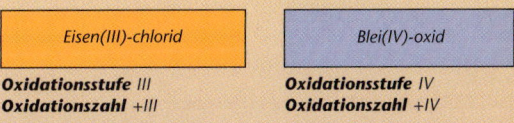

Eisen(III)-chlorid	*Blei(IV)-oxid*

Oxidationsstufe *III*
Oxidationszahl *+III*

Oxidationsstufe *IV*
Oxidationszahl *+IV*

Redoxpotenzial

Maß für die Oxidations- und **Reduktionswirkung** einer Substanz; Maß für Fähigkeit, Elektronen innerhalb einer Lösung abzugeben. Ein starkes **Reduktionsmittel**, das leicht Elektronen abgibt, hat ein hohes negatives Redoxpotenzial. Ein starkes **Oxidationsmittel**, das leicht Elektronen aufnimmt, hat ein hohes positives Redoxpotenzial. Redoxpotenzial ist dasselbe wie **Elektrodenpotenzial***.

Redoxreihe

Liste von Stoffen nach ihren Redoxpotenzialen geordnet. Sie beginnt mit dem Stoff, der das größte **Redoxpotenzial** hat. Jeder Stoff oxidiert alle Stoffe, die in der Reihe weiter oben stehen, und er reduziert alle Stoffe, die in der Reihe unter ihm stehen. Je weiter die Stoffe in der Reihe voneinander entfernt stehen, umso leichter **oxidieren** und **reduzieren** sie einander. Die Redoxreihe ist eine **elektrochemische Reihe***.

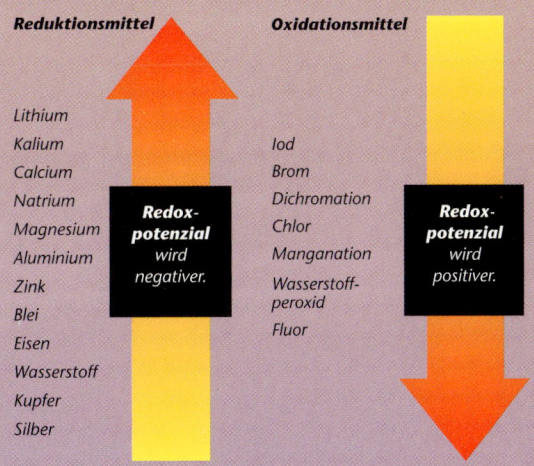

Reduktionsmittel

Oxidationsmittel

Lithium
Kalium
Calcium
Natrium
Magnesium
Aluminium
Zink
Blei
Eisen
Wasserstoff
Kupfer
Silber

Iod
Brom
Dichromation
Chlor
Manganation
Wasserstoffperoxid
Fluor

Redoxpotenzial wird negativer.

Redoxpotenzial wird positiver.

---

* **Elektrochemische Reihe**, 45; **Elektrodenpotenzial**, 44; **Elektronegativität**, 19; **Ionengitter**, 23; **Ionenverbindung**, 17; **Kovalente Verbindungen**, 18.

SÄUREN UND BASEN

Alle Chemikalien sind entweder **sauer**, **basisch** oder **neutral**. In reinem Wasser sind einige Wassermoleküle in **Ionen*** zerlegt, in ein Wasserstoffion (**Proton***) und ein Hydroxidion; das Wasser ist **neutral**. Einige Verbindungen lösen sich oder reagieren in Wasser und bilden dabei Wasserstoffionen oder Hydroxidionen, bis ein Gleichgewicht erreicht ist. Diese Verbindungen nennt man **Säuren** oder **Basen**.

*Das Gift im Stachel der Biene ist eine **Säure**.*

Säure

Verbindung, die beim Lösen in Wasser Wasserstoffionen H^+ (**Proton***) abspaltet (dissoziiert), die sich jeweils einem Wassermolekül anlagern und **Hydroxoniumionen** H_3O^+ bilden. Dieses Ion kann nur in wässriger Lösung existieren, so dass eine Säure ihre Eigenschaften nur in wässriger Lösung zeigt.

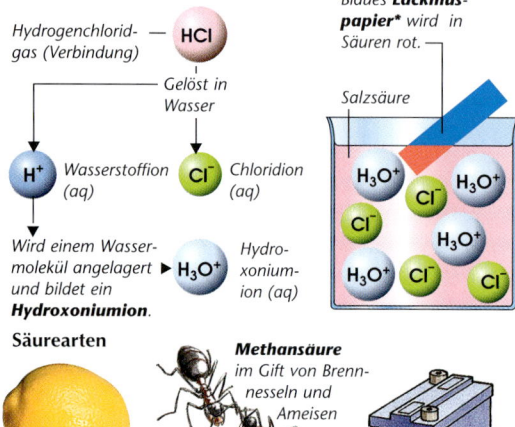

Hydrogenchlorid-gas (Verbindung) — HCl

Gelöst in Wasser

*Blaues **Lackmuspapier*** wird in Säuren rot.*

Salzsäure

H^+ *Wasserstoffion (aq)*

Cl^- *Chloridion (aq)*

*Wird einem Wassermolekül angelagert und bildet ein **Hydroxoniumion**.* ► H_3O^+ *Hydroxoniumion (aq)*

Säurearten

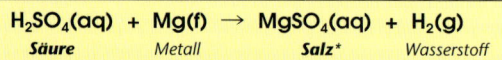

Methansäure im Gift von Brennnesseln und Ameisen

Zitronen- und Ascorbinsäure in Zitrusfrüchten

Schwefelsäure in Bleiakkumulatoren*

Gelöste Säuren haben einen sauren Geschmack und einen **pH-Wert*** kleiner als 7. Sie reagieren mit Metallen, die in der **elektrochemischen Reihe*** über H stehen, und bilden Wasserstoff.

$$H_2SO_4(aq) + Mg(f) \rightarrow MgSO_4(aq) + H_2(g)$$
Säure — *Metall* — *Salz** — *Wasserstoff*

Gelöste **starke Säuren*** reagieren mit Carbonaten unter Bildung von Kohlendioxidgas. Säuren können durch **Basen neutralisiert** werden.

Sauer
Beschreibt eine Verbindung mit der Eigenschaft einer **Säure**.

*Einige **Säuren** sind ätzend; auf den Flaschen findet man ein warnendes Symbol.*

Hydroxoniumion (H_3O^+) oder Oxoniumion
Ion, das sich bildet, wenn sich ein Wasserstoffion einem Wassermolekül anlagert. Findet in einer Lösung mit Hydroxoniumionen eine Reaktion statt, so nimmt nur das Wasserstoffion an der Reaktion teil. Man kann sich im Allgemeinen ein Hydroxoniumion als Wasserstoffion vorstellen.

Bildung eines Hydroxoniumions (H_3O^+)

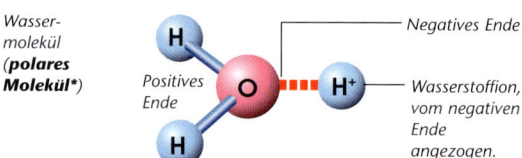

*Wassermolekül (**polares Molekül***)*

Positives Ende

Negatives Ende

Wasserstoffion, vom negativen Ende angezogen.

Anorganische Säure (Mineralsäure)
Säure, die chemisch aus nichtorganischen Stoffen (Mineralien) gewonnen wird, z. B. Salzsäure aus Kochsalz, Schwefelsäure aus Schwefel.

Mineralsäure	Formel	Organische Säure	Formel
Salz-	HCl	Ethandi- (Oxal-)	$(COOH)_2$
Schwefel-	H_2SO_4		
Schweflige	H_2SO_3	Methan- (Ameisen-)	$HCOOH$
Salpeter-	HNO_3		
Salpetrige	HNO_2	Ethan- (Essig-)	CH_3COOH
Phosphor-	H_3PO_4		

Organische Säure
Organische Verbindung* mit **Säureeigenschaft**. Überwiegend **Carbonsäuren***.

*Wenn Blätter absterben und verwesen, bilden sie eine **organische Säure** namens Huminsäure (Humussäure).*

Base

Verbindung, die **Säuren neutralisieren** kann, wobei Wasserstoffionen eingefangen werden. Chemisch ist die Base der Gegenspieler der Säuren. Basen sind im Allgemeinen Metalloxide und Hydroxide. Auch Ammoniak ist eine **Base**. Stoffe mit den Eigenschaften einer Base nennt man **basisch**. Eine Base, die sich in Wasser auflöst, ist ein **Alkali**. Sie bildet eine **Lauge**.

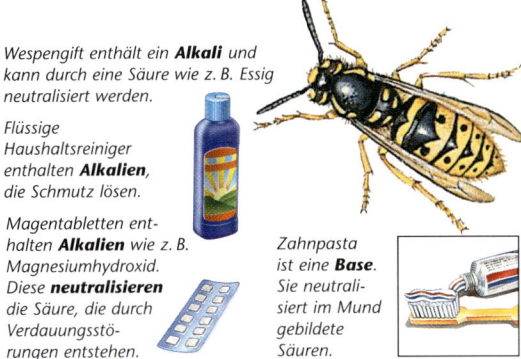

*Wespengift enthält ein **Alkali** und kann durch eine Säure wie z. B. Essig neutralisiert werden.*

*Flüssige Haushaltsreiniger enthalten **Alkalien**, die Schmutz lösen.*

*Magentabletten enthalten **Alkalien** wie z. B. Magnesiumhydroxid. Diese **neutralisieren** die Säure, die durch Verdauungsstörungen entstehen.*

*Zahnpasta ist eine **Base**. Sie neutralisiert im Mund gebildete Säuren.*

Alkalien

Basen, deren Lösungen in Wasser eine Lauge sind, z. B. Hydroxide der Metalle der 1. und 2. Gruppe im **Periodensystem***. Die abgespaltenen Hydroxidionen machen die Lösung **alkalisch**.

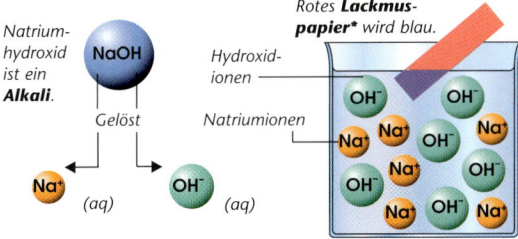

*Natriumhydroxid ist ein **Alkali**.*

NaOH

Gelöst

Na^+ (aq) OH^- (aq)

Hydroxidionen

Natriumionen

*Rotes **Lackmuspapier*** wird blau.*

Lauge

Lösung der **Base** in Wasser, bei der mehr Hydroxidionen als Wasserstoffionen auftreten. Basische Lösungen (Laugen) haben einen **pH-Wert***, der größer ist als 7, und sie färben rotes **Lackmuspapier*** blau. Die Lösungen fühlen sich seifig an und greifen die Haut an. Laugen von **starken Basen*** reagieren mit einigen Metallen, z. B. mit Zink oder Aluminium, unter Erzeugung von Wasserstoff.

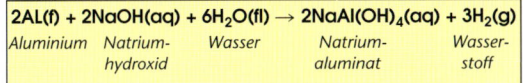

$2Al(f) + 2NaOH(aq) + 6H_2O(fl) \rightarrow 2NaAl(OH)_4(aq) + 3H_2(g)$

Aluminium   Natriumhydroxid   Wasser   Natriumaluminat   Wasserstoff

Amphotere Stoffe

Stoffe, die je nach den vorliegenden Bedingungen **basisch** oder **sauer** reagieren können.

Anhydrid

Stoff, der mit Wasser reagiert unter Bildung einer **sauren** oder **alkalischen** Lösung (s. **Hydrolyse** 40). Meist ein Oxid.

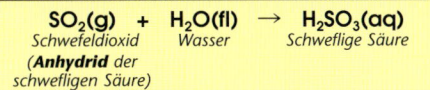

$$SO_2(g) + H_2O(fl) \rightarrow H_2SO_3(aq)$$

Schwefeldioxid   Wasser   Schweflige Säure
*(**Anhydrid** der schwefligen Säure)*

Neutral

Eigenschaft von Stoffen oder Lösungen, die weder die Eigenschaft einer **Säure** noch die einer **Base** haben. Die Anzahl der Wasserstoffionen und der Hydroxidionen ist gleich. Ihr **pH-Wert*** ist 7. **Lackmus*** ändert seine Farbe nicht.

*Eine **neutrale** Lösung enthält eine gleiche Anzahl von Wasserstoffionen und Hydroxidionen.*

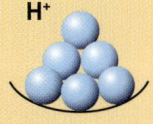 H^+ 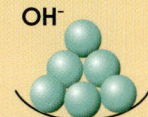 OH^-

Neutralisation

Reaktion zwischen **Säure** und **Base**, bei der nur **Salz*** und Wasser entstehen. Eine gleiche Anzahl von Wasserstoffionen und Hydroxidionen reagieren miteinander und ergeben eine **neutrale** Lösung. Der **Säurerest*** und das **Kation*** bilden das Salz.

Neutralisation:
SÄURE + BASE → SALZ* + WASSER

Definition von Brønstedt

Eine **Säure** ist ein Stoff, der **Protonen*** erzeugt, und eine **Base** ein Stoff, der **Protonen*** einfängt. Dies ist eine weitere Art, Säure und Base zu definieren.

*Aus Essigsäure stammen die **Protonen***. Sie ist eine **Säure**. Wasser nimmt **Protonen*** auf. Es ist eine **Base**.*

$CH_3COOH(aq) + H_2O(fl) \rightleftharpoons H_2O^+(aq) + CH_3COO^-(aq)$

*Zeichen steht für **reversible Reaktion****

*Das **Hydroxoniumion** gibt **Protonen*** ab. Es ist eine **Säure**. Das Acetation nimmt **Protonen*** auf. Es ist eine **Base**.*

Säuren und Basen (Fortsetzung) – Stärke und Konzentration

Die **Konzentration*** der **Säuren** und **Basen** (s. a. 36–37) hängt davon ab, wie viele **Mole*** der Säure oder der Base in der Lösung gelöst sind. Die Stärke hängt ab von der Anzahl der Moleküle, die **ionisieren*** und dabei **Hydroxoniumionen*** bei einer Säure bzw. Hydroxidionen bei einer Base bilden.

Starke Säure
Eine Säure, die in Wasser vollständig **ionisiert***, die somit viele Hydroxoniumionen bildet.

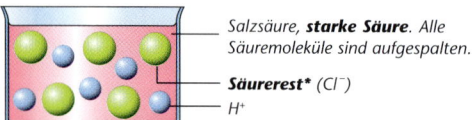

Salzsäure, **starke Säure.** Alle Säuremoleküle sind aufgespalten.

Säurerest* (Cl^-)

H^+

Schwache Säure
Säure, die in wässriger Lösung nur wenig **ionisiert***. Nur wenige Moleküle sind in Hydroxoniumionen und **Säurerest*** aufgespalten.

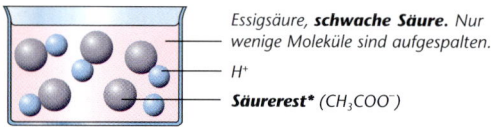

Essigsäure, **schwache Säure.** Nur wenige Moleküle sind aufgespalten.

H^+

Säurerest* (CH_3COO^-)

Starke Base
Base, die in wässriger Lösung vollständig **ionisiert***. Eine große Anzahl von Hydroxidionen macht die Lösung stark alkalisch.

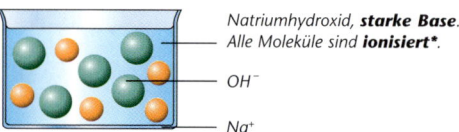

Natriumhydroxid, **starke Base.** Alle Moleküle sind **ionisiert*.**

OH^-

Na^+

Schwache Base
Base, die in wässriger Lösung nur wenig ionisiert. Nur wenige Moleküle sind in Hydroxidionen aufgespalten. Ihre Laugen sind schwach alkalisch.

Ammoniak reagiert leicht mit Wasser und bildet eine schwache Lauge mit kleiner Hydroxidionen-Konzentration.

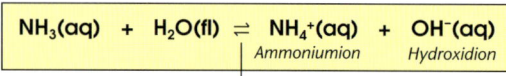

$$NH_3(aq) + H_2O(fl) \rightleftharpoons NH_4^+(aq) + OH^-(aq)$$

Ammonium · Hydroxidion

Zeichen steht für **reversible Reaktion***

Um die Stärke einer Säure zu testen, kann man mit **Universalindikator** imprägnierte Papierstreifen verwenden.

Bei starken Säuren wird das Papier rot, bei starken alkalischen Lösungen violett.

pH-Wert
Maß für die **Konzentration der Wasserstoffionen**. Man nimmt den negativen Logarithmus der **Konzentration**.

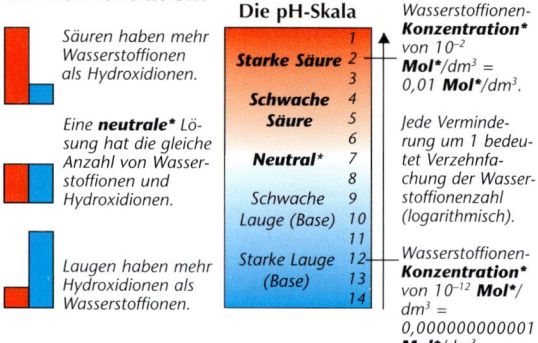

Säuren haben mehr Wasserstoffionen als Hydroxidionen.

Eine **neutrale*** Lösung hat die gleiche Anzahl von Wasserstoffionen und Hydroxidionen.

Laugen haben mehr Hydroxidionen als Wasserstoffionen.

Die pH-Skala

	1
Starke Säure	2
	3
Schwache	4
Säure	5
	6
Neutral*	7
	8
Schwache	9
Lauge (Base)	10
	11
Starke Lauge	12
(Base)	13
	14

Wasserstoffionen-**Konzentration*** von 10^{-2} **Mol***/dm^3 = 0,01 **Mol***/dm^3.

Jede Verminderung um 1 bedeutet Verzehnfachung der Wasserstoffionenzahl (logarithmisch).

Wasserstoffionen-**Konzentration*** von 10^{-12} **Mol***/dm^3 = 0,000000000001 **Mol***/dm^3.

Indikator
Eine Verbindung, deren Farbe vom **pH-Wert** einer Lösung abhängt. Man kann ihn in flüssiger und in fester Form anwenden, z. B. als getränktes Lackmuspapier.

Lackmus
Ein **Indikator** mit dem man erkennen kann, ob eine Lösung sauer oder alkalisch ist. Blauer Lackmus wird durch Säuren rot; roter Lackmus durch Basen blau.

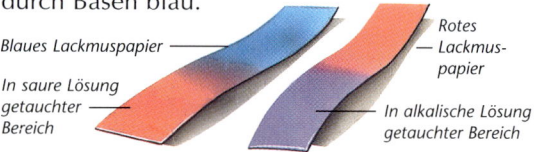

Blaues Lackmuspapier

Rotes Lackmuspapier

In saure Lösung getauchter Bereich

In alkalische Lösung getauchter Bereich

Universalindikator
Indikator in Form einer Lösung oder eines getränkten Papiers, das den **pH-Wert** durch Farbänderung über die ganze Skala anzeigt.

Saurer ◀ **Neutral*** ▶ Alkalischer

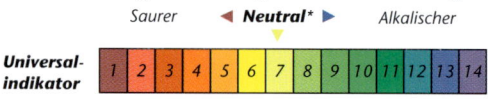

Universalindikator

| 1 | 2 | 3 | 4 | 5 | 6 | 7 | 8 | 9 | 10 | 11 | 12 | 13 | 14 |

Einige weitere Indikatoren

Methylorange

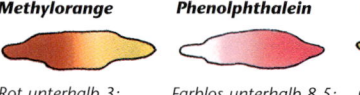

Rot unterhalb 3; Gelb oberhalb 4,5

Phenolphthalein

Farblos unterhalb 8,5; Rosa oberhalb 9,5

Bromthymolblau

Gelb unterhalb 6,5; Blau oberhalb 7,5

* **Hydroxoniumion**, 36; **Ionisation**, 16; **Konzentration, Mol**, 25; **Neutral**, 37; **Reversible Reaktion**, 48.

SALZE

Alle **Salze** sind **Ionenverbindungen***, deren Moleküle aus mindestens je einem **Kation*** und **Anion*** (auch **Säurerest** genannt) bestehen. Theoretisch können sie alle gebildet werden, wenn man die Wasserstoffionen einer Säure durch ein oder mehrere Kationen ersetzt. In der Industrie und im Haushalt werden viele Salze verwendet.

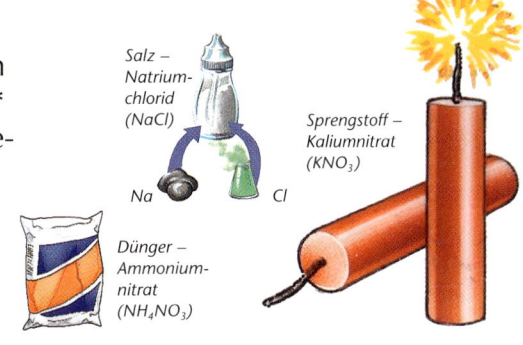

Salz – Natrium-chlorid (NaCl)

Sprengstoff – Kaliumnitrat (KNO_3)

Na   Cl

Dünger – Ammonium-nitrat (NH_4NO_3)

Metall	+	H-Ion (Kation*)	Säurerest (Anion*)	→	Metall (Kation*)	Säurerest (Anion*)	+	Wasserstoff

Säure   Salz

Säurerest

Anion*, das zurückbleibt, wenn die Wasserstoffionen vom Säuremolekül abgespalten sind.

Säure	Säurerest	Name
Salzsäure	Cl^-	Chlorid
Schwefelsäure	SO_4^{2-}	Sulfat
Schweflige Säure	SO_3^{2-}	Sulfit
Salpetersäure	NO_3^-	Nitrat
Salpetrige Säure	NO_2^-	Nitrit
Kohlensäure	CO_3^{2-}	Carbonat
Essigsäure	CH_3COO^-	Acetat
Phosphorsäure	PO_4^{3-}	Phosphat

Der Name des Säurestes bildet auch den Namen des Salzes.

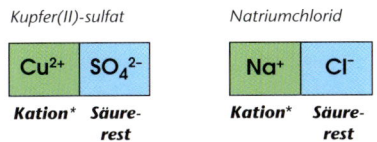

Kupfer(II)-sulfat

Cu^{2+} SO_4^{2-}

Kation* **Säure-rest**

Natriumchlorid

Na^+ Cl^-

Kation* **Säure-rest**

Basizität

Maximale Zahl der Wasserstoffionen einer Säure, die bei der Salzbildung durch andere **Kationen*** ersetzt werden können.

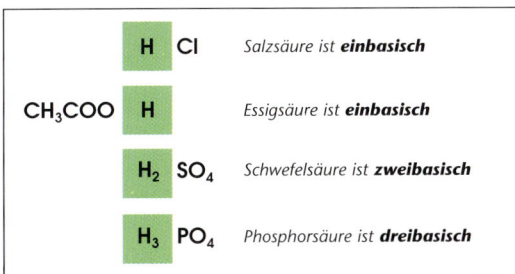

H Cl   Salzsäure ist **einbasisch**

CH_3COO H   Essigsäure ist **einbasisch**

H_2 SO_4 Schwefelsäure ist **zweibasisch**

H_3 PO_4 Phosphorsäure ist **dreibasisch**

Normales Salz

Salz, bei dem alle Wasserstoffionen durch Metallionen (oder Ammoniumionen) ersetzt sind. Es enthält neben den Metallionen nur noch den **Säurerest**.

Kupfer(II)-sulfat und Ammoniumchlorid (neutrale Salze)

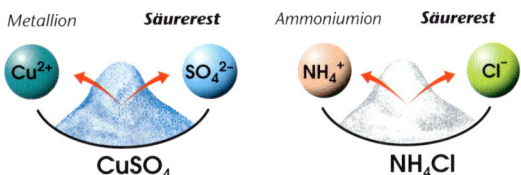

Metallion   **Säurerest**   Ammoniumion   **Säurerest**

Cu^{2+} SO_4^{2-} NH_4^+ Cl^-

$CuSO_4$ NH_4Cl

Saures Salz

Salz einer mehrbasischen Säure, bei dem nicht alle Wasserstoffionen des Säuremoleküls ersetzt sind. Das Molekül eines sauren Salzes enthält neben den Metallionen (oder Ammoniumionen) mindestens ein Wasserstoffion und den **Säurerest**. Die meisten sauren Salze bilden saure Lösungen, einige jedoch auch alkalische.

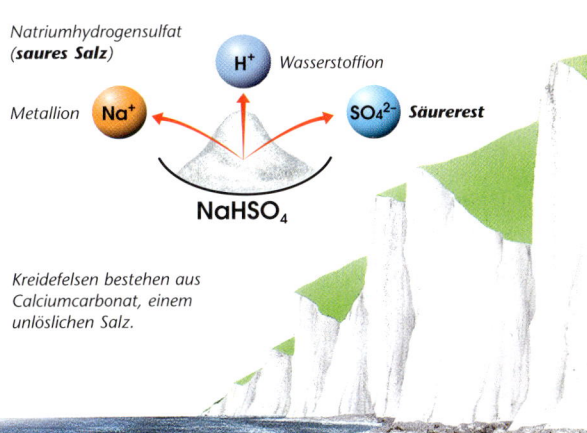

Natriumhydrogensulfat (**saures Salz**)

Metallion Na^+ H^+ Wasserstoffion SO_4^{2-} **Säurerest**

$NaHSO_4$

Kreidefelsen bestehen aus Calciumcarbonat, einem unlöslichen Salz.

---

* **Anion**, 16; **Ionenverbindung**, 17; **Kation**, 16.

Salze (Fortsetzung)

Basisches Salz
Sind bei einer Base nicht alle Hydroxidionen durch einen **Säurerest*** ersetzt, so hat man ein basisches Salz mit Molekülen aus Metallionen, Hydroxidionen und Säurerest.

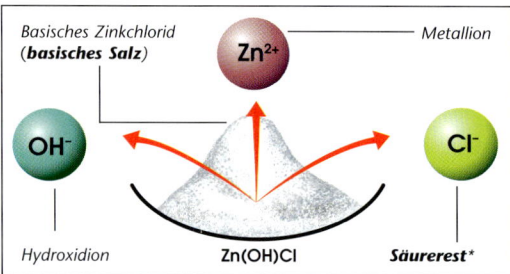

Basisches Zinkchlorid (**basisches Salz**) — Metallion — Zn^{2+}
OH^- — Cl^-
Hydroxidion — Zn(OH)Cl — **Säurerest***

Doppelsalz
Salz, das sich bildet, wenn die Lösungen zweier **normaler Salze*** miteinander reagieren. Es besteht aus zwei verschiedenen **Kationen*** (Metallionen oder Ammoniumion) und ein oder zwei verschiedenen **Säureresten***.

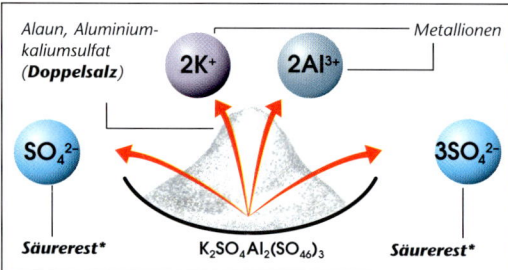

Alaun, Aluminium-kaliumsulfat (**Doppelsalz**) — Metallionen — $2K^+$ — $2Al^{3+}$
SO_4^{2-} — $3SO_4^{2-}$
Säurerest* — $K_2SO_4Al_2(SO_{46})_3$ — **Säurerest***

Komplexsalz
Salz, bei dem eines der Ionen ein komplexes Ion (**Komplexion**) ist, das aus einem zentralen **Kation*** besteht, umgeben von meist **koordinativ*** gebundenen **polaren Molekülen*** oder Ionen.

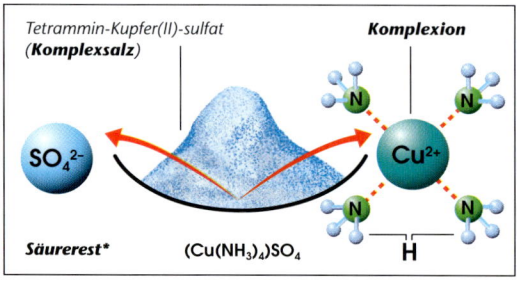

Tetrammin-Kupfer(II)-sulfat (**Komplexsalz**) — **Komplexion**
SO_4^{2-} — Cu^{2+} — N
Säurerest* — $(Cu(NH_3)_4)SO_4$ — H

Kristallwasserfreies Salz
Kristallwasserfreies Salz wird zum **Hydrat**, wenn es das **Kristallwasser*** wieder aufnimmt.

*Wenn **kristallwasserfreies** Kupfer(II)-sulfat (weißes Pulver) Wasser aufnimmt, wird es zu blauen **hydratisierten** Kupfer(II)-sulfatkristallen.*

*Das Wasser kann (wie hier) hinzugefügt werden, doch Kupfer(II)-sulfat ist auch **hygroskopisch***, d. h. kann Wasser aus der Luft aufnehmen.*

Hydrate
Salzkristall mit **Kristallwasser*** (das Salz ist **hydratisiert**). Das Salz ist **kristallwasserfrei**, wenn das Wasser wieder abgegeben ist.

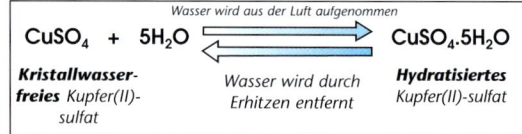

Wasser wird aus der Luft aufgenommen
$$CuSO_4 + 5H_2O \longrightarrow CuSO_4.5H_2O$$
Kristallwasserfreies Kupfer(II)-sulfat — Wasser wird durch Erhitzen entfernt — **Hydratisiertes** Kupfer(II)-sulfat

Dehydratation
Das Entfernen von Wasser aus einem Stoff (Trocknen, Rösten). Insbesondere das Entfernen von Wasser aus einem **Hydrat** zur Gewinnung eines **kristallwasserfreien** Salzes.

Hydrolyse
Reaktion einer Verbindung mit Wasser und Bildung einer anderen Verbindung; wenn die Ionen eines Salzes mit den Wassermolekülen reagieren, wird das Gleichgewicht von Wasserstoff und Hydroxidionen zerstört. Eine saure oder alkalische Lösung entsteht. Ein Salz aus einer **schwachen Säure*** und einer **starken Base*** dissoziiert zu einer alkalischen Lösung. Salze aus **starker Säure*** und **schwacher Base*** dissoziieren zu einer sauren Lösung.

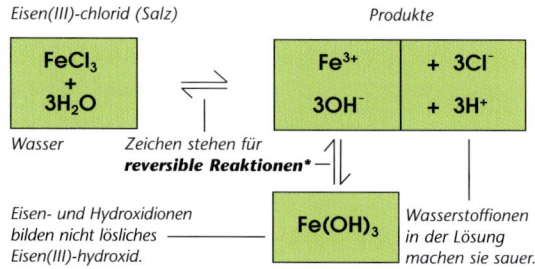

Eisen(III)-chlorid (Salz) — Produkte
$FeCl_3 + 3H_2O$ — Fe^{3+} — $+ 3Cl^-$ — $3OH^-$ — $+ 3H^+$
Wasser — Zeichen stehen für **reversible Reaktionen***
Eisen- und Hydroxidionen bilden nicht lösliches Eisen(III)-hydroxid. — $Fe(OH)_3$ — Wasserstoffionen in der Lösung machen sie sauer.

* **Hygroskopisch**, 92; **Kation**, 16; **Koordinative Bindung**, 18; **Kristallwasser**, 21; **Normales Salz**, 39; **Polares Molekül**, 19; **Reversible Reaktion**, 48; **Säurerest**, 39; **Schwache Base**, **Schwache Säure**, 38; **Starke Base**, **Starke Säure**, 38.

Methoden der Salzgewinnung

Salz kann auf verschiedenen Wegen gewonnen werden; die Methode hängt davon ab, ob das Salz in Wasser löslich oder unlöslich ist (s. a. Tabelle unten). Lösliche Salze können aus der Salzlösung aus**kristallisiert*** werden. Unlösliche Salze kann man in Form eines **Niederschlages*** gewinnen.

Löslichkeit* der Salze

Lösliche Salze	Unlösliche Salze
Alle Ammoniumsalze Alle Natriumsalze Alle Kaliumsalze	
Alle Nitrate	
Chloride —————— außer ➡	Silber, Blei
Sulfate —————— außer ➡	Barium, Blei, Calcium (gering löslich)
Ammonium Natrium ⬅ außer	Die meisten Carbonate
Kalium	

Lösliche Salze kann man durch die folgenden Methoden gewinnen, die alle zu einer Salzlösung führen. Das Salz gewinnt man durch **Kristallisation***.

1. **Neutralisation***: Eine Säure wird durch ein Alkali neutralisiert.

ALKALI	+	SÄURE	→	SALZ	+	WASSER

z. B. $2NaOH(aq) + H_2SO_4(aq) \rightarrow Na_2SO_4(aq) + 2H_2O(fl)$
Natrium-   Schwefel-   Natrium-   Wasser
hydroxid   säure   sulfat

2. Einwirkung einer Säure auf ein unlösliches Carbonat.

UNLÖSLICHES CARBONAT	+	SÄURE	→	SALZ	+	WASSER	+	KOHLEN-DIOXID

z. B. $MgCO_3(f) + 2HCl(aq) \rightarrow MgCl_2(aq) + H_2O(fl) + CO_2(g)$
Magnesium- Salzsäure Magnesium- Wasser Kohlen-
carbonat   chlorid   dioxid

3. Einwirkung einer Säure auf eine unlösliche **Base***.

UNLÖSLICHE BASE*	+	SÄURE	→	SALZ	+	WASSER

z. B. $CuO(f) + H_2SO_4(aq) \rightarrow CuSO_4(aq) + H_2O(fl)$
Kupfer(II)-   Schwefel-   Kupfer(II)-   Wasser
oxid   säure   sulfat

Doppelte Umsetzung

Chemische Reaktion zwischen zwei oder mehreren **Ionenverbindungen*** in wässriger Lösung, bei denen die Ionen ausgetauscht werden. Eine der neuen Verbindungen ist ein unlösliches Salz, das einen **Niederschlag*** bildet. Die meisten unlöslichen Salze und Hydroxide werden auf diese Weise erzeugt.

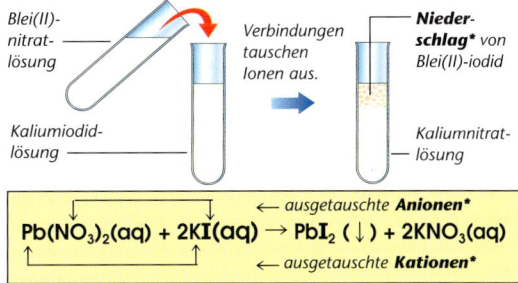

Blei(II)-nitrat-lösung   Verbindungen tauschen Ionen aus.   **Niederschlag*** von Blei(II)-iodid

Kaliumiodid-lösung   Kaliumnitrat-lösung

← ausgetauschte **Anionen***
$$Pb(NO_3)_2(aq) + 2KI(aq) \rightarrow PbI_2 (\downarrow) + 2KNO_3(aq)$$
← ausgetauschte **Kationen***

Direkte Synthese

Eine Reaktion, bei der ein Salz direkt aus den Elementen gewonnen wird. Diese Methode braucht man zur Synthese der Salze, die mit Wasser reagieren und nicht in wässriger Lösung gewonnen werden können.

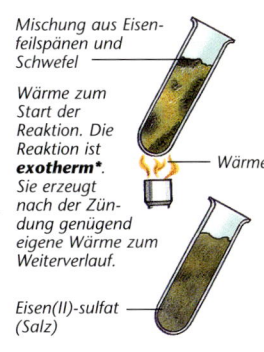

Mischung aus Eisenfeilspänen und Schwefel

Wärme zum Start der Reaktion. Die Reaktion ist **exotherm***. Sie erzeugt nach der Zündung genügend eigene Wärme zum Weiterverlauf.

Wärme

Eisen(II)-sulfat (Salz)

$$Fe(f) + S(f) \rightarrow FeS(f)$$

Synthese aus Metall und Säure

Reaktion, bei der alle oder einzelne Wasserstoffionen einer Säure durch Metalle ersetzt werden. Man wendet die Methode an, um lösliche Salze zu gewinnen; außer bei Natrium- und Kaliumsalzen, die zu heftig mit der Säure reagieren.

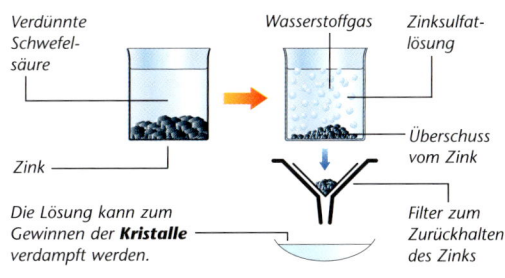

Verdünnte Schwefelsäure   Wasserstoffgas   Zinksulfat-lösung

Zink   Überschuss vom Zink

Die Lösung kann zum Gewinnen der **Kristalle** verdampft werden.   Filter zum Zurückhalten des Zinks

$$Zn(f) + H_2SO_4(aq) \rightarrow ZnSO_4(aq) + H_2(g)$$

* **Anion**, 16; **Base**, 37; **Exotherme Reaktion**, 32; **Ionenverbindung**, 17; **Kation**, 16; **Kristallisation**, 21; **Löslichkeit**, 31; **Neutralisation**, 37; **Niederschlag**, 31.

ELEKTROLYSE

Beschreibt das Verhalten chemischer Veränderungen, die auftreten, wenn ein elektrischer **Strom*** durch eine ionenhaltige Lösung fließt. Metalle und Grafit leiten den elektrischen Strom, weil in ihrem **Kristallgitter*** frei bewegliche Elektronen sind. **Geschmolzene* Ionenverbindungen*** oder Verbindungen mit **Ionen*** in Lösungen jedoch leiten den elektrischen Strom, weil sich die Ionen bewegen können.

Elektrolyt

Verbindung, die im **geschmolzenen*** Zustand oder in **wässriger Lösung*** elektrischen Strom leitet. Alle **Ionenverbindungen*** sind Elektrolyte. Sie leiten den elektrischen **Strom***, da sie in geschmolzenem Zustand oder in wässriger Lösung frei bewegliche Ionen haben. **Kationen*** tragen eine positive Ladung, **Anionen*** eine negative. Die Anzahl der Ionen in einem Elektrolyten bestimmt seine Leitfähigkeit.

Elektrode

In einen **Elektrolyten** getauchtes Metall- oder Grafitstück, durch das **Strom*** eintritt oder austritt. Es gibt zwei Elektroden – die **Anode** (Eintrittsstelle) und die **Kathode** (Austrittsstelle).

Passive Elektrode

Elektrode, die sich während der Elektrolyse nicht verändert; meist aus Platin.

Aktive Elektrode

Elektrode, meistens aus Metall, die während der Elektrolyse einer chemischen Veränderung unterliegt.

Elektrolytische Zelle

Gefäß mit **Elektrolyten** (**geschmolzen*** oder in **wässriger Lösung***) und den **Elektroden**.

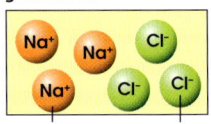

Natriumchlorid
geschmolzen*

Natrium-
Kation*

Chlorid-
Anion*

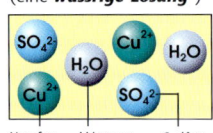

Kupfer(II)-sulfatlösung
(eine **wässrige Lösung***)

Kupfer-
Kation*

Wasser-
molekül

Sulfat-
Anion*

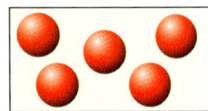

Nichtelektrolyt – Eine Verbindung, die nicht **ionisiert***.

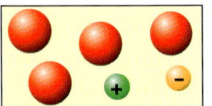

Schwach elektrolytisch – Elektrolyt, der nur teilweise **ionisiert***.

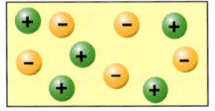

Stark elektrolytisch – Elektrolyt, der vollständig **ionisiert***.

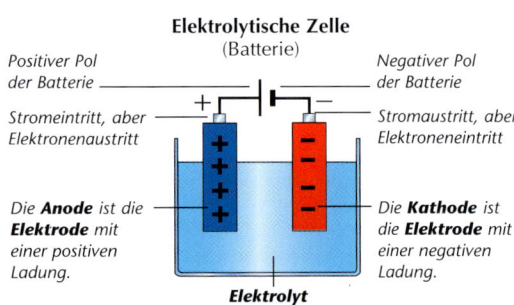

Elektrolytische Zelle
(Batterie)

Positiver Pol
der Batterie

Negativer Pol
der Batterie

Stromeintritt, aber
Elektronenaustritt

Stromaustritt, aber
Elektroneneintritt

Die **Anode** ist die **Elektrode** mit einer positiven Ladung.

Die **Kathode** ist die **Elektrode** mit einer negativen Ladung.

Elektrolyt

Ionentheorie der Elektrolyse

Eine Theorie über die Vorgänge in einer **elektrolytischen Zelle**, die mit einer Spannungsquelle (Batterie) verbunden ist. Die **negativen Anionen*** werden von der positiven **Anode** angezogen, an die sie Elektronen abgeben. Die **positiven Kationen*** werden von der **negativen Kathode** angezogen und nehmen dort Elektronen auf. Die Ionen werden an den Elektroden **entladen**. Die Elektronen fließen von der Anode zur Batterie und von der Batterie zur Kathode.

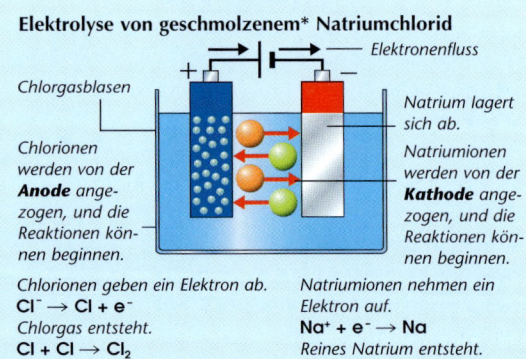

Elektrolyse von geschmolzenem* Natriumchlorid

Elektronenfluss

Chlorgasblasen

Natrium lagert sich ab.

Chlorionen werden von der **Anode** angezogen, und die Reaktionen können beginnen.

Natriumionen werden von der **Kathode** angezogen, und die Reaktionen können beginnen.

Chlorionen geben ein Elektron ab.
$Cl^- \rightarrow Cl + e^-$
Chlorgas entsteht.
$Cl + Cl \rightarrow Cl_2$

Natriumionen nehmen ein Elektron auf.
$Na^+ + e^- \rightarrow Na$
Reines Natrium entsteht.

* **Anion**, 16; **Geschmolzen**, 6 (**Schmelze**); **Ionen**, 16; **Ionenverbindung**, 17; **Ionisation**, **Kation**, 16; **Kristallgitter**, 22; **Strom**, 45; **Wässrige Lösung**, 30.

Erstes Faraday'sches Gesetz

Die bei elektrolytischen Reaktionen an den **Elektroden** abgeschiedenen Stoffmengen sind proportional der Stärke des durch den **Elektrolyten** fließenden Stromes und der Zeit.

Ladung = Stromstärke x Zeit

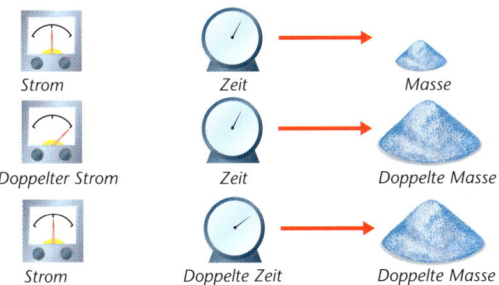

Strom	Zeit	Masse
Doppelter Strom	Zeit	Doppelte Masse
Strom	Doppelte Zeit	Doppelte Masse

Zweites Faraday'sches Gesetz

Wenn dieselbe Ladungsmenge durch verschiedene **Elektrolyte** fließt, so ist die Zahl der an den **Elektroden** abgeschiedenen **Mole*** eines Stoffes umgekehrt proportional der Anzahl der Ladungen ihrer Ionen.

Ein Kupferion braucht 2 Elektronen für ein neutrales Atom.

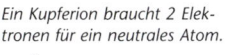

$$Cu^{2+} + 2e^- \rightarrow Cu$$

*Wenn 1 **Faraday** (1 **Mol*** Elektronen) durch eine Kupfersulfatlösung geflossen ist, so hat die Kathode 6,02 x 10²³ Elektronen an die Kupferionen abgegeben.*

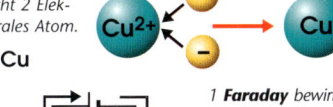

*1 **Faraday** bewirkt, dass ¹/₂ **Mol*** Kupferionen in Kupferatome überführt werden und sich an der **Kathode** ablagern. ¹/₂ ist umgekehrt proportional zu 2 – der Ladung an einem Kupferion.*

Weitere Beispiele:

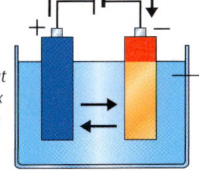

*1 **F** erzeugt 1 **Mol*** Natrium aus 1 **Mol*** Natriumionen Na⁺.*

*1 **F** erzeugt ¹/₃ **Mol*** Aluminium aus 1 **Mol*** Aluminiumionen Al³⁺.*

Voltameter

Empfindliches Messgerät, mit dem man die Menge des durch Elektrolyse abgeschiedenen Stoffes bestimmen kann.

Coulomb (C)

SI-Einheit* der elektrischen Ladung. 1 C ist die Ladungsmenge, die bei einem **Ampere*** Stromstärke in einer Sekunde fließt.

Faraday (F)

Einheit einer elektrischen Ladung, 1 F = 96 500 **Coulomb**. Diese Ladungseinheit entspricht der Ladung eines **Mols*** eines einfach geladenen Ions.

Elektrolyse in der Industrie

Elektrolytische Reinigung

Verfahren, um unreine Metalle zu reinigen. Nur die Metallionen nehmen an der Elektrolyse teil, Verunreinigungen nicht.

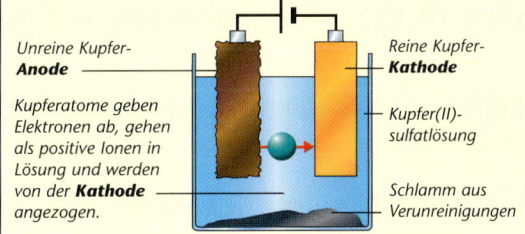

*Unreine Kupfer-**Anode***

*Kupferatome geben Elektronen ab, gehen als positive Ionen in Lösung und werden von der **Kathode** angezogen.*

*Reine Kupfer-**Kathode***

Kupfer(II)-sulfatlösung

Schlamm aus Verunreinigungen

Elektrolytische Metallgewinnung

Man kann durch Elektrolyse Metalle aus **geschmolzenen*** Erzen gewinnen. Alle Metalle an der Spitze der **Reaktionsfähigkeitsreihe*** gewinnt man so (s. a. **Aluminium** 62 und **Natrium** 54).

Anodische Oxidation (Eloxieren)

Überziehen eines metallischen Gegenstandes mit einer dünnen Oxidschicht. Hydroxidionen werden an der Metallanode **oxidiert***, und es entsteht Wasser mit Sauerstoff, der das Metall oxidiert.

*Diese Feldflaschen aus Aluminium sind mit Aluminiumoxid **anodisch oxidiert** worden, um **Korrosion*** zu verhindern.*

Galvanisieren (elektrolytische Oberflächenveredelung)

Überziehen eines metallischen Gegenstandes mit einer dünnen Schicht eines edleren Metalls. Der Gegenstand ist bei der **Elektrolyse** die **Kathode**.

*Dieser Stahlnagel ist mit Zink beschichtet, um **Korrosion*** zu verhindern (s. a. **Kathodischer Korrosionsschutz**, 45).*

Die metallene Vorderseite dieser Gitarre ist durch Elektrolyse verchromt worden.

* **Ampere**, 114; **Geschmolzen**, 6 (**Schmelze**); **Korrosion**, 95; **Mol**, 25; **Oxidation**, 34; **Reaktionsfähigkeitsreihe**, 44; **SI-Einheiten**, 114.

43

REAKTIVITÄT

Die **Reaktivität** (Reaktionsfähigkeit) eines Elementes hängt von seiner Fähigkeit ab, die für **Bindungen*** benötigten Elektronen abzugeben oder aufzunehmen. Je reaktionsfähiger ein Element, desto leichter verbindet es sich mit anderen Elementen. Einige Elemente sind reaktionsfähig, andere reaktionsträge. Dies kann man zur Gewinnung von Elektrizität und zum **Korrosionsschutz*** nutzen.

Verdrängung

Reaktion, bei der ein Element ein anderes in einem Molekül ersetzt. Ein Element kann nur das Element verdrängen, das in der **Reaktionsfähigkeitsreihe** unter ihm steht (siehe rechts).

*Zink **verdrängt** das Kupfer aus dem Kupfer(II)-sulfat.*

$$CuSO_4(aq) \ + \ Zn(f) \ \rightarrow \ ZnSO_4(aq) \ + \ Cu(f)$$

Reaktionsfähigkeitsreihe

Liste von Elementen, meist Metalle, geordnet nach ihrer Reaktionsfähigkeit. Sie ist aufgestellt aus dem Vergleich der Reaktionen der Metalle mit anderen Stoffen wie Säuren und Oxiden (s. a. **Reaktivitätsreihe** 97).

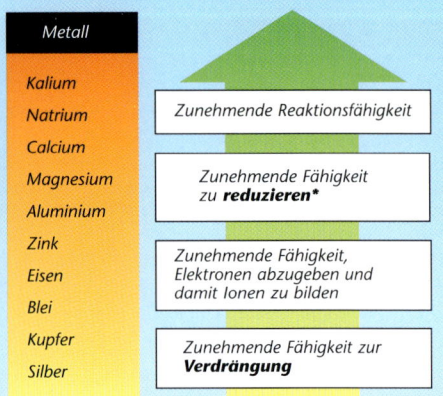

Metall
Kalium
Natrium
Calcium
Magnesium
Aluminium
Zink
Eisen
Blei
Kupfer
Silber

Zunehmende Reaktionsfähigkeit

Zunehmende Fähigkeit zu **reduzieren***

Zunehmende Fähigkeit, Elektronen abzugeben und damit Ionen zu bilden

Zunehmende Fähigkeit zur **Verdrängung**

Halbzelle

Element in Wasser oder in einer **wässrigen Lösung*** aus einer ihrer Verbindungen. Die Atome an der Oberfläche des Elementes bilden **Kationen***, die in die Lösung gehen und Elektronen hinterlassen. Die Lösung bekommt eine positive Ladung, das Metall eine negative. Es entsteht eine **Potenzialdifferenz** zwischen ihnen.

Elektrodenpotenzial (**E**)

Potenzialdifferenz in einer **Halbzelle**. Man kann sie nicht direkt messen, man misst sie meistens gegen eine andere Halbzelle mit einer **Wasserstoffelektrode** (s. a. Zeichnung). Elektrodenpotenziale hängen mit der Fähigkeit zusammen, in **wässrigen Lösungen** zu **ionisieren***. Sie werden zur Aufstellung der **elektrochemischen Reihe** verwendet.

Messung des Elektrodenpotenzials eines Metalls

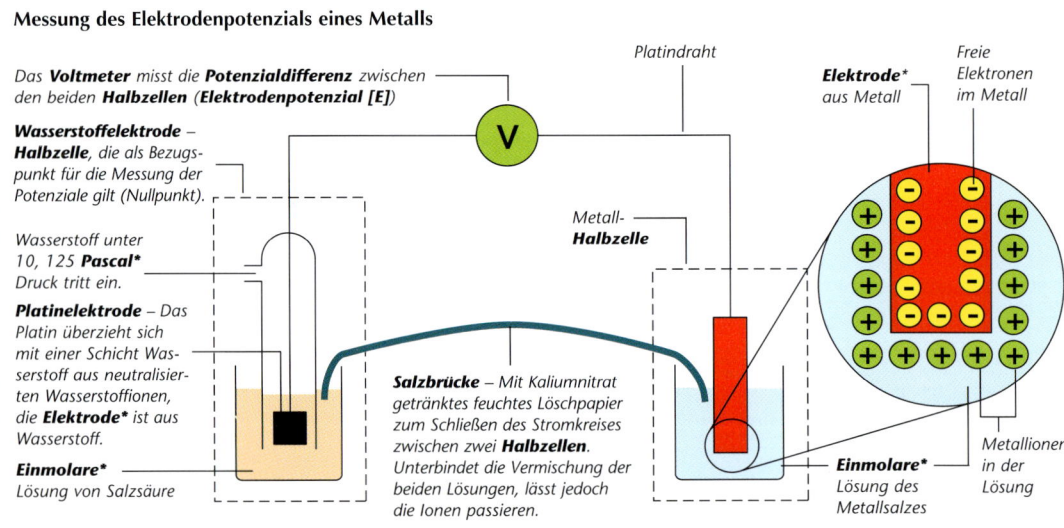

Das **Voltmeter** misst die **Potenzialdifferenz** zwischen den beiden **Halbzellen** (**Elektrodenpotenzial [E]**)

Wasserstoffelektrode – **Halbzelle**, die als Bezugspunkt für die Messung der Potenziale gilt (Nullpunkt).

Wasserstoff unter 10, 125 **Pascal*** Druck tritt ein.

Platinelektrode – Das Platin überzieht sich mit einer Schicht Wasserstoff aus neutralisierten Wasserstoffionen, die **Elektrode*** ist aus Wasserstoff.

Einmolare* Lösung von Salzsäure

Platindraht

Metall-**Halbzelle**

Salzbrücke – Mit Kaliumnitrat getränktes feuchtes Löschpapier zum Schließen des Stromkreises zwischen zwei **Halbzellen**. Unterbindet die Vermischung der beiden Lösungen, lässt jedoch die Ionen passieren.

Elektrode* aus Metall

Freie Elektronen im Metall

Einmolare* Lösung des Metallsalzes

Metallionen in der Lösung

* **Bindung**, 16 (**Chemische Bindung**); **Einmolar**, 25 (**Molarität**); **Elektrode**, 42; **Ionisation**, **Kation**, 16; **Korrosionsschutz**, 95 (**Korrosion**); **Pascal**, 115; **Reduzieren**, 34 (**Reduktion**); **Wässrige Lösung**, 30.

Elektrochemische Reihe

Liste von Elementen, geordnet nach ihrem **Elektrodenpotenzial**. Das Element mit dem größten negativen Elektrodenpotenzial steht oben an der Spitze. Die Stelle des Elementes in der Reihe zeigt, wie leicht es Ionen in **wässriger Lösung*** bildet und (in etwa) wie reaktionsfähig es ist.

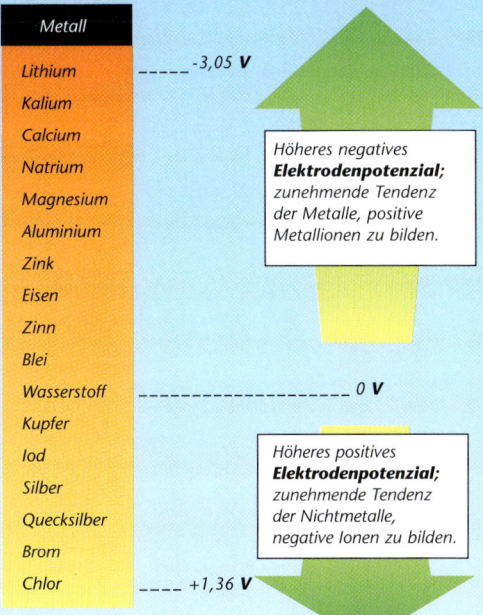

Metall	
Lithium	----- -3,05 **V**
Kalium	
Calcium	
Natrium	
Magnesium	
Aluminium	
Zink	
Eisen	
Zinn	
Blei	
Wasserstoff	-------------------- 0 **V**
Kupfer	
Iod	
Silber	
Quecksilber	
Brom	
Chlor	---- +1,36 **V**

*Höheres negatives **Elektrodenpotenzial**; zunehmende Tendenz der Metalle, positive Metallionen zu bilden.*

*Höheres positives **Elektrodenpotenzial**; zunehmende Tendenz der Nichtmetalle, negative Ionen zu bilden.*

Zelle oder Elektrochemische Zelle

Anordnung von zwei **Halbzellen** aus verschiedenen Elementen. Die Halbzelle mit dem größten negativen **Elektrodenpotenzial** bildet den **negativen**, die andere den **positiven Pol**. Werden die Pole verbunden, fließt **Strom**. Man unterscheidet **Primärzellen** (nicht aufladbar) und **Sekundärzellen** (aufladbar). Eine Batterie besteht aus verbundenen Zellen.

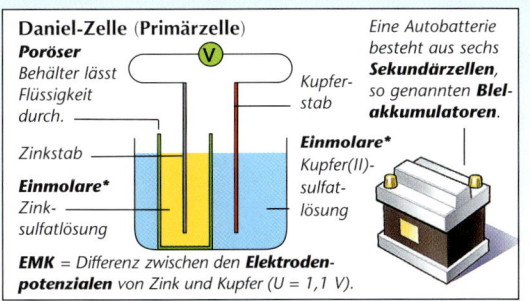

Daniel-Zelle (Primärzelle)
Poröser
Behälter lässt Flüssigkeit durch.

Kupferstab

Zinkstab

Einmolare*
Zinksulfatlösung

*Eine Autobatterie besteht aus sechs **Sekundärzellen**, so genannten **Bleiakkumulatoren**.*

Einmolare*
Kupfer(II)sulfatlösung

EMK = Differenz zwischen den **Elektrodenpotenzialen** von Zink und Kupfer (U = 1,1 V).

Potenzialdifferenz oder Spannung

Differenz der elektrischen Ladung zwischen zwei Punkten, gemessen in **Volt** (**V**) mit einem **Voltmeter**. Werden zwei Punkte mit verschiedenen Potenzialen leitend verbunden, fließt ein **Strom**, dessen Stärke proportional der Potenzialdifferenz ist.

Strom

Fluss von Elektronen (negativ geladenen Partikeln) durch ein Material. Die **SI-Einheit*** von Strom ist **Ampere*** (**A**). Stromstärken werden mit dem **Amperemeter** gemessen. Strom fließt im **Stromkreis**, wenn zwischen zwei Punkten **Potenzialdifferenz** besteht.

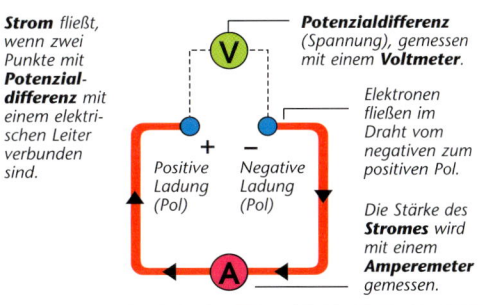

*Strom fließt, wenn zwei Punkte mit **Potenzialdifferenz** mit einem elektrischen Leiter verbunden sind.*

***Potenzialdifferenz** (Spannung), gemessen mit einem **Voltmeter**.*

Elektronen fließen im Draht vom negativen zum positiven Pol.

Positive Ladung (Pol)

Negative Ladung (Pol)

*Die Stärke des **Stromes** wird mit einem **Amperemeter** gemessen.*

Elektromotorische Kraft (EMK)

Name der Spannung (**Potenzialdifferenz**) zwischen den Polen einer **Zelle**. Differenz zwischen den **Elektrodenpotenzialen** der beiden **Halbzellen**.

Kathodischer Korrosionsschutz

Eine Methode, Eisen vor der Korrosion (**Rosten***) zu schützen. Man bringt das Eisen mit einem Metall in Berührung, das in der **elektrochemischen Reihe** höher steht und anstelle des Eisens rostet. Es dient als Opferanode.

Ein Schiffsrumpf aus Eisen kann geschützt werden, indem man Zinkstäbe anbringt.

*Da Zink in der **elektrochemischen Reihe** höher steht als Eisen, verlieren die Zinkstäbe leichter Elektronen.*

* **Ampere**, 114; **Einmolar**, 25 (**Molarität**); **Rosten**, 95 (**Korrosion**); **SI-Einheiten**, 114; **Wässrige Lösung**, 30.

REAKTIONSGESCHWINDIGKEIT

Die Dauer einer chemischen Reaktion schwankt zwischen weniger als einer millionstel Sekunde und vielen Jahren. Man kann die Dauer einer chemischen Reaktion vorhersagen, sie beschleunigen oder verlangsamen, indem man die Bedingungen, unter denen sie abläuft, verändert. Die Wirtschaftlichkeit industrieller Prozesse wird verbessert, indem man die **Reaktionsgeschwindigkeit** erhöht; z. B. durch einen **Katalysator**, durch Veränderung der Temperatur oder des Druckes.

Reaktionsgeschwindigkeit

Gibt an, welche Menge der chemischen Produkte pro Zeiteinheit entsteht. Die experimentelle Methode zur Bestimmung der Reaktionsgeschwindigkeit hängt vom **Aggregatzustand*** aller Stoffe ab. Die Ergebnisse werden in einem Reaktionsgrafen dargestellt. Aus der Steigung des Grafen kann man die **augenblickliche Reaktionsgeschwindigkeit** ablesen. Die **Anfangsgeschwindigkeit** ist groß, der Graf verläuft steil; später ist er flacher, was bedeutet, dass die Reaktionsgeschwindigkeit abgenommen hat. Die **durchschnittliche Reaktionsgeschwindigkeit** erhält man, wenn die Menge der erzeugten Produkte oder Reaktanten durch die Gesamtzeit geteilt wird.

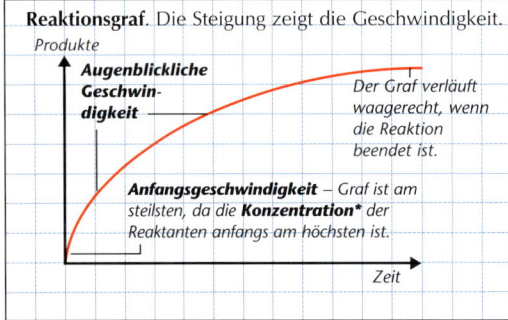

Reaktionsgraf. Die Steigung zeigt die Geschwindigkeit.

Produkte

Augenblickliche Geschwindigkeit

Der Graf verläuft waagerecht, wenn die Reaktion beendet ist.

Anfangsgeschwindigkeit – Graf ist am steilsten, da die **Konzentration*** der Reaktanten anfangs am höchsten ist.

Zeit

Kollisionstheorie

Erklärt, warum sich die Reaktionsgeschwindigkeit ändert, wenn man die Reaktionsbedingungen verändert. Bei einer Reaktion müssen die Reaktionspartner zusammenstoßen. Je mehr Zusammenstöße geschehen, desto größer ist die Reaktionsgeschwindigkeit. Ein Zusammenstoß führt nur zu einer Reaktion, wenn die Partikel ausreichende Energie haben (s. a. **Aktivierungsenergie** rechts).

Fotosynthese – der Prozess, durch den sich Pflanzen ernähren – ist eine **fotochemische Reaktion**.*

Fotochemische Reaktion

Reaktion, deren Reaktionsgeschwindigkeit von der Intensität des Lichtes abhängt, z. B. **Fotosynthese***. Licht gibt den Reaktionspartnern Energie und die **Reaktionsgeschwindigkeit** steigt an.

Fotochemische Reaktion in der Fotografie.

Silberkristalle entstehen, wenn Licht auf den Film fällt. Sie bilden schwarze Stellen auf dem Film.

$$2AgCl(f) \quad \rightarrow \quad 2Ag(f) \quad + \quad Cl_2(g)$$

Aktivierungsenergie

Mindestenergie, die Reaktionspartner haben müssen, damit sie bei Zusammenstößen reagieren (s. a. **Kollisionstheorie**). Die **Reaktionsgeschwindigkeit** hängt davon ab, wie viele Reaktionspartner die Aktivierungsenergie haben. Bei vielen Reaktionen haben schon alle Partikel diese Energie, bei anderen Reaktionen muss sie zugeführt werden, bis die Partner die Aktivierungsenergie haben.

*Reibung erzeugt Wärme, die den Stoffen im Streichholzkopf **Aktivierungsenergie** gibt.*

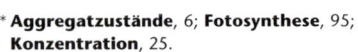

Änderungen der Reaktionsgeschwindigkeit

Die **Reaktionsgeschwindigkeit** nimmt mit steigender Temperatur zu. Die dabei zugeführte Wärmeenergie sorgt dafür, dass mehr Partikel die notwendige **Aktivierungsenergie** erhalten.

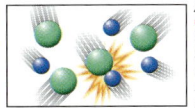

Zugeführte Wärme
Erwärmte Partikel stoßen mit größerer Energie zusammen, so dass mehr reagieren.

Bei Gasen steigt die **Reaktionsgeschwindigkeit** an, wenn der Druck erhöht wird. Druckerhöhung im Gas bewirkt eine Temperaturerhöhung und eine Volumenabnahme, erhöht also die **Konzentration*** (s.a. **Gasgesetze** 28). Die Teilchen stoßen häufiger und mit einer größeren Energie aufeinander.

Die **Reaktionsgeschwindigkeit** wird größer, wenn die **Konzentration*** eines oder mehrerer Reaktanten größer wird.

Mehr Moleküle im gleichen Raum bewirken mehr Zusammenstöße.

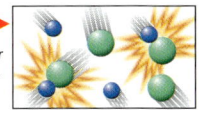

Geringe **Konzentration***

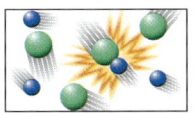

Hohe **Konzentration***

Die **Reaktionsgeschwindigkeit** wird größer, wenn die Oberfläche eines festen Stoffes vergrößert wird. Bei einem festen Stoff können Reaktionen nur an der Oberfläche stattfinden.

Wird ein großer Klotz in acht kleinere zerteilt, vergrößert sich die Oberfläche.

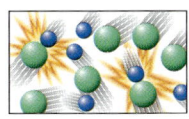

Katalysator

Stoff, der die Reaktionsgeschwindigkeit einer chemischen Reaktion vergrößert, am Ende der Reaktion aber chemisch vollkommen unverändert wieder vorliegt. Dieser Prozess wird **Katalyse** genannt. Katalysatoren wirken dadurch, dass sie die **Aktivierungsenergie** einer Reaktion herabsetzen. Der bei einer Reaktion vorliegende Katalysator wird in der **Reaktionsgleichung** über die Pfeile geschrieben.

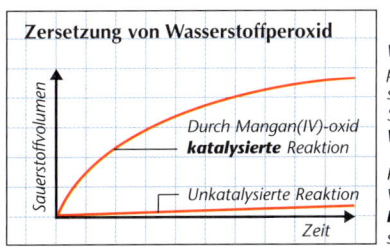

Zersetzung von Wasserstoffperoxid

Sauerstoffvolumen

Durch Mangan(IV)-oxid **katalysierte** *Reaktion*

Unkatalysierte Reaktion

Zeit

Wasserstoffperoxid zersetzt sich und bildet Sauerstoff und Wasser.

Reaktion wird bei Verwendung eines **Katalysators** *schneller.*

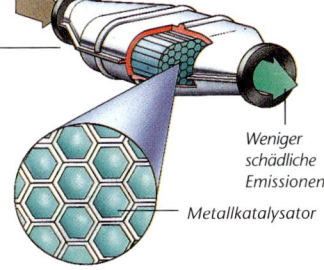

Ein Katalysator im Abgassystem eines Autos enthält zwei Metalle, Platin und Rhodium, die als **Katalysatoren** *wirken.*

Giftiges Kohlenoxid und Kohlenwasserstoff heften sich an die Metalle und reagieren, indem sie Kohlendioxid und Wasser bilden.

Weniger schädliche Emissionen

Metallkatalysator

Autokatalyse

Prozess, in dem eines der Produkte der Reaktion als **Katalysator** wirkt.

Oberflächenkatalyse

Der **Katalysator** zieht die Reaktanten an sich. Er hält sie auf seiner Oberfläche dicht beisammen, so dass sie leicht reagieren können.

Homogene Katalyse

Der **Katalysator** hat denselben **Aggregatzustand*** wie die Reaktanten; z.B. ein gelöster Katalysator in einer Lösung der Reaktanten oder ein gasförmiger Katalysator im Gemenge zweier Gase.

Heterogene Katalyse

Der **Katalysator** hat nicht denselben **Aggregatzustand*** wie die Reaktanten; z.B. festes Platin verdichtet Gas an seiner Oberfläche.

Promotor

Stoff, der die Wirkung eines **Katalysators** verstärkt. Er beschleunigt die Reaktionsgeschwindigkeit.

Inhibitor

Stoff, der die Wirkung eines **Katalysators** abschwächt. Die Reaktionsgeschwindigkeit wird kleiner.

Enzym (Ferment)

Katalysator bei Organismen. Beschleunigt die **Reaktionsgeschwindigkeit** natürlicher chemischer Prozesse. Es gibt verschiedene Arten.

Spinnen sondern auf ihrer Beute **Enzyme** *ab. Die Enzyme beschleunigen die chemische Reaktion, durch die die Beute zu Nahrung zerlegt wird.*

GLEICHGEWICHTSREAKTIONEN

Viele chemische Reaktionen verlaufen so lange, bis ein Reaktant oder alle verbraucht sind: Ihre Produkte reagieren nicht mehr miteinander. Das bezeichnet man als **vollständige Umsetzung**. Andere Reaktionen erreichen dieses Stadium nie. Sie heißen **Gleichgewichtsreaktionen** oder **reversible Reaktionen**.

Reversible Reaktion

Chemische Reaktion, bei der nicht nur die Reaktanten miteinander reagieren, sondern gleichzeitig auch die Produkte, die wiederum die ursprünglichen Reaktanten bilden usw.; in einem **abgeschlossenen System** findet keine **vollständige Umsetzung** statt (s. a. Einleitung); es stellt sich bei einer solchen Reaktion irgendwann ein **chemisches Gleichgewicht** ein.

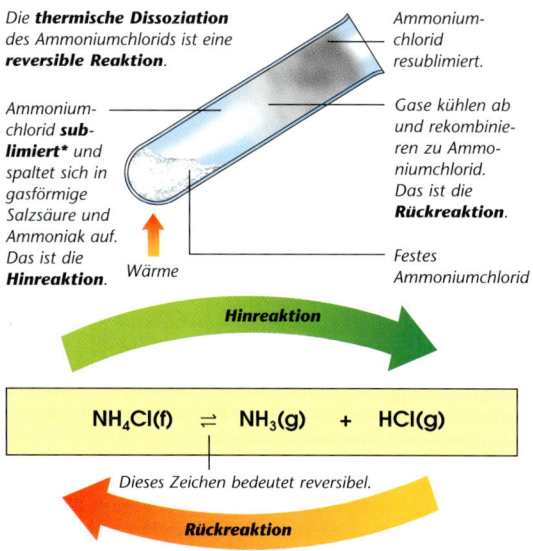

*Die **thermische Dissoziation** des Ammoniumchlorids ist eine **reversible Reaktion**.*

Ammonium-chlorid resublimiert.

*Ammonium-chlorid **sublimiert*** und spaltet sich in gasförmige Salzsäure und Ammoniak auf. Das ist die **Hinreaktion**.*

Wärme

*Gase kühlen ab und rekombinieren zu Ammoniumchlorid. Das ist die **Rückreaktion**.*

Festes Ammoniumchlorid

Hinreaktion

$$NH_4Cl(f) \rightleftharpoons NH_3(g) + HCl(g)$$

Dieses Zeichen bedeutet reversibel.

Rückreaktion

Hinreaktion

Reaktion, in der die Produkte während einer **reversiblen Reaktion** aus den vorgegebenen Reaktanten gebildet werden. In der Reaktionsgleichung von links nach rechts gelesen.

Rückreaktion

Reaktion, in der die Reaktanten während einer **reversiblen Reaktion** aus den bereits gebildeten Produkten zurückgebildet werden. In der Reaktionsgleichung von rechts nach links gelesen.

*Dieses Tauziehen stellt eine chemische Reaktion dar. Das blaue Team sind die Reaktanten, das rote Team die Produkte. Gewinnt das rote Team, handelt es sich um eine **Hinreaktion**. Gewinnt das blaue Team, ist es eine **Rückreaktion**.*

Dissoziation

Eine **reversible Reaktion**, in der eine Verbindung in andere Verbindungen oder Elemente zerlegt wird. **Thermische Dissoziation** ist eine Dissoziation, die durch Wärmeeinwirkung verursacht wird. Bei Abkühlung werden die zerlegten Moleküle zurückgebildet. Nicht zu verwechseln mit **Zersetzung**, die nicht umkehrbar ist.

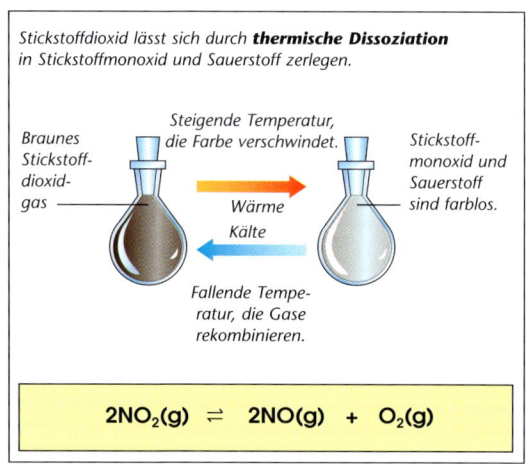

*Stickstoffdioxid lässt sich durch **thermische Dissoziation** in Stickstoffmonoxid und Sauerstoff zerlegen.*

Braunes Stickstoff-dioxid-gas

Steigende Temperatur, die Farbe verschwindet.

Wärme Kälte

Stickstoff-monoxid und Sauerstoff sind farblos.

Fallende Temperatur, die Gase rekombinieren.

$$2NO_2(g) \rightleftharpoons 2NO(g) + O_2(g)$$

Abgeschlossenes System

Ein **System***, bei dem keine Chemikalien austreten oder eintreten können. Wenn bei einer **reversiblen Reaktion** ein Produkt z. B. als Gas in die Atmosphäre entweicht, kann die Reaktion nicht mehr rückläufig verlaufen; es ist dann ein **offenes System**.

Gleichgewicht

Liegt dann vor, wenn zwei einander gegenläufige Reaktionen sich gegenseitig aufheben. Wenn z. B. ein Mensch eine Rolltreppe mit der gleichen Geschwindigkeit hochgeht, mit der sich die Treppe herabbewegt, so ist er im Gleichgewicht. Bei einem **chemischen Gleichgewicht** heben sich die **Hinreaktion** und die **Rückreaktion** gegenseitig auf.

* **Sublimation**, 7; **System**, 117.

Chemisches Gleichgewicht

Zustand bei einer **reversiblen Reaktion** in einem **abgeschlossenen System**, wenn **Hinreaktion** und **Rückreaktion** mit der gleichen Geschwindigkeit verlaufen. Ihre Wirkungen heben einander auf; die **Konzentration*** von Reaktanten und Produkten ändert sich nicht. Chemisches Gleichgewicht ist eine Form des **Gleichgewichts**.

Beim Start der Reaktion haben Produkte höhere **Konzentration*** *als Reaktanten.*

Schnelle **Hinreaktion**

| Reaktanten | | Produkte |

Langsame **Rückreaktion**

Beim **chemischen Gleichgewicht** *werden Produkte und Reaktanten mit der gleichen Geschwindigkeit gebildet.*

| Reaktanten | | Produkte |

Änderungen chemischer Gleichgewichte

Bei einer **reversiblen Reaktion** beeinflusst jede Änderung der Bedingungen (Temperatur, **Konzentration***, Druck) die Geschwindigkeit von **Hinreaktion** und **Rückreaktion** und zerstört das chemische Gleichgewicht. Dies wird zwar wieder hergestellt, jedoch mit einem anderen Verhältnis von Reaktanten und Produkten. Die **Gleichgewichtslage** hat sich verschoben.

Erste
Gleichgewichtslage

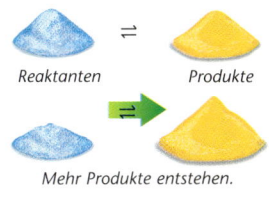

Reaktanten   Produkte

Geänderte Bedingungen zu Gunsten der **Hin-reaktion**; *Gleichge-wichtslage verschiebt sich nach rechts.*

Mehr Produkte entstehen.

Geänderte Bedingungen zu Gunsten der **Rück-reaktion**; *Gleichge-wichtslage verschiebt sich nach links.*

Mehr Reaktanten entstehen.

Prinzip von Le Chatelier

Ein **System***, das im **chemischen Gleich-gewicht** steht, reagiert auf eine Änderung der Bedingungen stets so, dass die Wirkung der Veränderung verringert wird.

1. Wird der Druck bei einer **reversiblen Reaktion** mit Gasen geändert, so ändert sich auch die **Gleichgewichtslage**.

Bei der Reaktion A(g) + B(g) ⇌ AB(g):

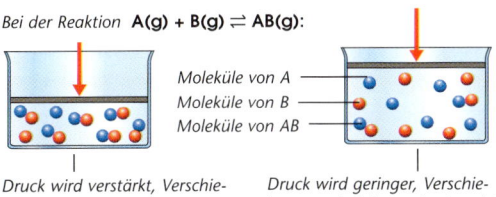

Moleküle von A
Moleküle von B
Moleküle von AB

Druck wird verstärkt, Verschie-bung nach rechts, mehr AB entstehen, Zahl der Moleküle nimmt ab, Druck wird geringer.

Druck wird geringer, Verschie-bung nach links, mehr A und B entstehen, Zahl der Moleküle nimmt zu, Druck steigt wieder.

2. Wird die Temperatur bei einer **reversiblen Reaktion** geändert, so ändert sich auch die **Gleichgewichtslage** – bei einer **exothermen Reaktion*** in die eine Richtung, bei einer **endothermen Reaktion*** in die andere Richtung.

Ammoniaksynthese nach dem **Haber-Bosch-Verfahren***

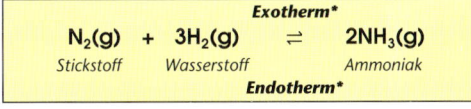

$$N_2(g) + 3H_2(g) \rightleftharpoons 2NH_3(g)$$

Stickstoff   Wasserstoff   Ammoniak

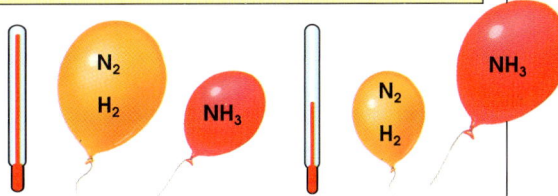

Temperatur steigt. Geschwin-digkeit der **endothermen* Rückreaktion** *nimmt zu. Re-aktion verbraucht Wärme zur Aufspaltung, Gleichgewicht wird nach links verschoben.*

Temperatur fällt. Geschwindig-keit der **exothermen* Hinreak-tion** *nimmt zu. Reaktion gibt Wärme frei. Mehr Ammoniak entsteht, Gleichgewicht wird nach rechts verschoben.*

3. Ändert man die **Konzentration*** der Reak-tanten oder der Produkte bei einer **reversiblen Reaktion**, so ändert sich auch die Gleich-gewichtslage.

Höhere **Konzentration*** *der Reaktanten aktiviert die* **Hinreaktion**.

ODER

Niedrigere **Konzentration*** *der Produkte bremst die* **Rückreaktion**.

Gleichgewichtslage *verschiebt sich nach rechts.*

Niedrigere **Konzentration*** *der Reaktanten bremst die* **Hinreaktion**.

ODER

Höhere **Konzentration** *der Produkte aktiviert die* **Rückreaktion**.

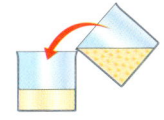

Gleichgewichtslage *verschiebt sich nach links.*

* **Endotherme Reaktion, Exotherme Reaktion**, 32; **Haber-Bosch-Verfahren**, 66; **Konzentration**, 25; **System**, 117.

DAS PERIODENSYSTEM

Während des 19. Jahrhunderts versuchten viele Chemiker, die Elemente nach ihrer Atomgröße und nach ihren sich regelmäßig wiederholenden Eigenschaften und Verhaltensweisen systematisch zu ordnen. Der erfolgreichste Versuch wurde von dem russischen Chemiker Dmitri Mendelejeff 1869 veröffentlicht. Diese Ordnung ist noch heute Grundlage des modernen **Periodensystems**.

Periodensystem

Eine Anordnung der Elemente nach ihren **Ordnungszahlen*** (Protonenzahl). Die physikalischen und chemischen Eigenschaften eines Elementes und seiner Verbindungen haben eine Beziehung zu ihrer Stellung im periodischen System. Diese chemische Verwandtschaft hat dazu geführt, dass man die Elemente in **Gruppen** und **Perioden** einteilt. Die Anordnung der Elemente beginnt links oben mit dem Wasserstoff und geht weiter nach steigenden Ordnungszahlen von links nach rechts durch die Perioden und von oben nach unten.

Periode

Eine horizontale Zeile von Elementen im **Periodensystem**. Es gibt sieben Perioden. Die 1. Periode hat nur zwei Elemente, Wasserstoff und Helium, es ist die Vorperiode. Die 2. und 3. Periode haben je 8 Elemente, und man bezeichnet sie als **Kurzperioden**. Die Perioden 4, 5, 6 und 7 haben zwischen 18 und 32 Elemente, es sind **Langperioden**. Geht man von links nach rechts durch die Gruppen einer Periode, so hat das folgende Element jeweils ein Elektron mehr in der **Außenschale*** als das vorhergehende. Alle Elemente derselben Periode haben die gleiche Anzahl von Schalen. Mit dem Wechsel der Elektronenzahl auf der Außenschale von einem Element zum anderen wechseln auch, in jeder Periode gleich, die Eigenschaften und das

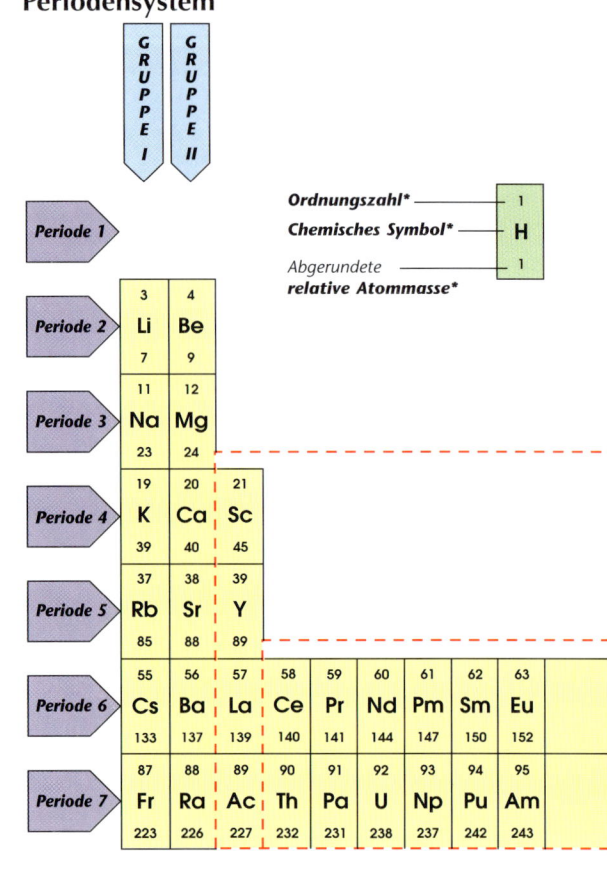

Periodensystem

chemische Verhalten der Elemente. Für das Reduktionsverhalten geben die Elemente der 2. Periode ein Beispiel für alle Perioden.

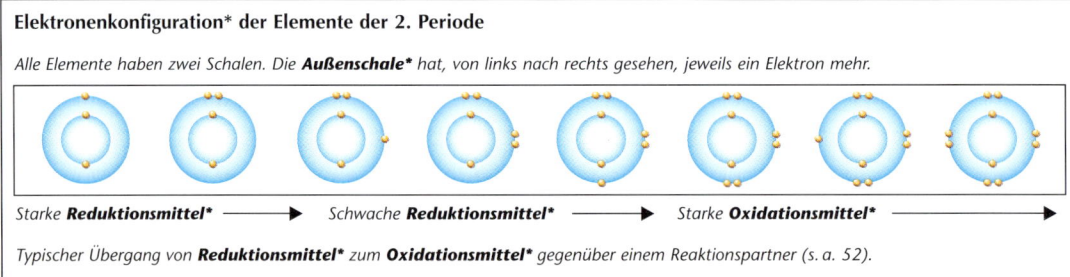

Elektronenkonfiguration* **der Elemente der 2. Periode**

Alle Elemente haben zwei Schalen. Die **Außenschale*** *hat, von links nach rechts gesehen, jeweils ein Elektron mehr.*

Starke **Reduktionsmittel*** ⟶ *Schwache* **Reduktionsmittel*** ⟶ *Starke* **Oxidationsmittel*** ⟶

Typischer Übergang von **Reduktionsmittel*** *zum* **Oxidationsmittel*** *gegenüber einem Reaktionspartner (s. a. 52).*

* **Außenschale**, 13; **Chemisches Symbol**, 8; **Elektronenkonfiguration, Ordnungszahl**, 13; **Oxidation, Oxidationsmittel, Reduktion, Reduktionsmittel**, 34; **Relative Atommasse**, 24.

Gruppe

Elemente einer Spalte des **Periodensystems**. Alle Elemente haben die gleiche Anzahl von Elektronen auf der **Außenschale*** und chemisch sehr ähnliche Eigenschaften. Jede Gruppe hat einen Namen und ist durch eine römische Zahl gekennzeichnet. **Übergangsmetalle*** bilden eigene Gruppen.

Gruppennummer	Gruppenname
Gruppe I	**Alkalimetalle** (s. 54-55)
Gruppe II	**Erdalkalimetalle** (s. 56-57)
Gruppe VII	**Halogene** (s. 72-74)
Gruppe VIII (oder **Gruppe 0**)	**Edelgase** (s. 75)

Die Farben in der Tabelle bedeuten:

- *Metalle*
- *Halbmetalle*
- *Nicht-metalle*

Übergangsmetalle (s. a. 58-61)

Innere Übergangsserie

	GRUPPE III	GRUPPE IV	GRUPPE V	GRUPPE VI	GRUPPE VII	GRUPPE VIII
						2 **He** 4
	5 **B** 11	6 **C** 12	7 **N** 14	8 **O** 16	9 **F** 19	10 **Ne** 20
	13 **Al** 27	14 **Si** 28	15 **P** 31	16 **S** 32	17 **Cl** 35.5	18 **Ar** 40

22 **Ti** 48	23 **V** 51	24 **Cr** 52	25 **Mn** 55	26 **Fe** 56	27 **Co** 59	28 **Ni** 59	29 **Cu** 64	30 **Zn** 65	31 **Ga** 70	32 **Ge** 73	33 **As** 75	34 **Se** 79	35 **Br** 80	36 **Kr** 84
40 **Zr** 91	41 **Nb** 93	42 **Mo** 96	43 **Tc** 99	44 **Ru** 101	45 **Rh** 103	46 **Pd** 106	47 **Ag** 108	48 **Cd** 112	49 **In** 115	50 **Sn** 119	51 **Sb** 122	52 **Te** 128	53 **I** 127	54 **Xe** 131
72 **Hf** 178.5	73 **Ta** 181	74 **W** 184	75 **Re** 186	76 **Os** 190	77 **Ir** 192	78 **Pt** 195	79 **Au** 197	80 **Hg** 201	81 **Tl** 204	82 **Pb** 207	83 **Bi** 209	84 **Po** 210	85 **At** 210	86 **Rn** 222

64 **Gd** 157	65 **Tb** 159	66 **Dy** 162	67 **Ho** 165	68 **Er** 167	69 **Tm** 169	70 **Yb** 173	71 **Lu** 175
96 **Cm** 247	97 **Bk** 249	98 **Cf** 251	99 **Es** 254	100 **Fm** 253	101 **Md** 256	102 **No** 253	103 **Lr** 257

Metalle und Nichtmetalle

Metall

Element mit charakteristischen physikalischen Eigenschaften, die es vom **Nichtmetall** unterscheiden. Die Elemente links im **Periodensystem** sind Metalle, nach rechts nimmt der metallische Charakter ab. Elemente, die weder ausgesprochene Metalle noch Nichtmetalle sind, nennt man **Halbmetalle**, sie haben Eigenschaften zwischen Metallen und Nichtmetallen. Sie liegen in der Mitte des Systems, rechts von ihnen liegen Nichtmetalle.

Eigenschaft	Metall	Nichtmetall
Aggregat-zustand* bei Raumtemperatur	*Fest (außer Quecksilber)*	*Fest oder gasförmig (außer Brom [fl])*
Äußere Erscheinung	*Glänzend*	*Meist nicht glänzend (außer Iod)*
Leitfähigkeit*	*Gut*	*Schlecht (außer Grafit)*
Plastizität*	*Gut*	*Schlecht*
Elastizität*	*Gut*	*Schlecht*
Schmelzpunkt	*Gewöhnlich hoch*	*Gewöhnlich niedrig (außer Kohlenstoff)*
Siedepunkt	*Gewöhnlich hoch*	*Gewöhnlich niedrig*

* **Aggregatzustände**, 6; **Außenschale**, 13; **Elastizität**, 116 (**Geschmeidig**); **Leitfähigkeit**, 117 (**Leiter**); **Plastizität**, 116 (**Dehnbar**); **Übergangsmetalle**, 58.

ANORGANISCHE CHEMIE

Unter der **anorganischen Chemie** fasst man die Chemie aller Elemente und ihrer Verbindungen zusammen – außer den Stoffen, die aus Ketten von Kohlenstoffatomen aufgebaut sind (s. a. **Organische Chemie** 76–91). Die Eigenschaften und Reaktionen der anorganischen Elemente und ihrer Verbindungen folgen gewissen **Regeln**, die aus ihrer Stellung im **Periodensystem*** hervorgehen. Sieht man sich die senkrechten **Gruppen*** oder waagerechten **Perioden*** in dieser Tafel an, so ist es möglich, Reaktionen der Elemente vorauszusagen.

*Die Eigenschaften und Reaktionen der Elemente machen sie für bestimmte Zwecke geeignet. **Sauerstoff** und **Wasserstoff** z. B. verbrennen leicht und werden für Raketentreibstoff verwendet.*

Hauptregeln des Periodensystems

Die Atomgröße eines Elementes nimmt ab.

Schmelz- und Siedepunkte von Feststoffen nehmen zu.

Schmelz- und Siedepunkte von Gasen nehmen ab.

Übergang Metall – Halbmetall – Nichtmetall (s. a. 51).

Atomgröße nimmt zu.

Schmelz- und Siedepunkte von Feststoffen nehmen ab.

Bei Feststoffen nimmt die Bindungskraft zwischen Atomen ab.

*Die Elemente geben leichter Elektronen ab, bilden **Kationen***.*

Übergangsmetalle

Innere Übergangsserie

*Gruppenmitglieder haben in der **Außenschale*** gleich viele Elektronen.*

Bei Gasen nimmt die Bindungskraft zwischen Molekülen zu.

Schmelz- und Siedepunkte von Gasen nehmen zu.

*Die **Oxide*** reagieren erst **basisch***, dann **amphoter***, schließlich sauer.*

*Die Elemente gehen von **Reduktions-*** in **Oxidationsmittel*** über.*

*Die Elemente bilden anfangs **Kationen***, später **Anionen***.*

*Die **Reaktivität*** nimmt erst von oben nach unten zu, dann ab.*

Voraussagen von Reaktionen

Im anorganischen Teil des Buches enthält jede **Elementgruppe*** eine Einführung und eine Tabelle, die Eigenschaften der Stoffe aufführt. Unter den Tabellen sind blaue Kästen, die Regelmäßigkeiten in der Gruppe aufzeigen. Nach der Einführung werden bekanntere Mitglieder vorgestellt. Informationen über die Elemente der Gruppe können oft mit den Regeln der **Reaktivität*** in einer Gruppe vorhergesagt werden. Die folgenden zwei Schritte zeigen, wie man die **Reaktivität*** von Caesium mit kaltem Wasser voraussagen kann. Caesium steht in Gruppe I (s. a. 54–55).

1. Die einführende Tabelle zur I. Gruppe zeigt, dass die Reaktivität von oben nach unten zunimmt.

2. Aus den Beschreibungen von Lithium, Natrium und Kalium geht hervor, dass alle drei Elemente mit Wasser reagieren, je weiter unten in der Gruppe desto heftiger. Lithium reagiert schwach, Natrium heftig und Kalium sehr heftig.

Man kann voraussagen, dass Caesium, da es in der Gruppe unter Kalium steht, äußerst heftig mit Wasser reagieren wird.

* **Amphoter**, 37 (**Amphotere Stoffe**); **Anion**, 16; **Außenschale**, 13; **Basisch**, 37 (**Base**); **Elementgruppe**, 51 (**Gruppe**); **Kation**, 16; **Oxidationsmittel**, 34; **Oxide**, 69; **Periode**, **Periodensystem**, 50; **Reaktivität**, 44; **Reduktionsmittel**, 34.

WASSERSTOFF

Wasserstoff (H_2) mit der **Ordnungszahl*** 1 ist das erste und leichteste Element im **Periodensystem*** und das verbreitetste im Universum. Er ist ein farbloses, geruchloses, brennbares, **zweiatomiges*** Gas, das in der Natur nur in Verbindungen vorkommt. Er wird durch die Reaktion von Erdgas mit Wasserdampf bei hohen Temperaturen oder durch die **katalysierte*** Reaktion von **Wassergas*** mit Wasserdampf hergestellt. Er ist ein **Reduktionsmittel***, brennt an der Luft mit hellblauer Flamme und reagiert bei höheren Temperaturen mit vielen Stoffen, z. B. mit Natrium bildet er Natriumhydrid. Wasserstoff wird z. B. bei der Margarineherstellung (s. a. **Hydrierung** 79), der Ammoniaksynthese (s. a. **Haber-Bosch-Verfahren** 66) und als Raketentreibstoff verwendet (s. a. 103 und 105).

Saccharose ($C_{12}H_{22}O_{11}$), der Zucker in Süßem, ist eine Verbindung von Kohlenstoff, Wasserstoff und Sauerstoff.

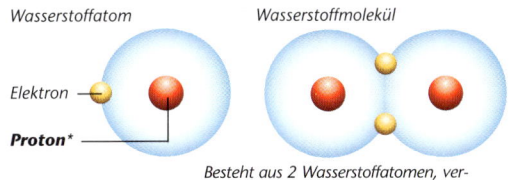

Wasserstoffatom

Elektron

*Proton***

Wasserstoffmolekül

*Besteht aus 2 Wasserstoffatomen, verbunden durch eine **kovalente Bindung**.*

Wasserstoffion (H^+)
Besteht aus einem **Proton*** (kein Elektron). Es entsteht aus Wasserstoffatomen durch Verlust des Elektrons. H^+-Ionen lagern sich an Wassermolekülen an und bilden **Hydroxoniumionen***. Wässrige Lösungen von Säuren enthalten H_3O^+-Ionen im Überschuss.

Wasserstoff reagiert mit Natrium und bildet Natriumhydrid.

$$2Na(f) \ + \ H_2(g) \ \rightarrow \ 2NaH(f)$$
Natrium Wasserstoff Natriumhydrid

Wasserstoff ist ein **Reduktionsmittel***.

$$CuO(f) \ + \ H_2(g) \ \rightarrow \ Cu(f) \ + \ H_2O(fl)$$
Kupfer(II)-oxid Wasserstoff Kupfer Wasser

Deuterium (**D** oder $^2_1$**H**)
Ein **Isotop*** des Wasserstoffs mit einem **Proton*** und einem **Neutron***. Sein Anteil am natürlichen Wasserstoff beträgt 0,0156 %. Wasser, das Deuterium enthält, wird **Deuteriumoxid** (D_2O) oder **schweres Wasser** genannt. Schweres Wasser wird in Kernreaktoren benötigt, um schnelle Neutronen zu bremsen.

Tritium (**T** oder $^3_1$**H**)
Isotop* des Wasserstoffs mit einem **Proton*** und zwei **Neutronen***. Kommt selten vor, entsteht aber in Kernreaktoren. Es ist **radioaktiv*** (β-Strahler). T-haltiges Wasser enthält einige Moleküle, in denen Wasserstoff durch Tritium ersetzt wurde. Es wird in der Medizin benutzt.

Wasserstoffperoxid (H_2O_2)
Ölige Flüssigkeit; Oxid des Wasserstoffs und starkes **Oxidationsmittel***. Im Handel als wässrige Lösung zum Desinfizieren und Bleichen.

Wasser (H_2O)
Oxid des Wasserstoffs; eine der am weitesten verbreiteten Verbindungen. Es ist eine farb- und geschmacklose Flüssigkeit, erstarrt bei 0 °C und siedet bei 100 °C; die Dichte ist 1 g cm^{-3} bei 4 °C. Bestes bekanntes Lösungsmittel; besteht aus **polaren Molekülen***, die durch **Wasserstoffbrücken*** zusammengehalten werden. Entsteht beim Verbrennen von Wasserstoff in Sauerstoff (s. a. 92 und 104).

Wasserstoffatom

Kovalente Bindungen*

*Diagramm eines **Wassermoleküls** (polares Molekül*)*

Wasserstoffatom

Sauerstoffatom

Hydroxid
Verbindung, die aus **Hydroxidionen** (OH^-) und **Kationen*** gebildet wird. Lösungen, die einen Überschuss an OH^--Ionen enthalten, reagieren alkalisch. Viele Hydroxide sind nicht wasserlöslich, z. B. **Blei(II)-hydroxid** ($Pb(OH)_2$). Jedoch sind die Hydroxide der Elemente der I. Gruppe löslich.

* **Hydroxoniumion**, 36; **Isotope**, 13; **Katalysiert**, 47 (**Katalysator**); **Kation**, 16; **Kovalente Bindung**, 18; **Neutron**, 12; **Ordnungszahl**, 13; **Oxidationsmittel**, 34; **Periodensystem**, 50; **Polares Molekül**, 19; **Proton**, 12; **Radioaktivität**, 14; **Reduktionsmittel**, 34; **Wassergas**, 65 (**Kohlenmonoxid**); **Wasserstoffbrücke**, 20; **Zweiatomig**, 10 (**Atomigkeit**).

GRUPPE I ALKALIMETALLE

Die Elemente der **I. Gruppe** des **Periodensystems*** heißen **Alkalimetalle**, da sie Metalle sind, die mit Wasser unter Bildung alkalischer Lösungen reagieren. Sie haben ähnliche chemische Eigenschaften; ihre physikalischen Eigenschaften folgen gewissen Regeln. Die Tabelle zeigt einige ihrer Eigenschaften.

Einige Eigenschaften der Elemente der I. Gruppe						
Name des Elements	Chem. Symbol	Relative Atommasse*	Elektronen-konfiguration*	Reaktivität	Aussehen	Verwendung
Lithium	Li	6,94	2,1		Silberweißes Metall	S. u. auf dieser Seite
Natrium	Na	22,99	2,8,1	Z U N E H M E N D	Weiches, silber-weißes Metall	S. u. auf dieser Seite
Kalium	K	39,10	2,8,8,1		Weiches, silber-weißes Metall	S. a. 55
Rubidium	Rb	85,47	1 Außenelek-tron, sonst komplexe Anordnung		Weiches, silber-weißes Metall	Spezial-gläser
Caesium	Cs	132,90			Weiches Metall mit gold. Glanz	In **Fotozellen***, als **Katalysatoren***
Francium	Fr	Keine stabilen **Isotope***				

Die Atome aller Elemente der I. Gruppe haben ein Elektron auf der **Außenschale***; deshalb sind sie starke **Reduktionsmittel***, denn dieses Elektron wird bei Reaktionen leicht abgegeben. Das entstehende Ion trägt die Ladung +1 und ist stabiler, denn es hat Edelgasanordnung (s. a. 13). Alle Elemente der I. Gruppe reagieren so und bilden **Ionenverbindungen***.

Die Heftigkeit der Reaktion der Elemente mit Wasser nimmt in der Gruppe von oben nach unten zu. Sie bilden dabei alkalische Lösungen und Wasserstoffgas. Die ersten 3 Elemente der Gruppe laufen an der Luft an, **Rubidium** und **Caesium** entzünden sich. Alle werden unter Benzin verwahrt. Sie sind so weich, dass sie mit einem Messer geschnitten werden können.

Diese beiden Seiten enthalten weitere Informationen über **Lithium**, **Natrium**, **Kalium** und ihre Verbindungen. Es sind typische Elemente der I. Gruppe.

Lithium (Li)

Das reaktionsträgste Element der I. Gruppe und der leichteste Feststoff. Lithium ist selten und tritt nur in wenigen Verbindungen auf, aus denen es durch **Elektrolyse*** gewonnen wird. Es verbrennt mit rötlicher Flamme. Lithium reagiert heftig mit Chlor und bildet **Lithiumchlorid (LiCl)**. Wird ein Stück Lithium auf Wasser gegeben, so gleitet es zischend über die Oberfläche.

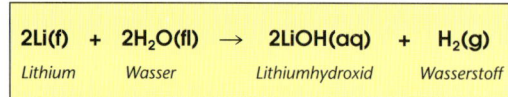

$$2Li(f) + 2H_2O(fl) \rightarrow 2LiOH(aq) + H_2(g)$$

Lithium · Wasser · Lithiumhydroxid · Wasserstoff

Nach der Reaktion ist die Lösung stark alkalisch, weil sich **Lithiumhydroxid** gebildet hat.

Natrium (Na)

Mitglied der I. Gruppe, das häufig auftritt. Das Hauptvorkommen ist **Steinsalz** (enthält **Natriumchlorid**, s. a. **Kalium**). Wird aus geschmolzenem Natriumchlorid durch **Elektrolyse*** in **Downs Zellen** gewonnen. Natrium brennt an der Luft (orangegelbe Flamme) und reagiert heftig mit Nichtmetallen und Wasser (s. a. Gleichung für **Lithium** und Wasser, ersetze Li durch Na). Wird in Natriumdampfanlagen und als Kühlung in Kernkraftwerken eingesetzt.

Downs Zelle (Gewinnung von Natrium aus geschmolzenem Natriumchlorid durch Elektrolyse*)

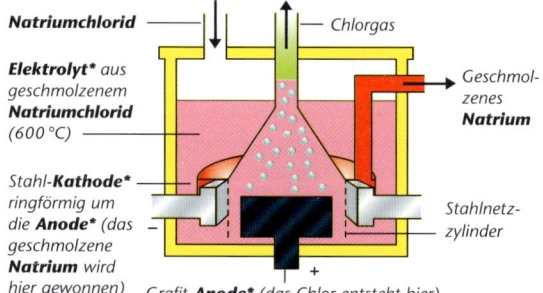

Natriumchlorid — · Chlorgas

Elektrolyt* aus geschmolzenem **Natriumchlorid** (600 °C)

Geschmol-zenes **Natrium**

Stahl-**Kathode*** ringförmig um die **Anode*** (das geschmolzene **Natrium** wird hier gewonnen)

Stahlnetz-zylinder

Grafit-**Anode*** (das Chlor entsteht hier)

Natriumhydroxid (NaOH) (kaustisches Soda)

Weißer, **hygroskopischer*** Feststoff, der bei der **Elektrolyse*** von **Salzlösung** entsteht (s. a. **Natriumchlorid**). Es ist eine **starke Base*** und reagiert mit Säuren zu Natrium-**Salzen*** und Wasser. Wird zur Herstellung von Seife und Papier benutzt.

Natriumcarbonat (Na₂CO₃)

Ein weißer Feststoff, der sich in Wasser zu einer alkalischen Lösung löst. Sein **Hydrat*** (**Kristallsoda Na₂CO₃·10H₂O**, s. a. 93) bildet weiße Kristalle, die **verwittern***. Es entsteht im **Slovay-Verfahren** bei der Reaktion von Ammoniak mit Wasser, **Natriumchlorid** und Kohlendioxid.

Kristallsoda wird bei der Herstellung von Glas, **Weichmachern*** und Badesalz verwendet.

Natriumhydrogencarbonat (NaHCO₃)

Es wird auch **Natriumbicarbonat** genannt. Der weiße Feststoff wird im **Solvay-Verfahren** hergestellt (s. a. **Natriumcarbonat**). Im Wasser bildet es eine schwach alkalische Lösung.

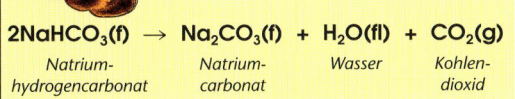

Natriumhydrogencarbonat wird beim Backen benutzt. Das Kohlendioxid, das beim Erhitzen entsteht, lässt den Teig aufgehen. Es wirkt auch als *Antazidum** für Magensäure bei Verdauungsstörungen.

$$2NaHCO_3(f) \rightarrow Na_2CO_3(f) + H_2O(fl) + CO_2(g)$$

Natrium-hydrogencarbonat — Natrium-carbonat — Wasser — Kohlen-dioxid

Natriumchlorid (NaCl) (Kochsalz)

Ein weißer, löslicher Feststoff, der im Meerwasser und **Steinsalz** vorkommt (s. a. **Natrium**). Aus ihm werden **Natriumhydroxid** und **Natriumcarbonat** hergestellt.

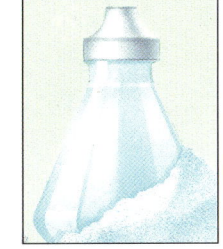

Natriumchlorid wird als Konservierungs- und Würzmittel für Nahrungsmittel verwendet.

Natriumnitrat (NaNO₃) (Chilesalpeter)

Ein weißer Feststoff. Es wird als Düngemittel und zum Konservieren von Fleisch gebraucht.

Kalium (K)

Ein Mitglied der I. Gruppe des Periodensystems. Seine Verbindungen befinden sich im Meerwasser und **Steinsalz**, das **Kaliumchlorid** enthält (s. a. **Natrium**). Kalium wird aus geschmolzenem Kaliumchlorid durch **Elektrolyse*** gewonnen. Es reagiert heftig, besonders mit Chlor oder Wasser (s. a. Gleichung für **Lithium**, ersetze Li durch K). Es wird wenig verwendet, aber einige Verbindungen sind wichtig.

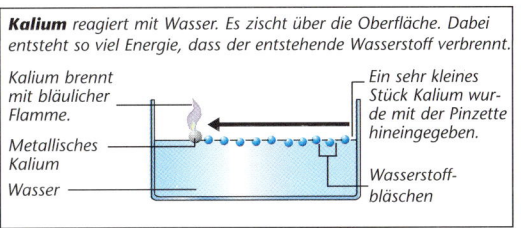

Kalium reagiert mit Wasser. Es zischt über die Oberfläche. Dabei entsteht so viel Energie, dass der entstehende Wasserstoff verbrennt.

Kalium brennt mit bläulicher Flamme.

Metallisches Kalium

Wasser

Ein sehr kleines Stück Kalium wurde mit der Pinzette hineingegeben.

Wasserstoff-bläschen

Kaliumhydroxid (KOH) (starke Base*)

Ein weißer, **hygroskopischer*** Feststoff, der mit Säuren zu Kalium-**Salzen*** und Wasser reagiert. Es wird zur Seifenherstellung verwendet (s. a. 88).

Seife

Kaliumcarbonat (K₂CO₃)

Ein weißer Feststoff, der sich gut in Wasser zu einer alkalischen Lösung löst. Es wird für Glas, Farben und Seifen benötigt.

Kaliumchlorid (KCl)

Ein weißer, wasserlöslicher Feststoff, von dem große Mengen im Meerwasser und **Steinsalz** gefunden werden (s. a. **Kalium**). Es wird in Düngemitteln und zur Herstellung von **Kaliumhydroxid** eingesetzt.

Kaliumnitrat (KNO₃) (Salpeter)

Ein weißer Feststoff, der sich **neutral*** im Wasser auflöst. Wird in Düngemitteln, Sprengstoffen und zum Fleischkonservieren verwendet.

Schießpulver und Dynamit enthalten **Kaliumnitrat**.

Kaliumsulfat (K₂SO₄)

Ein weißer Feststoff, der sich zu einer **neutralen*** Lösung in Wasser löst. Es ist ein wichtiges Düngemittel.

*** **Antazidum**, 116; **Elektrolyse**, 42; **Hydrate**, 40; **Hygroskopisch**, 92; **Neutral**, 37; **Salze**, 39; **Starke Base**, 38; **Verwitterung**, 92; **Weichmacher**, 93.

55

GRUPPE II
ERDALKALIMETALLE

Die Elemente der **II. Gruppe** des **Periodensystems*** werden **Erdalkalimetalle** genannt. Zwei typische Beispiele sind **Magnesium** und **Calcium**. Die physikalischen Eigenschaften der Elemente folgen gewissen Regeln; mit Ausnahme von **Beryllium** haben sie alle ähnliche chemische Eigenschaften. Sie sind sehr reaktiv, jedoch weniger als die der I. Gruppe. Die Tabelle zeigt einige ihrer Eigenschaften.

Einige Eigenschaften der Elemente der II. Gruppe						
Name des Elements	**Chem. Symbol**	**Relative Atommasse***	**Elektronen-konfiguration***	**Reaktivität**	**Aussehen**	**Verwendung**
Beryllium	**Be**	9,01	2,2	Z U N E H M E N D	Weißes Metall (hart)	In leichten, korrosionsbeständ. **Legierungen***
Magnesium	**Mg**	24,31	2,8,2		Silberweißes Metall	S. u. auf dieser Seite
Calcium	**Ca**	40,31	2,8,8,2		Silberweißes Metall (weich)	S. rechte Seite
Strontium	**Sr**	87,62	2 Außenelektronen, sonst komplexe Elektronenanordnung		Silberweißes Metall (weich)	In Feuerwerkskörpern
Barium	**Ba**	137,34			Silberweißes Metall (weich)	In Feuerwerkskörpern und Medizin
Radium	**Ra**	Seltenes **radioaktives*** Metall			Silberweißes Metall (weich)	Ein **Isotop*** zur Krebsbekämpfung

*Die Atome aller Elemente der II. Gruppe haben 2 Elektronen auf der **Außenschale***, deshalb sind sie gute **Reduktionsmittel***, denn diese Elektronen werden bei Reaktionen sehr leicht abgegeben. Jedes entstehende Ion trägt die Ladung +2 und ist stabiler, denn es hat Edelgasanordnung (s. a. 13). Alle Elemente der II. Gruppe reagieren so und bilden **Ionenverbindungen***, obwohl einige **Berylliumverbindungen** einen **kovalenten*** Anteil haben.*

*Die Heftigkeit der Reaktion der Elemente sowohl mit Wasser als auch mit Sauerstoff nimmt in der Gruppe von oben nach unten zu (s. a. **Magnesium** und **Calcium**). Alle laufen an der Luft an (s. a. **Anlaufen** 116). **Barium** muss jedoch unter Benzin aufbewahrt werden, da es sowohl mit Wasser als auch mit Sauerstoff sehr heftig reagiert.*

Magnesium (Mg)

Ein Element der II. Gruppe des Periodensystems. Es kommt in der Natur nur in Verbindungen vor, hauptsächlich als **Dolomit** ($CaCO_3 \cdot MgCO_3$, ein Gestein aus Magnesium- und **Calciumcarbonat**) oder **Magnesiumchlorid** ($MgCl_2$), das im Meerwasser vorkommt. Magnesium wird aus geschmolzenem Magnesiumchlorid durch **Elektrolyse*** hergestellt. Es brennt an der Luft mit heller, weißer Flamme.

$$2Mg(f) \; + \; O_2(g) \; \rightarrow \; 2MgO(f)$$
Magnesium   Sauerstoff   Magnesium-oxid

Magnesium reagiert heftig mit verdünnten Säuren:

$$Mg(f) \; + \; 2HCl(aq) \; \rightarrow \; MgCl_2(aq) \; + \; H_2(g)$$
Magnesium   Salzsäure   Magnesium-chlorid   Wasser-stoff

Magnesium wird in **Legierungen*** verwendet, z. B. beim Flugzeugbau. Die Ionen werden bei der **Fotosynthese*** benötigt (sie befinden sich im **Chlorophyll**, dem Blattpigment, das Licht absorbiert).

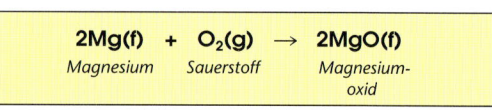

$$Mg(f) \; + \; Cl_2(g) \; \rightarrow \; MgCl_2(f)$$
Magnesium   Chlor   Magnesium-chlorid

Magnesium verbrennt heftig in Chlor (s. o.), reagiert langsam mit kaltem Wasser und heftig mit Wasserdampf (s. u.).

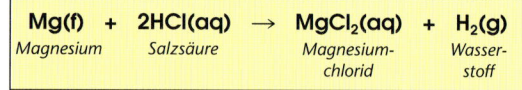

$$Mg(f) \; + \; H_2O(g) \; \rightarrow \; MgO(f) \; + \; H_2(g)$$
Magnesium   Dampf   Magnesium-oxid   Wasserstoff

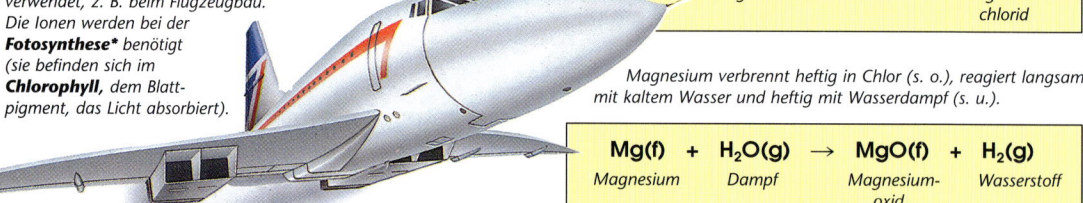

Magnesiumhydroxid (Mg(OH)$_2$)

Ein weißer, im Wasser kaum löslicher Feststoff. Er reagiert als **Base*** und **neutralisiert*** Säuren.

Magnesiumhydroxid ist in **Antazida***
gegen Magenbeschwerden enthalten.

Magnesiumsulfat (MgSO$_4$)

Ein weißer Feststoff, der in der Medizin Verstopfungen beseitigt und feuerfest ist.

Magnesiumoxid (MgO)

Ist ein weißer, kaum wasserlöslicher Feststoff. Es reagiert als **Base*** und bildet **Salze*** bei der Reaktion mit Säuren. Es hat einen sehr hohen Schmelzpunkt und wird im Hochofen verwendet.

$$MgO(f) + 2HCl(aq) \rightarrow MgCl_2(aq) + H_2O(fl)$$

Magnesium-   *Salzsäure*   *Magnesium-*   *Wasser*
oxid   *chlorid*

Calcium (Ca)

Ein Mitglied der II. Gruppe des Periodensystems. Es kommt in der Natur in vielen Verbindungen vor, z.B. findet es sich in der Erdkruste, in Milch und in Knochen. Calcium wird aus seinen Verbindungen durch **Elektrolyse*** gewonnen. Es verbrennt mit einer roten Flamme in Sauerstoff und reagiert schnell mit kaltem Wasser und sehr heftig mit verdünnten Säuren (s.a. Gleichung **Magnesium**, ersetze Mg durch Ca). Calcium wird zur Herstellung von Stahl und bei der Gewinnung von Uran verwendet.

Calciumverbindungen finden sich in
Knochen und Zähnen.

Calciumhydroxid (Ca(OH)$_2$) (gelöschter Kalk)

Ein weißer Feststoff, der sich in Wasser nur wenig löst und **Kalkwasser** bildet. Dieses ist schwach alkalisch und wird als Nachweis für Kohlendioxid benutzt (s.a. 104). Verwendet wird es im Mörtel und um überschüssige Säure im Boden zu binden.

Calciumsulfat

Ein weißer Feststoff, der wasserfrei (**CaSO$_4$**) und auch als **Gips** (**CaSO$_4$·2H$_2$O**) vorkommt. Beim Erwärmen bildet sich Stuckgips.

Stuckgips wird für den Abguss von Tierspuren verwendet.

Calciumoxid (CaO) (ungelöschter Kalk)

Ein weißer Feststoff. Reagiert als **Base*** und wird durch Erhitzen von **Calciumcarbonat** im Kalkofen hergestellt.

$$CaCO_3(f) \rightleftharpoons CaO(f) + CO_2(g)$$

Calcium-   **Reversible**   *Calcium-*   *Kohlen-*
carbonat   **Reaktion***   *oxid*   *dioxid*

Calciumoxid, **Calcium-**
carbonat und **Calcium-**
hydroxid werden eingesetzt,
um überschüssige Säure im
Boden zu neutralisieren.

Calciumcarbonat (CaCO$_3$)

Weißer, unlöslicher Feststoff, der in der Natur als **Kalkstein**, **Kreide**, **Marmor** und **Calzit** vorkommt. Löst sich in verdünnten Säuren. Verwendet zur Gewinnung von **Calciumoxid**, zur Zement- und Backsteinproduktion.

Kalkstein zersetzt sich,
denn Regenwasser
enthält gelöstes
Kohlendioxid. So
bildet sich **Calcium-**
hydrogencarbonat,
das sich etwas
im Wasser löst.

Dieses **Calciumhydrogencarbonat** bildet die **temporäre**
Härte* des Wassers.

$$CaCO_3(f) + H_2O(fl) + CO_2(g) \rightarrow Ca(HCO_3)_2(aq)$$

Calcium-   *Wasser*   *Kohlen-*   *Calcium-*
carbonat   *dioxid*   *hydrogencarbonat*

Calciumchlorid (CaCl$_2$)

Ein weißer, **zerfließender***, wasserlöslicher Feststoff, der als **Trockenmittel*** eingesetzt wird.

* **Antazidum**, 116; **Base**, 37; **Elektrolyse**, 42; **Neutralisation**, 37;
  Reversible Reaktion, 48; **Salze**, 39; **Temporäre Härte**, 93;
  Trockenmittel, 117; **Zerfließend**, 92.

ÜBERGANGSMETALLE

Übergangsmetalle haben einige Eigenschaften gemeinsam: Sie sind hart, schwer, blank, **geschmeidig*** und **dehnbar***. Sie **leiten*** Wärme und elektrischen Strom, haben hohe Schmelzpunkte, Siedepunkte und Dichten. Sie bilden **Komplexionen***, die in Lösung farbig sind. Außerdem treten verschieden geladene Ionen auf, z.B. Fe^{2+} und Fe^{3+}. Für Übergangsmetalle gibt es viele verschiedene Verwendungen, von denen einige auf diesen zwei Seiten vorgestellt werden (s.a. **Eisen**, **Kupfer**, **Zink** 60–61; für die seltenen und instabilen Mitglieder der **Inneren Übergangsserie** s. 51).

21	22	23	24	25	26	27	28	29	30
Sc	**Ti**	**V**	**Cr**	**Mn**	**Fe**	**Co**	**Ni**	**Cu**	**Zn**
Scandium	Titan	Vanadium	Chrom	Mangan	Eisen	Cobalt	Nickel	Kupfer	Zink
45	48	51	52	55	56	59	59	64	65
39	40	41	42	43	44	45	46	47	48
Y	**Zr**	**Nb**	**Mo**	**Tc**	**Ru**	**Rh**	**Pd**	**Ag**	**Cd**
Yttrium	Zirkon	Niob	Molybdän	Technetium	Ruthenium	Rhodium	Palladium	Silber	Cadmium
89	91	93	96	99	101	103	106	108	112
57	72	73	74	75	76	77	78	79	80
La	**Hf**	**Ta**	**W**	**Re**	**Os**	**Ir**	**Pt**	**Au**	**Hg**
Lanthan	Hafnium	Tantal	Wolfram	Rhenium	Osmium	Iridium	Platin	Gold	Quecksilber
139	178.5	181	184	186	190	192	195	197	201

Sc — **Scandium**
Ein sehr seltenes, leichtes, silberweißes Metall.

Fe — **Eisen**
Verschiedene Verwendungen (s.a. 60)

Ti — **Titan**
*Wird verwendet, um harte, aber leichte, korrosionsbeständige **Legierungen*** von hohem Schmelzpunkt herzustellen, z.B. Flugzeug-tragflächen, künstliche Hüftgelenke, Herzschritt-macher, Golfschläger und Schmuck.*

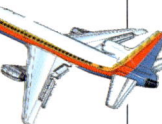

Co — **Cobalt**
*Ein hartes, silberweißes, magnetisches Metall, das zusammen mit Schwefel und Arsen vorkommt. Es wird in **Legierungen*** eingesetzt, z.B. mit **Eisen** zur Magnetherstellung. **Radioisotope*** werden zur Krebsbehandlung eingesetzt. **Cobalt(II)-chlorid** (**CoCl₂**) ist ein Wassernachweis (s.a. 104). Cobalt ruft in Glas und Keramiken eine blaue Farbe hervor.*

V — **Vanadium**
*Ein seltenes, hartes, weißes Metall, das zur Stahlhärtung gebraucht wird, z.B. bei **Legierungen*** für Werkzeuge. **Vanadiumpentaoxid** (**V_2O_5**) wird als **Katalysator*** im **Kontakt-verfahren*** bei der Schwefelsäureherstellung verwendet.*

Ni — **Nickel**
*Ein magnetisches Metall, das als **Nickel(II)-sulfid** (**NiS**) vorkommt. Es wird als **Katalysator***, in **Legierungen***, als **galvanischer Überzug*** und in wieder aufladbaren Batterien eingesetzt. Eine Nickellegierung wird bei Münzen und rostfreiem Stahl verwendet.*

Cr — **Chrom**
*Ein hartes, weißes Metall, das in **Chrom-eisenerz** vorkommt. Es wird als korrosions-beständiger Überzug auf Stahl und in rost-freiem Stahl verwendet. Das Verchromen wird bei Autoteilen, Fahrradlenkstangen und Bestecken angewendet.*

Cu — **Kupfer**
Verschiedene Verwendungen (s.a. 61)

Mn — **Mangan**
*Ein hartes, sprödes rötlich weißes Metall. Es wird als **Pyrolusit** (**MnO₂**) und in vielen **Legierungen*** verwendet.*

Zn — **Zink**
Verschiedene Verwendungen (s.a. 61)

* **Dehnbar**, 116; **Galvanischer Überzug**, 43 (**Galvanisieren**); **Geschmeidig**, 116; **Katalysator**, 47; **Komplexion**, 40 (**Komplexsalz**); **Kontaktverfahren**, 71; **Legierung**, **Leitfähigkeit**, 117 (**Leiter**); **Radioisotope**, 14.

Y **Yttrium**
Wird in Laserkristallen und in Aluminium-legierungen für Hochspannungsüberland-leitungen verwendet, um **Leitfähigkeit*** zu erhöhen.

Zr **Zirkon**
Seltenes Metall, das in **Legierungen***, **Schleifmitteln*** und in Atomreaktoren als **Neutronenfänger*** verwendet wird.

Nb **Niob**
Ein seltenes, graues Metall. Geringe Mengen werden in rostfreien Stählen verwendet. Die **Legierungen*** setzt man in Düsenturbinen und Raketen ein.

Mo **Molybdän**
Ein hartes, weißes Metall, das in **Legierungen*** verwendet wird, z. B. Spezialstahl für Kugellager und Glühlampenfäden.

Tc **Technetium**
Ein Metall, das nur als instabiles **Isotop*** der Uranspaltung vorkommt. In der Medizin zum Auffinden von Tumoren eingesetzt.

Ru **Ruthenium**
Ein hartes, sprödes Metall. In **Legierungen*** verwendet und als **Katalysator*** eingesetzt.

Rh **Rhodium**
Ein hartes, silberweißes Metall, das zusammen mit **Platin** vorkommt. Es wird als **Katalysator***, in **Legierungen*** und für Qualitätsspiegel eingesetzt.

Pd **Palladium**
Ein silberweißes Metall, das in **Legierungen*** verwendet wird, z. B. bei Telefonrelais und hochwertigen chirur-gischen Instrumenten. **Katalysatoren*** aus Palladium und **Platin** verringern den Schadstoffausstoß von Autos.

Ag **Silber**
Ein weiches, weißes Metall, das mit anderen Elementen zusammen gefunden wird, z. B. Schwefel. Es wird für **Legierungen***, Schmuck, Münzen, **galvanische Überzüge*** eingesetzt. Silber-**Halogenide*** werden in der Fotografie benutzt.

Cd **Cadmium**
Weiches, silberweißes Metall, Vor-kommen mit **Zink** zusammen. Wird in **Legierungen*** mit niedrigem Schmelz-punkt, als **Regelstab*** in Kernreaktoren und als Nickel-Cadmium-Akkumulator eingesetzt. Cadmiumverbindungen werden als gelbe und rote Pigmente in Kunststoffen, Farben und Keramiken eingesetzt.

La **Lanthan**
Ähnelt in den Eigenschaften dem Aluminium. Es gehört zu einer Gruppe seltener Metalle (**Lanthanide**) mit **Ordnungszahlen*** 57–71. Linsen in Fotoapparaten enthalten **Lanthanoxid** (La_2O_3).

Hf **Hafnium**
Metall, verwendet in **Messstäben***, Kernreaktoren (**Neutro-nenfänger***) und **Legierungen*** für Schneidewerkzeuge.

Ta **Tantal**
Seltenes, graues Metall, verwendet in Glühlampenfäden und in **Legierungen***. Eingesetzt auch in der Medizin als Ersatz für Körperteile, z. B. Schädelplatten, Drähte, die Nerven verbinden.

W **Wolfram**
Hartes, graues, korrosionsbeständiges Metall. Verwendet in **Legierungen*** für Werkzeuge und in Glühlampenfäden.

Re **Rhenium**
Hartes, schweres, graues Metall, verwendet in Thermoelementen, als **Katalysator*** und um bleifreies **Benzin*** mit hoher **Oktanzahl*** herzustellen. Eine **Legierung*** aus Rhenium und **Wolfram** wird in Blitzbirnen verwendet.

Os **Osmium**
Hartes, weißes Metall, größte bekannte Dichte. Kommt zusammen mit **Platin** vor und wird in **Legierungen*** mit Platin und **Iridium** verwendet, z. B. in elektrischen Kontakten. **Osmiumtetroxid** (OsO_4) wird bei entzündlicher Arthritis eingesetzt.

Ir **Iridium**
Seltenes, hartes, reaktionsträges Metall, das wie **Platin** aussieht und mit ihm zusammen vorkommt. Eingesetzt als **radioaktives*** Implantat in der Medizin zur Kontrolle von Tumoren und in Herzschrittmachern. Auch für Füllhalterfedern verwendet.

Pt **Platin**
Hartes, silberweißes Metall, eingesetzt als **Katalysator*** für elektrische Kontakte, Schmuck, Nägel, Platten sowie Scharniere (um menschliche Knochen zu heilen). In Herzschrittmachern finden Draht-**Elektroden*** aus einer Platin-Iridium-Legierung Anwendung.

Au **Gold**
Weiches, blankes, gelbes Metall; sehr reaktionsträge; kommt elementar vor. Südafrika und Russland besitzen die größten Vorkommen. Gold reagiert nur mit sehr starken **Oxidationsmitteln*** (z. B. Chlor) und gewissen Säuren. Um es zu härten, werden **Legierungen*** mit **Silber** oder **Kupfer** hergestellt, z. B. bei Schmuck, Münzen und in der Zahnheilkunde. Reines Gold (24 Karat) wird als Schmuck verwendet.

Hg **Quecksilber**
Ein giftiges, silberweißes, flüssiges Metall, hauptsächliches Vorkommen als **Zinnober** (HgS). Es wird in Thermometern, Barometern und von Zahnärzten als **Amalgam*** benutzt.

---

* **Amalgam**, 116; **Benzin**, 85; **Elektrode**, 42; **Galvanischer Überzug**, 43 (**Galvanisieren**); **Halogenide**, 72; **Isotope**, 13; **Katalysator**, 47; **Legierung**, 117; **Leitfähigkeit**, 117 (**Leiter**); **Neutronenfänger**, 12 (**Neutron**); **Oktanzahl**, 85; **Ordnungszahl**, 13; **Oxidationsmittel**, 34; **Radioaktivität**, 14; **Regelstab**, 117; **Schleifmittel**, 117.

EISEN, KUPFER UND ZINK

Eisen (Fe)

Übergangsmetall* der 4. Periode des **Perioden-systems***. Es ist ein ziemlich weiches, weißes, magnetisches Metall, das nur in Verbindungen vorkommt. Eines der wichtigsten Erze ist **Hämatit** (Fe_2O_3), aus dem es im **Hochofen** gewonnen wird. Eisen bildet sowohl **Ionenverbindungen*** als auch **kovalente Verbindungen*** und reagiert mit feuchter Luft zu **Rost**. Eisenspäne brennen an der Luft und reagieren mit verdünnten Säuren. In der **elektrochemischen Reihe*** steht es über Wasserstoff.

Eisenerzeugung im Hochofen

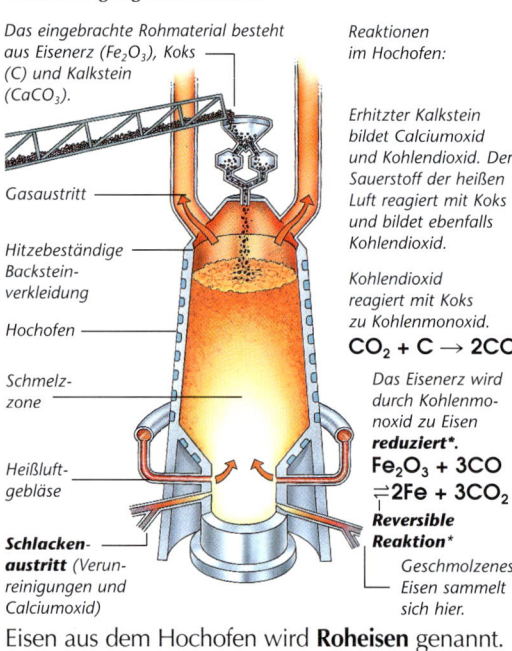

Das eingebrachte Rohmaterial besteht aus Eisenerz (Fe_2O_3), Koks (C) und Kalkstein ($CaCO_3$).

Gasaustritt

Hitzebeständige Backstein-verkleidung

Hochofen

Schmelz-zone

Heißluft-gebläse

Schlacken-austritt (Verun-reinigungen und Calciumoxid)

Reaktionen im Hochofen:

Erhitzter Kalkstein bildet Calciumoxid und Kohlendioxid. Der Sauerstoff der heißen Luft reagiert mit Koks und bildet ebenfalls Kohlendioxid.

Kohlendioxid reagiert mit Koks zu Kohlenmonoxid.
$$CO_2 + C \rightarrow 2CO$$

Das Eisenerz wird durch Kohlenmo-noxid zu Eisen **reduziert***.
$$Fe_2O_3 + 3CO \rightleftharpoons 2Fe + 3CO_2$$
Reversible Reaktion*

Geschmolzenes Eisen sammelt sich hier.

Eisen aus dem Hochofen wird **Roheisen** genannt. Es enthält ca. 5 % Kohlenstoff und 4 % andere Verunreinigungen, z. B. Schwefel. Das meiste Roheisen wird zu **Stahl**, etwas zu **Schmiedeeisen** (durch **Oxidation*** der Verunreinigungen), etwas zu **Gusseisen** (durch Umschmelzen mit altem Stahl) verarbeitet. Eisen ist nötig zur Bildung von **Hämoglobin** und daher lebenswich-tig für die menschliche Ernährung.

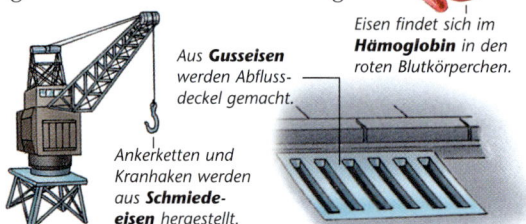

Aus **Gusseisen** werden Abfluss-deckel gemacht.

Ankerketten und Kranhaken werden aus **Schmiede-eisen** hergestellt.

Eisen findet sich im **Hämoglobin** in den roten Blutkörperchen.

Stahl

Eine **Legierung*** von **Eisen** mit weniger als 1,5 % Kohlenstoff. Der Kohlenstoff gibt ihm Stärke und Härte, setzt aber die Schmiedbarkeit und Dehnbarkeit herab. Dem Stahl werden oft geringe Mengen **Übergangs-metalle*** zugesetzt, um spezielle Eigenschaften zu erreichen, z. B. Korrosionsbeständigkeit beim **rostfreien Stahl** (der 11–14 % Chrom enthält). Stahl wird durch **Oxidations-reaktionen** hergestellt. Durch alten Stahl, geschmolzenes Eisen und Kalk wird in einen Hochofen Sauerstoff geblasen, um Verun-reinigungen zu **oxidieren***.

Aus **Stahl** werden viele Dinge hergestellt. Büroklammern enthalten ca. 0,08 % Kohlenstoff.

Eisen(II)-verbindungen

Sie enthalten Fe^{2+}-Ionen, z. B. **Eisen(II)-chlorid** ($FeCl_2$). Sie bilden grünliche Lösungen.

Eisen(III)-verbindungen

Sie enthalten Fe^{3+}-Ionen, z. B. **Eisen(III)-chlorid** ($FeCl_3$). Bilden gelbe oder orangene Lösungen.

Rost

Rost ($Fe_2O_3 \cdot xH_2O$) oder **hydratisiertes Eisen(III)-oxid** ist ein brauner Feststoff, der sich bildet, wenn **Eisen**, Wasser und Luft miteinander reagieren (s. a. **Korrosion** 95). Das „x" in der Formel bedeutet, dass die Anzahl der Wasser-moleküle sich ändert. Eisen und Stahl werden durch eine **galvanische Schicht** aus **Zink** vor Rost geschützt (s. a. **Kathodischer Korrosions-schutz** 45). Das Zink auf der Oberfläche **oxidiert*** an der Luft und bewahrt die darunter liegenden Schichten davor zu reagieren. Verzinkte Autos rosten weniger als andere.

Ein unverzinktes Auto wird nur durch die Farbschicht vor Rost geschützt und rostet schneller als ein verzinktes Auto. Wenn ein Auto rostet, kann **Phosphorsäure*** als Rostschutz eingesetzt werden. Maschinenteile werden gefettet, um sie vor Rost zu schützen.

---

* **Elektrochemische Reihe**, 45; **Ionenverbindung**, 17; **Kovalente Verbindung**, 18; **Legierung**, 117; **Oxidation**, 34; **Periodensystem**, 50; **Phosphorsäure**, 68 (**Phosphorpentoxid**); **Reduktion**, 34; **Reversible Reaktion**, 48; **Übergangsmetalle**, 58.

Kupfer (Cu)

Ein **Übergangsmetall*** der 4. Periode des **Periodensystems***. Es ist ein rotbraunes, weiches, aber zähes Metall, das in manchen Naturgesteinen vorkommt. Seine Verbindungen kommen in Erzen vor, z. B. **Kupferpyrit** (**(CuFe)S$_2$**) und **Malachit** (**CuCo$_3$.Cu(OH)$_2$**). Gewonnen wird Kupfer durch Zermahlen der Erze, Entfernen des Gesteins und Rösten mit Luft und Silikaten. Das Eisen bildet mit Silikaten **Schlacke**. Der Schwefel wird zu Schwefeldioxid verbrannt. Das so hergestellte Kupfer wird durch **elektrolytische Reinigung*** gereinigt. Es ist ein reaktionsträges Metall, das sich an der Luft langsam mit einer dünnen, grünen Schicht aus **basischem Kupfersulfat** (**CuSO$_4$.3Cu(OH)$_2$**) überzieht. Kupfer steht in der **elektrochemischen Reihe*** unter Wasserstoff. Es reagiert nicht mit Wasser, verdünnten Säuren oder Basen. Mit konzentrierter Salpeter- oder Schwefelsäure tritt jedoch eine Reaktion ein (s. a. 104).

*Aus **Kupfer** werden Litzen für Elektrokabel hergestellt, denn es besitzt eine gute elektrische Leitfähigkeit (Silber noch besser). Weil es weich, aber zäh ist, werden daraus Röhren für Rohranlagen und Zentralheizungen hergestellt.*

*Es wird in **Legierungen*** wie **Messing** (Kupfer mit **Zink**) und **Bronze** (Kupfer mit Zinn) zur Herstellung von „Kupfermünzen" sowie in **Kupfernickel** (Kupfer und Nickel) zur Herstellung von „Silbermünzen" verwendet.*

*Eine **Legierung*** aus Kupfer und Gold wird in der Schmuckindustrie verwendet. Je höher der Kupferanteil, desto geringer die Karatzahl (reines Gold hat 24 Karat).*

Kupfer(I)-verbindungen

Enthalten Cu$^+$-Ionen, z. B. **Kupfer(I)-oxid** und **Kupfer(I)-chlorid** (**CuCl**). Sie lösen sich nicht im Wasser.

__Kupfer(I)-oxid__ (__Cu$_2$O__) wird zur Herstellung von Glas und Farben verwendet.

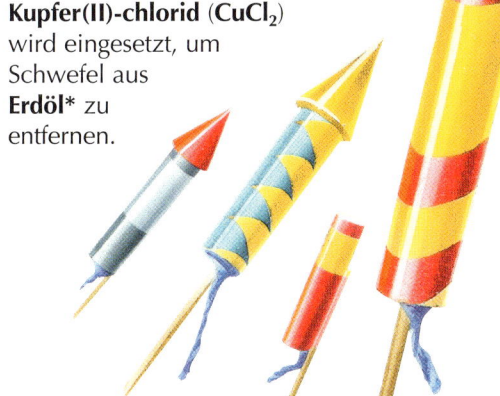

Kupfer(II)-verbindungen

Enthalten Cu^{2+}-Ionen, z. B. **Kupfer(II)-sulfat** und **Kupfer(II)-chlorid**. Sie lösen sich in Wasser zu einer hellblauen Lösung und sind häufiger als **Kupfer(I)-verbindungen**. **Kupfer(II)-sulfat** (**CuSO$_4$**) wird häufig zum Färben und **Galvanisieren*** verwendet; es beseitigt Schimmel bei Früchten und Gemüse (s. a. **Nachweise für Wasser** 104). **Kupfer(II)-chlorid** (**CuCl$_2$**) wird eingesetzt, um Schwefel aus **Erdöl*** zu entfernen.

__Kupfer(II)-chlorid__ wird in grün leuchtenden Feuerwerkskörpern eingesetzt.

Zink (Zn)

Element der 4. Periode des **Periodensystems***; silbernes, weiches Metall, das an der Luft **anläuft***. Wegen seiner hohen Reaktivität kommt es nicht elementar vor. Die wichtigsten Erze sind **Zinkblende** (**ZnS**), **Galmei** (**ZnCO$_3$**) und **Zinkit** (**ZnO**). Zink wird gewonnen durch Rösten des Erzes zu **Zinkoxid** und anschließende **Reduktion*** mit Koks. Zink steht in der **elektrochemischen Reihe*** über Wasserstoff. Es reagiert mit Sauerstoff, in der Hitze mit Wasserdampf und mit Säuren. Es wird bei Eisen und Stahl als Rostschutz eingesetzt (s. a. **Galvanisieren** 60; **Kathodischer Korrosionsschutz** 45). Zink findet Verwendung in **Legierungen***, besonders bei **Messing** (mit Kupfer).

__Zinkoxid__ wird in Creme als Schutz bei Hautreizungen verwendet, z. B. bei Ausschlag.

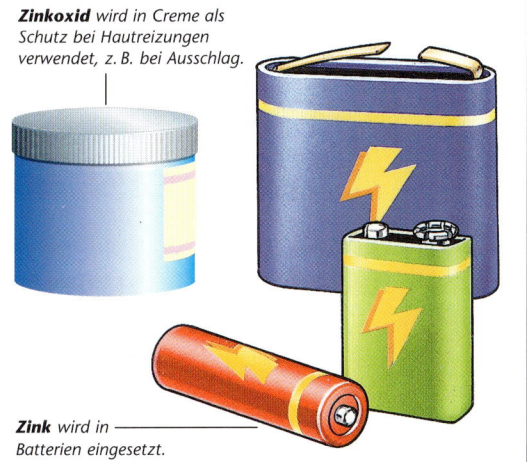

__Zink__ wird in Batterien eingesetzt.

* **Anlaufen**, 116; **Elektrochemische Reihe**, 45; **Elektrolytische Reinigung**, 43; **Erdöl**, 84; **Galvanisieren**, 43; **Legierung**, 117; **Periodensystem**, 50; **Reduktion**, 34; **Übergangsmetalle**, 58.

61

GRUPPE III ERDMETALLE

Die Elemente der **III. Gruppe** des **Periodensystems*** sind im Allgemeinen nicht so reaktiv wie die der I. und II. Gruppe. Im Gegensatz zu diesen zeigen sie keine gleichmäßige Zunahme der Reaktivität. Das erste Element ist ein Nichtmetall. Die Tabelle unten zeigt einige Eigenschaften. Das am häufigsten verwendete Element dieser Gruppe ist **Aluminium**.

Einige Eigenschaften der Elemente der III. Gruppe						
Name des Elements	Chem. Symbol	Relative Atommasse*	Elektronen-konfiguration*	Reaktivität	Aussehen	Verwendung
Bor	B	10,81	2,3	U N R E G E L M Ä S S I G ↓	Braunes Pulver o. gelbe Kristalle	**Regelstäbe***, Glas und Stahlhärtung
Aluminium	Al	26,98	2,8,3		Weißes Metall	S. u. auf dieser Seite
Gallium	Ga	69,72	3 Außenelek-tronen, sonst komplexe Anordnung		Silberweißes Metall	In **Halbleitern***
Indium	In	114,82			Weiches, silber-weißes Metall	**Regelstäbe***
Thallium	Tl	204,37			Weiches, silber-weißes Metall	Rattengift

Obwohl alle Atome der Elemente der III. Gruppe 3 Außenelektronen haben, bilden sie unterschiedliche Verbindungen. Die des **Bors** und einige des **Aluminiums** sind **kovalente Verbindungen***, andere Elemente der Gruppe bilden **Ionenverbindungen***.

Aluminium (Al)

Ein Element der III. Gruppe des Periodensystems. Es ist das auf der Erde verbreitetste Metall, das in vielen Verbindungen (**Bauxit**, **Aluminiumoxid**) vorkommt, aus denen es durch **Elektrolyse*** gewonnen wird. Es ist hart, leicht, **dehnbar***, **geschmeidig*** und ein guter Leiter für Wärme und Elektrizität. Es reagiert mit Luftsauerstoff unter Bildung einer dichten Oxidschicht, die weitere Korrosion verhindert. Es reagiert auch mit Chlor, verdünnten Säuren und Basen.

Einige Anwendungen von Aluminium und seinen Legierungen*

Aluminiumfolie wird zum Einwickeln von Nahrungsmitteln benutzt, z. B. Schokolade.

Hochspannungsleitungen sind aus Aluminium. Des geringen Gewichts wegen zieht man sie den Kupferleitungen vor.

Sein geringes Gewicht ist ideal für die Herstellung vieler Gegenstände, z. B. Flugzeuge, Leitern, Fahrräder.

Aluminiumoxid (Al_2O_3)

Ein **amphoterer***, weißer Feststoff, der in Wasser unlöslich ist. In der Natur kommt es als **Bauxit** ($Al_2O_3.2H_2O$ – s. a. **Aluminium**) und **Korund** (Al_2O_3) vor, einem extrem harten Feststoff. Es wird in Zement und Hochofeneinfassungen benutzt.

Die Herstellung von Aluminium aus Bauxit durch Elektrolyse*

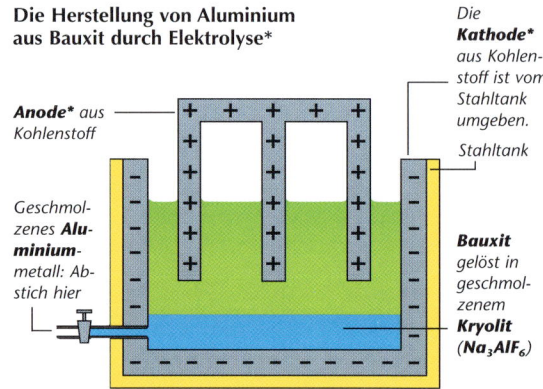

Die **Kathode*** aus Kohlenstoff ist vom Stahltank umgeben.

Stahltank

Anode* aus Kohlenstoff

Geschmolzenes **Aluminium**metall: Abstich hier

Bauxit gelöst in geschmolzenem **Kryolit** (Na_3AlF_6)

Aluminiumhydroxid ($Al(OH)_3$)

Ein weißer, kaum wasserlöslicher, **amphoterer*** Feststoff. Es wird in Keramiken, zum Färben von Stoffen und als **Antazidum*** verwendet.

Aluminiumsulfat ($Al_2(SO_4)_3$)

Ein weißer, wasserlöslicher kristalliner Feststoff, der zur Reinigung von Wasser und bei der Papierherstellung eingesetzt wird.

* **Amphoter**, 37; **Anode**, 42 (**Elektrode**); **Antazidum**, 116; **Dehnbar**, 116; **Elektrolyse**, 42; **Elektronenkonfiguration**, 13; **Geschmeidig**, 116; **Halbleiter**, 117; **Ionenverbindung**, 17; **Kathode**, 42 (**Elektrode**); **Kovalente Verbindung**, 18; **Legierung**, 117; **Periodensystem**, 50; **Regelstab**, 117; **Relative Atommasse**, 24.

GRUPPE IV KOHLENSTOFFGRUPPE

Die Elemente der **IV. Gruppe** des **Periodensystems*** sind nicht sehr reaktiv und zeigen von oben nach unten zunehmende Metalleigenschaften. Weitere Informationen in der Tabelle (s. a. **Silizium** und **Blei** diese Seite und **Kohlenstoff** 64–65).

Einige Eigenschaften der Elemente der IV. Gruppe						
Name des Elements	Chem. Symbol	Relative Atommasse*	Elektronen-konfiguration*	Reaktivität	Aussehen	Verwendung
Kohlenstoff	C	12,01	2,4	U N R E G E L M Ä S S I G	Festes Nichtmetall (s. a. 64–65)	S. a. 64
Silizium	Si	20,09	2,8,4		Grauer, metall-ähnlicher Feststoff	S. u. auf dieser Seite
Germanium	Ge	72,59	4 Außenelek-tronen, sonst komplexe Anordnung.		Grauer, metall-ähnlicher Feststoff	Grundmaterial der Halbleitertechnik
Zinn	Sn	118,69			Weiches, silber-weißes Metall	Überzüge in Konservendosen
Blei	Pb	207,19			Weiches, silber-graues Metall	S. u. auf dieser Seite

> Obwohl alle Atome der Elemente der IV. Gruppe 4 Außen-elektronen haben, bilden sie unterschiedliche Verbindungen. Es gibt von allen **kovalente Verbindungen***, aber von **Zinn** und **Blei** existieren auch **Ionenverbindungen***.

Silizium (**Si**)

Ein Element der IV. Gruppe des Periodensystems. Es ist ein hartes, blankes, graues **Halbmetall*** mit hohem Schmelzpunkt. Es ist das zweitverbreitetste Element der Erdrinde, man findet es in Sand und Steinen als **Silizium-dioxid** und als **Silikat**. Wenn es zu Staub zermahlen wird, reagiert es mit einigen Basen und Elementen. Sonst ist es reaktionsträge.

*Silizium, ein **Halbleiter***, wird zu Siliziumchips, vollständigen mikro-elektronischen Schaltkreisen, verarbeitet.*

Siliziumdioxid (**SiO₂**)

Silizium(IV)-oxid oder **Silikagel**. Ein unlöslicher, weißer, kristalliner Feststoff. Es kommt in vielen Formen vor, z. B. **Kieselstein (Feuerstein)** und **Quarz**. Es reagiert mit starken Basen. Silizium-dioxid hat viele Verwendungen, z. B. bei der Herstellung von Glas und Keramik.

Sand ist verunreinigter Quarz. Quarzkristalle werden auch in Uhren verwendet.

Silikate (**Siliziumverbindungen**)

Sie enthalten Sauerstoff und ein Metall, z. B. **Calciumsilikat** (**CaSiO₃**). Sie bilden den Hauptteil der Erdkruste. Sie werden zur Glas- und Keramikherstellung verwendet.

Silikone

Sie bestehen aus künstlich hergestellten langen Ketten aus **Silizium**- und Sauerstoffatomen.

Silikone werden in hochwertigen Ölen und Fetten, als Wachspolitur und Lack verwendet, da sie Wasser abstoßend sind.

Blei (**Pb**)

Element der IV. Gruppe des Periodensystems. Es ist ein weiches, **geschmeidiges*** Metall, das aus **Galenit** (**Blei(II)-sulfid**, **Bleiglanz**) gewonnen wird. Es ist nicht sehr reaktiv, obwohl es an der Luft **anläuft***, mit **weichem Wasser***, Chlor und Salpetersäure schwach reagiert. Es bildet **Ionen-verbindungen***, **Blei(II)-Verbindungen**, z. B. **Blei(II)-oxid** (**PbO**), und **kovalente Verbindun-gen***, **Blei(IV)-verbindungen**, z. B. **Blei(IV)-oxid** (**PbO₂**). Blei wird viel verwendet, z. B. in Autobatterien. In Krankenhäusern schützt es Patienten vor Röntgenstrahlen.

Autobatterie

Elektroden* aus Blei und Blei(IV)-oxid

KOHLEN-STOFF

Kohlenstoff (**C**) ist ein Element der **IV. Gruppe** (s. a. 62, Tabelle). Er ist ein Nichtmetall und hat mehrere **Allotrope***, z. B. **Diamant**, **Grafit** und **Buckminsterfullerene**, und eine **amorphe*** Form: **Holzkohle**. Kohlenstoff ist wenig reaktiv. Er reagiert mit Dampf nur nach Entzündung, mit **konzentrierter*** Schwefel- und Salpetersäure (s. a. Gleichung unten). Kohlenstoffatome können sich mit bis zu 4 anderen Atomen verbinden, auch mit Kohlenstoffatomen. Dies ergibt eine riesige Anzahl von Kohlenstoffverbindungen (s. a. **Organische Chemie** 76). Lebendes Gewebe besteht aus Kohlenstoffverbindungen, und Tiere verwenden diese Verbindungen, um Energie zu gewinnen (s. a. **Kohlenstoff-kreislauf** 95).

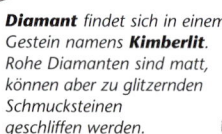

Tier- und Pflanzenproteine sind Verbindungen von Kohlenstoff, Sauerstoff, Wasserstoff und Stickstoff.

Gleichung für die Reaktion von Kohlenstoff und Salpetersäure:

$$C + 4HNO_3 \rightarrow CO_2 + 4NO_2 + 2H_2O$$

| Kohlen-stoff | Salpeter-säure | Kohlen-dioxid | Stickstoff-dioxid | Wasser |

Kohlenstoff verbrennt nach Entzünden an der Luft; bildet Kohlendioxid.

$$C(f) + O_2(g) \rightarrow CO_2(g)$$

| Kohlen-stoff | Sauer-stoff | Kohlen-dioxid |

*Wird er mit zu wenig Luft verbrannt, entsteht **Kohlenmonoxid**.*

$$2C(f) + O_2(g) \rightarrow 2CO(g)$$

| Kohlen-stoff | Sauer-stoff | Kohlenoxid |

*Kohlenstoff ist ein **Reduktionsmittel***. Es reduziert die **Oxide*** der Metalle, die in der **Reaktionsfähigkeitsreihe*** unter Zink stehen:*

$$C + 2PbO \rightarrow CO_2 + 2Pb$$

| Kohlen-stoff | Blei(II)-oxid | Kohlen-dioxid | Blei |

*Kohlenstoff wird in der Industrie zur **Reduktion** von oxidischen Erzen eingesetzt (s. a. **Eisen** 60).*

*Diamant findet sich in einem Gestein namens **Kimberlit**. Rohe Diamanten sind matt, können aber zu glitzernden Schmucksteinen geschliffen werden.*

Diamant

Eine kristalline, durchsichtige Form des Kohlenstoffes. Es ist der härteste natürliche Stoff. Alle Kohlenstoffatome werden durch starke **kovalente Bindungen*** zusammengehalten. Aufgrund der Härte und des hohen Schmelzpunktes (3750 °C) werden Diamanten in Plattenspielern, als **Schleifmittel***, Glasschneider und Bohrer und wegen der starken Lichtbrechung als Schmuck verwendet. **Synthetische Diamanten** werden unter hohem Druck und hoher Temperatur aus **Grafit** hergestellt – ein teures Verfahren.

Die Kristallstruktur des Diamanten

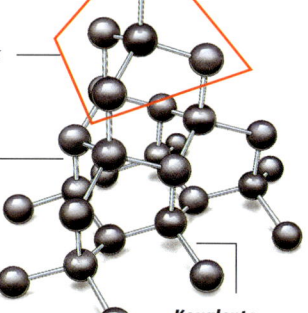

*Jedes Kohlenstoffatom ist mit 4 weiteren durch **kovalente Bindungen*** tetraedrisch verbunden.*

Atomgitter*

*Ein Diamant hat eine größere Härte und Dichte als **Grafit**.*

Diamant und **Grafit** haben beide einen hohen Schmelzpunkt.

Kovalente Bindung*

Grafit

Graue, kristalline Form des Kohlenstoffes. Die Atome in jeder Schicht werden durch starke **kovalente Bindungen*** zusammengehalten, aber die Schichten werden nur durch schwache **Van-der-Waals-Kräfte*** verbunden, die es erlauben aneinander vorbei zu gleiten, was Grafit weich und gleitend macht. Grafit ist das einzige Nichtmetall, das elektrischen Strom leitet. Er wird als Schmiermittel, bei der **Elektrolyse*** als **passive Elektrode***, als Kontakt in Elektromotoren und in Bleistiftminen verwendet.

Die Kristallstruktur des Grafits

Schicht von Kohlenstoffatomen

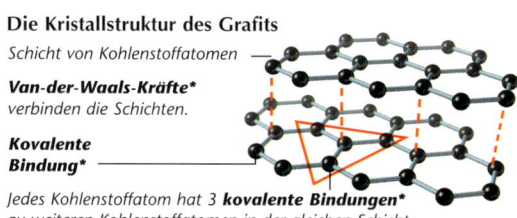

Van-der-Waals-Kräfte* *verbinden die Schichten.*

Kovalente Bindung*

*Jedes Kohlenstoffatom hat 3 **kovalente Bindungen*** zu weiteren Kohlenstoffatomen in der gleichen Schicht.*

* **Allotrope**, 22 (**Allotropie**); **Amorph**, 21 (**Kristalle**); **Atomgitter**, 23; **Elektrolyse**, 42; **Konzentriert**, 30; **Kovalente Bindung**, 18; **Oxide**, 69; **Passive Elektrode**, 42; **Periodensystem**, 50; **Reaktionsfähigkeitsreihe**, 44; **Reduktionsmittel**, 34; **Schleifmittel**, 117; **Van-der-Waals-Kräfte**, 20.

Buckminsterfulleren

Ein **Fulleren**, d.h. eine kugelförmige kristalline Form von Kohlenstoff, hergestellt durch Kondensation von in Helium verdampftem **Grafit**. Buckminsterfullerene kommen natürlich vor im interstellaren Staub und in kohlenstoffreichem Gestein. Jedes Molekül hat 60 Atome, die in Fünf- und Sechsecken angeordnet sind. Doppelte **kovalente Bindungen*** verbinden die Sechsecke miteinander. (Andere Fullerene enthalten zwischen 30 und 960 Kohlenstoffatome.) Buckminsterfulleren ist ein **Isolator***, aber manche seiner Verbindungen sind **Supraleiter** (Stoffe ohne elektrischen Widerstand).

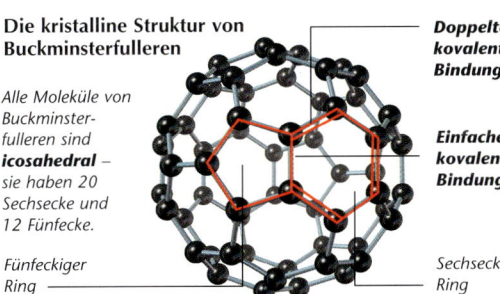

Die kristalline Struktur von Buckminsterfulleren

Alle Moleküle von Buckminsterfulleren sind **icosahedral** – *sie haben 20 Sechsecke und 12 Fünfecke.*

Fünfeckiger Ring

Doppelte kovalente Bindung*

Einfache kovalente Bindung*

Sechseckiger Ring

Kohle

Harter, schwarzer Feststoff, entstanden vor Millionen von Jahren aus fossilen Überresten von Pflanzen. Besteht überwiegend aus Kohlenstoff, enthält aber auch Wasserstoff, Sauerstoff, Stickstoff und Schwefel. Es gibt **Braunkohle**, **Anthrazit** und **Steinkohle**. Kohle wird als Brennstoff in Kraftwerken, in der Industrie und in Häusern verwendet. Sie war früher eine wichtige Quelle für Chemikalien (heute meist aus **Erdöl*** gewonnen). Wird Kohle unter Luftausschluss erhitzt (**trockene Destillation**), entstehen **Kohlengas**, **Kohlenteer**, **Koks**, Ammoniak, Benzol und Schwefel. Koks ist spröde und porös. Es enthält 80 % Kohlenstoff und wird – wie die ebenfalls unreine **Holzkohle** – als rauchloser Brennstoff verwendet.

Kohlefasern

Schwarze, seidige Fäden aus reinem Kohlenstoff, die aus organischen Textilfasern gewonnen werden. Sie sind haltbarer und härter als andere Stoffe mit gleichem Gewicht.

Kohlendioxid (**CO₂**)

Ein farbloses, geruchloses, in der Atmosphäre vorkommendes Gas (s. a. **Kohlenstoffkreislauf** 95). Künstlich hergestellt wird es aus Calciumcarbonat durch Erhitzen in einem Kalkofen (s. a. 102 zur Herstellung im Labor). Es löst sich in Wasser zu **Kohlensäure** (H_2CO_3).

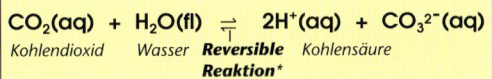

$$CO_2(aq) + H_2O(fl) \rightleftharpoons 2H^+(aq) + CO_3^{2-}(aq)$$

Kohlendioxid   Wasser **Reversible Reaktion*** *Kohlensäure*

Kohlendioxid ist reaktionsträge. Es reagiert aber mit Natrium- oder Calciumhydroxidlösungen (s. a. 104).

Kohlendioxid wird viel verwendet. Es lässt Getränke sprudeln. Kohlendioxid entwickelt sich beim Öffnen der Flasche, da dann der Druck nachlässt.

Es wird in Feuerlöschern verwendet; ist dichter als Luft und umhüllt die Flamme wie eine Schutzschicht, die keine Luft durchlässt.

Kohlenmonoxid (**CO**) (**Kohlenoxid**)

Ein giftiges, farbloses, geruchloses Gas, entsteht aus **Kohlendioxid** und erhitztem Kohlenstoff und beim Verbrennen mit Luftunterschuss. Es ist wasserunlöslich, ein **Reduktionsmittel***, das oxidische Metallerze zu Metall reduziert (s. a. **Eisen** 60) und mit blauer Flamme brennt. Es wird im Gemisch mit anderen Gasen als Brennstoff gebraucht, z. B. mit Wasserstoff im **Wassergas** und mit Stickstoff im **Generatorgas.**

Bei Sauerstoffmangel verbrennt der Treibstoff zu **Kohlenmonoxid**, *nicht zu* **Kohlendioxid**. *Wenn ein Automotor in einer geschlossenen Garage läuft, sammelt sich gefährliches* **Kohlenmonoxid** *an.*

Carbonate

Verbindungen aus Metall-**Kation*** und Carbonat-**Anion*** (CO_3^{2-}), z. B. **Calciumcarbonat** ($CaCO_3$). Mit Ausnahme der Carbonate der I. Gruppe sind sie alle wasserunlöslich und zersetzen sich beim Erwärmen. Aus ihnen entsteht mit Säure **Kohlendioxid**.

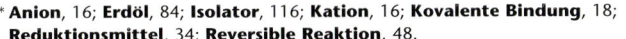

---

* **Anion**, 16; **Erdöl**, 84; **Isolator**, 116; **Kation**, 16; **Kovalente Bindung**, 18; **Reduktionsmittel**, 34; **Reversible Reaktion**, 48.

GRUPPE V STICKSTOFFGRUPPE

Der metallische Charakter der Elemente der **V. Gruppe** des **Periodensystems*** nimmt von oben nach unten zu (s. a. Tabelle unten).

Einige Eigenschaften der Elemente der V. Gruppe						
Name des Elements	Chem. Symbol	Relative Atommasse*	Elektronen-konfiguration*	Reaktivität	Aussehen	Verwendung
Stickstoff	N	14,00	2,5	Z U N E H M E N D (ZUNEHMEND ↓)	Farbloses Gas	S. u. auf dieser Seite
Phosphor	P	30,97	2,8,5		Nicht-metallischer Feststoff, s. a. 69	S. a. 68
Arsen	As	74,92	5 Außenelek-tronen, sonst komplexe Anordnung.		3 **Allotrope***, eins ist metallisch	In **Halbleitern*** und **Legierungen***
Antimon	Sb	121,75			Silberweißes Metall	**Legierungen***
Wismut	Bi	208,98			Weißes Metall mit rötlicher Färbung	Medizin, **Legierungen***

> Alle Atome der Elemente der V. Gruppe haben 5 Elektronen in der **Außenschale***. Sie bilden viele **kovalente Verbindungen***, in denen sie 3 der Elektronen mit 3 Elektronen des Partners kombinieren (s. a. **Edelgasanordnung** 13). Antimon, Wismut und Stickstoff bilden auch **Ionenverbindungen***.

Weitere Informationen über **Stickstoff**, **Phosphor** und die Verbindungen s. u. und 67–68. Es sind die verbreitetsten Elemente der Gruppe.

Stickstoff (N_2)

Ein Mitglied der V. Gruppe des Periodensystems. Das farblose, geruchlose, **zweiatomige*** Gas bildet 78 % der Atmosphäre. Es kann durch **fraktionierte Destillation der flüssigen Luft*** hergestellt werden (s. a. 103). Die **Oxidationsstufen*** des Stickstoffes in seinen Verbindungen reichen von –III bis +V. Es bildet mit einigen reaktionsfähigen Metallen **Nitride**.

$$6Li(f) + N_2(g) \rightarrow 2Li_3N(f)$$
Lithium   Stickstoff   Lithium-nitrid

Stickstoff ist für alle Organismen lebenswichtig, denn er kommt in Molekülen der lebenden Zellen vor, z. B. Protein (s. a. **Stickstoffkreislauf** 95). Er wird für die Herstellung von Ammoniak (s. a. **Haber-Bosch-Verfahren** rechts) und Salpetersäure gebraucht. **Flüssiger Stickstoff**, der unter –196 °C existiert, wird zum Schockgefrieren von Lebensmitteln genutzt.

*Chipstüten werden mit **Stickstoff** gefüllt, um den Inhalt länger frisch zu halten (bleibt Luft in der Packung, werden die Chips fade). Das Gas in den Tüten schützt die Chips auch vor Transportschäden.*

Haber-Bosch-Verfahren

Zur Herstellung von **Ammoniak** aus **Stickstoff** und Wasserstoff (Verhältnis 1:3). Ammoniak wird durch das Einstellen von Temperatur und Druck unter Verwendung eines **Katalysators*** mit größtmöglicher Ausbeute gewonnen. Die Reaktion ist **exotherm*** und **reversibel***.

$$N_2(g) + 3H_2(g) \underset{\substack{400°C \\ 250\ atm.}}{\overset{Eisenkatalysator}{\rightleftharpoons}} 2NH_3(g)$$
Stickstoff   Wasserstoff   Ammoniak

Haber-Bosch-Verfahren   *Unter diesen Bedingungen bilden sich 15 % **Ammoniak**.*

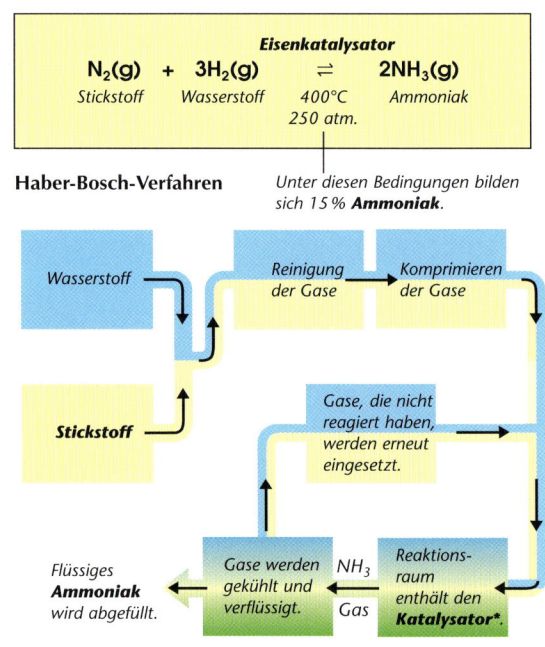

Wasserstoff → Reinigung der Gase → Komprimieren der Gase

Stickstoff →

Gase, die nicht reagiert haben, werden erneut eingesetzt.

Flüssiges **Ammoniak** wird abgefüllt. ← Gase werden gekühlt und verflüssigt. ← NH₃ Gas ← Reaktions-raum enthält den **Katalysator***.

Ammoniak (NH₃)

Ein farbloses, streng riechendes Gas, das leichter als Luft ist. Die **kovalente Verbindung*** wird im **Haber-Bosch-Verfahren** hergestellt. Es ist ein **Reduktionsmittel*** und das einzige verbreitete Gas, das mit Wasser eine alkalische Lösung bildet. Die Lösung wird **Ammoniak-** oder **Ammoniumhydroxidlösung (NH₄OH)** genannt. Ammoniak verbrennt in reinem Sauerstoff zu Stickstoff und Wasser. Es reagiert mit Chlorwasserstoff zu **Ammoniumchlorid**.

__Ammoniak__ wird zur Herstellung von Salpetersäure, Düngemitteln, Kunststoffen, Sprengstoffen und Haushaltsreinigern verwendet.

Ammoniumchlorid (NH₄Cl) (Saliak)

Ist ein weißer, wasserlöslicher, kristalliner Feststoff, der aus **Ammoniaklösung** und verdünnter Salzsäure hergestellt wird. Beim Erwärmen **sublimiert*** es und **dissoziiert*** (s. a. Gleichung unten und 48). Es wird in Trockenelementen verwendet.

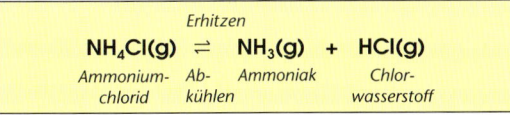

$$NH_4Cl(g) \underset{\text{Abkühlen}}{\overset{\text{Erhitzen}}{\rightleftharpoons}} NH_3(g) + HCl(g)$$

Ammonium- / Ammoniak / Chlor-
chlorid / / wasserstoff

Ammoniumsulfat ((NH₄)₂SO₄)

Ein weißer, wasserlöslicher, kristalliner Feststoff, der aus **Ammoniak** und Schwefelsäure hergestellt wird. Es ist ein Düngemittel.

Ammoniumnitrat (NH₄NO₃)

Ein weißer, wasserlöslicher, kristalliner Feststoff, der aus **Ammoniaklösung** und verdünnter Salpetersäure hergestellt wird. Beim Erhitzen entsteht u. a. **Distickstoffoxid**.

__Ammoniumnitrat__ wird als Sprengstoff und Düngemittel verwendet, z. B. als Blumendünger für Topfpflanzen.

Distickstoffoxid (N₂O) (Lachgas)

Ein farbloses, leicht süß riechendes, wasserlösliches Gas. Es ist eine **kovalente Verbindung***, die bei leichtem Erwärmen aus **Ammoniumnitrat** entsteht. Wird in der Medizin als Betäubungsmittel eingesetzt.

__Distickstoffoxid__ unterhält die Verbrennung einiger reaktiver Stoffe und entzündet einen Glimmspan.

Stickstoffmonoxid (NO)

Ist ein farbloses, in Wasser unlösliches Gas. Es ist eine **kovalente Verbindung***, die entsteht, wenn Kupfer mit 50%iger Salpetersäure reagiert. Mit Sauerstoff bildet sich daraus **Stickstoffdioxid**. Es unterhält die Verbrennung reaktiver Elemente.

Stickstoffdioxid (NO₂)

Ist ein dunkelbraunes Gas mit stickigem Geruch. Es ist eine **kovalente Verbindung***.

$$Cu + 4HNO_3 \rightarrow Cu(NO_3)_2 + 2H_2O + 2NO_2$$

Kupfer / Konzentrierte / Kupfer(II)- / Wasser / Stickstoff-
/ Salpetersäure / nitrat / / dioxid

Stickstoffdioxid entsteht bei der Reaktion von Kupfer mit konzentrierter Salpetersäure und beim Erhitzen einiger **Nitrate***. Es unterhält die Verbrennung und löst sich in Wasser zu einem Gemisch aus Salpetersäure und **salpetriger Säure (HNO₂)** auf. Es wird als **Oxidationsmittel*** verwendet.

__Stickstoffdioxid dimerisiert__ (d. h. 2 Moleküle lagern sich zusammen) unter 21,5 °C zu __Distickstofftetraoxid (N₂O₄)__, einem farblosen Gas.

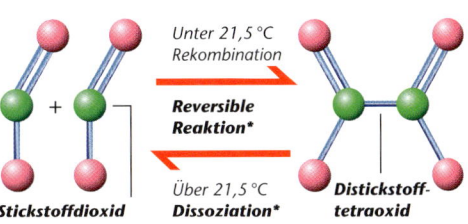

Unter 21,5 °C Rekombination

Reversible Reaktion*

Über 21,5 °C Dissoziation*

Stickstoffdioxid / **Distickstofftetraoxid**

Gruppe V (Fortsetzung)

Salpetersäure (HNO_3) (Stickstoff(V)-säure)

Eine hellgelbe, ölige, wasserlösliche Flüssigkeit. Sie ist eine **kovalente Verbindung***, die Stickstoff mit der **Oxidationszahl*** +V enthält. Sie ist eine sehr starke und ätzende Säure, die nach dem **Ostwald-Verfahren** hergestellt wird:

1. Schritt: Ammoniak reagiert mit Sauerstoff.

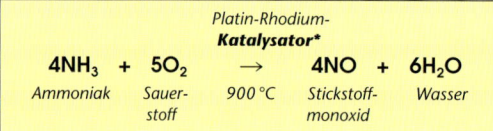

		Platin-Rhodium-**Katalysator***		
4NH₃	**+ 5O₂**	→	**4NO**	**+ 6H₂O**
Ammoniak	*Sauerstoff*	*900 °C*	*Stickstoffmonoxid*	*Wasser*

2. Schritt: Stickstoffmonoxid kühlt ab und reagiert mit weiterem Sauerstoff zu Stickstoffdioxid.

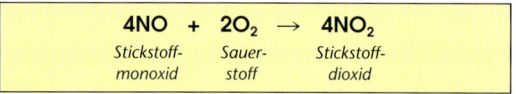

4NO	**+ 2O₂**	→	**4NO₂**
Stickstoffmonoxid	*Sauerstoff*		*Stickstoffdioxid*

*3. Schritt: Stickstoffdioxid löst sich in Wasser zu **Salpetersäure**.*

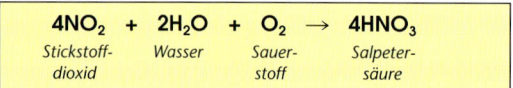

4NO₂	**+ 2H₂O**	**+ O₂**	→	**4HNO₃**
Stickstoffdioxid	*Wasser*	*Sauerstoff*		*Salpetersäure*

Konzentrierte Salpetersäure ist ein Gemisch aus 70 % Salpetersäure und 30 % Wasser; es ist ein starkes **Oxidationsmittel***. **Verdünnte Salpetersäure**, eine Lösung aus 10 % Salpetersäure in Wasser, reagiert mit **Basen*** zu **Nitraten*** und Wasser. Salpetersäure wird zur Herstellung von Düngemitteln und Sprengstoffen verwendet.

Nitrate

Feste **Ionenverbindungen***, die Nitrat-**Anionen*** (NO_3^-) und ein **Kation*** enthalten (s. a. **Labortest** 104). Der Stickstoff hat im Nitration die **Oxidationszahl*** +V. Nitrate sind die **Salze*** der **Salpetersäure** und werden durch

Natriumnitrat *($NaNO_3$) wird zur Schießpulverherstellung verwendet.*

Reaktion von verdünnter Salpetersäure mit Metalloxiden, Metallhydroxiden oder Metallcarbonaten hergestellt. Alle Nitrate sind wasserlöslich, und die meisten geben beim Erwärmen Stickstoffdioxid und Sauerstoff ab (Ausnahmen: Natrium-, Kalium- und Ammoniumnitrate).

Natrium*-** *und* ***Ammoniumnitrate *dienen als Düngemittel.*

Nitrite

Feste **Ionenverbindungen***, die das Nitrit-**Anion*** (NO_2^-) und ein **Kation*** enthalten. Es sind normalerweise **Reduktionsmittel***.

Phosphor (P)

Ein nichtmetallisches Element der V. Gruppe des Periodensystems (s. a. 66, Tabelle). Er kommt in der Natur nur in Verbindungen vor. Das Haupterz ist **Apatit** ($3Ca_3(PO_4)_2.CaF_2$). Er kommt hauptsächlich in zwei Modifikationen vor. **Weißer Phosphor**, die sehr reaktive Form, ist ein giftiger, wachsartiger, weißer Feststoff, der sich an der Luft entzündet. **Roter Phosphor** ist ein dunkelrotes, nicht giftiges, nicht selbst entzündliches Pulver.

Die Mineralien Apatit (links) und Türkis (rechts) enthalten Phosphor.

Phosphorpentoxid (P_2O_5)

Ein weißes, festes **Dehydratisierungsmittel***, das beim Verbrennen des **Phosphors** an der Luft entsteht. Es reagiert heftig mit Wasser zu **Phosphorsäure** (H_3PO_4) und wird als **Rostschutzmittel*** eingesetzt.

*Lebende Organismen wie Pflanzen enthalten **Phosphor**verbindungen, die gesundes Wachstum fördern.*

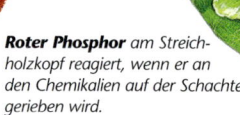

Roter Phosphor *am Streichholzkopf reagiert, wenn er an den Chemikalien auf der Schachtel gerieben wird.*

* **Anion**, 16; **Base**, 37; **Dehydratisierungsmittel**, 116; **Ionenverbindung**, 17; **Katalysator**, 47; **Kation**, 16; **Kovalente Verbindung**, 18; **Oxidationsmittel**, 34; **Oxidationsstufe**, 35; **Reduktionsmittel**, 34; **Rostschutzmittel**, 60 (**Rost**); **Salze**, 39.

GRUPPE VI CHALKOGENE

Der metallische Charakter der Elemente der **VI. Gruppe** des **Periodensystems***
nimmt von oben nach unten zu, die Reaktivität in gleicher Weise ab.
Die Tabelle unten zeigt einige der Eigenschaften dieser Elemente.

Name des Elements	Chem. Symbol	Relative Atommasse*	Elektronen-konfiguration*	Reaktivität	Aussehen	Verwendung
Sauerstoff	O	15,99	2,6	ABNEHMEND ↓	Farbloses Gas s. u. auf dieser Seite	S. u. auf dieser Seite
Schwefel	S	32,06	2,8,6		Gelber, nichtmetalli-scher Feststoff s. a. 70	S. a. 70
Selen	Se	78,96	6 Außenelek-tronen*, sonst komplexe Anordnung.		Metallische und nicht-metallische Formen.	In **Fotozellen***
Tellur	Te	127,60			Silberweißer, metall-ähnlicher Feststoff	**Legierungen***, farbiges Glas, **Halbleiter***
Polonium	Po	**Radioaktives*** Element			Metall	

Einige Eigenschaften der Elemente der VI. Gruppe

Weitere Informationen über
Sauerstoff, **Schwefel** und deren
Verbindungen s. u. und 70–71.
Die Stoffe sind weit verbreitet
und werden oft verwendet.

*Die Atome aller Elemente der VI. Gruppe haben 6 Elektronen in der **Außen-schale***. Sie brauchen 2 Elektronen, um **Edelgaskonfiguration** (s. a. 13) zu erreichen. Sie reagieren und bilden dabei sowohl **Ionenverbindungen*** als auch **kovalente Verbindungen***. Die Elemente mit den kleinsten Atomen reagieren am heftigsten, da sie die zwei fehlenden Elektronen am stärksten anziehen.*

Sauerstoff (O_2)

Farbloses, geruchloses, **zweiatomiges*** Gas,
das 21 % der Atmosphäre ausmacht. Er ist das
häufigste Element der Erdkruste und lebens-
notwendig (s. a. **Atmung** 95). Er unterhält die
Verbrennung, löst sich in Wasser zu neutralen
Lösungen und ist ein sehr reaktives **Oxidations-
mittel***, z. B. oxidiert es Eisen zu Eisen(III)-oxid.
Pflanzen erzeugen Sauerstoff durch **Fotosyn-
these***. Industriell wird er durch **fraktionierte
Destillation der flüssigen Luft** gewonnen. Er
hat viele Anwendungsgebiete, z. B. in Kranken-
häusern und bei der Gewässerreinigung
(s. a. **Methoden der Gasgewinnung** 103 und
Labortests 104).

Fraktionierte Destillation der flüssigen Luft (s. a. 106)

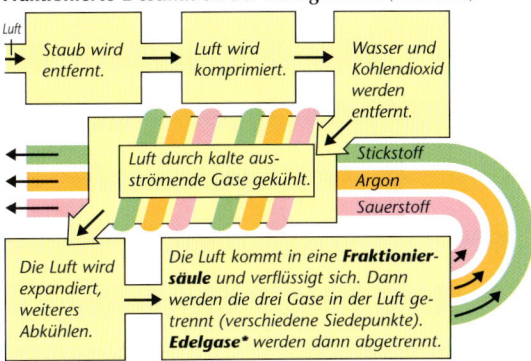

Luft → Staub wird entfernt. → Luft wird komprimiert. → Wasser und Kohlendioxid werden entfernt.

Luft durch kalte aus-strömende Gase gekühlt.

Stickstoff
Argon
Sauerstoff

Die Luft wird expandiert, weiteres Abkühlen.

Die Luft kommt in eine **Fraktionier-säule** und verflüssigt sich. Dann werden die drei Gase in der Luft ge-trennt (verschiedene Siedepunkte). **Edelgase*** werden dann abgetrennt.

Ozon (O_3)

Giftiges, bläuliches Gas aus Molekülen, die drei
Sauerstoffatome enthalten; **allotrope*** Form des
Sauerstoffs, kommt in der oberen Atmosphäre
vor, wo es den größten Teil der schädlichen UV-
Strahlung der Sonne absorbiert (s. a. **Abbau der
Ozonschicht** 96). Es entsteht bei elektrischen
Entladungen in der Luft, z. B. bei Blitzen. Ozon
ist ein starkes **Oxidationsmittel***, das manchmal
zur Sterilisation von Wasser verwendet wird.

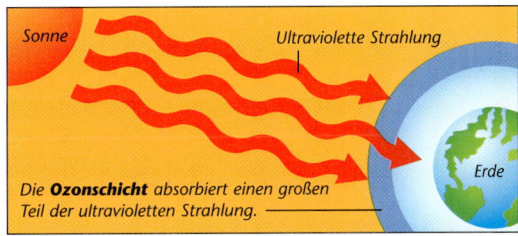

Sonne — Ultraviolette Strahlung — Erde

*Die **Ozonschicht** absorbiert einen großen Teil der ultravioletten Strahlung.*

Oxide

Verbindungen von **Sauerstoff** mit einem
anderen Element. Metalloxide sind meist
Ionenverbindungen* und **Basen***, z. B.
Calciumoxid (**CaO**); einige Metalloxide
sind **amphoter***, z. B. **Aluminiumoxid** (Al_2O_3).
Nichtmetalloxide sind **kovalente
Verbindungen*** und meist **Säuren***,
z. B. **Kohlendioxid** (CO_2).

* **Allotrop**, 22; **Amphoter**, 37; **Außenschale**, 13; **Base**, 37; **Edelgas**, 75; **Elektronenkonfiguration**, 13; **Fotosynthese**, 95; **Fotozelle**, **Halbleiter**, 116; **Ionenverbindung**, 17; **Kovalente Verbindung**, 18; **Legierung**, 116; **Oxidationsmittel**, 34; **Periodensystem**, 50; **Radioaktivität**, 14; **Relative Atommasse**, 24; **Säure** 36; **Zweiatomig**, 10 (**Atomigkeit**).

69

SCHWEFEL

Schwefel (**S**) ist ein Element der **VI. Gruppe** des **Periodensystems*** (s. a. 69). Er ist ein gelber, nichtmetallischer, wasserunlöslicher Feststoff. Er ist **polymorph*** und kommt in zwei **Allotropen*** vor, **rhombisch** und **monoklin**. Schwefel kommt als Element in unterirdischen Lagern vor (s. a. **Frasch-Verfahren**) und wird aus **Erdöl*** oder **Metallsulfiden** (Verbindung von Schwefel mit anderen Elementen, z. B. **Eisen(II)-sulfid**, **FeS**) gewonnen. Er verbrennt an der Luft mit blauer Flamme zu **Schwefeldioxid** und reagiert mit vielen Metallen zu Sulfiden. Er wird zur **Vulkanisation*** von Gummi sowie zur Herstellung von Schwefelsäure, Medikamenten und **Fungiziden*** verwendet.

Schwefelatom

Kovalente Bindung*

Sowohl **rhombischer** als auch **monokliner Schwefel** bestehen aus gefalteten Ringen mit 8 Schwefelatomen.

Rhombischer Schwefel (α-Schwefel oder orthorhombischer Schwefel)

Ein hellgelbes, kristallines, bei Zimmertemperatur beständiges **Allotrop*** des Schwefels.

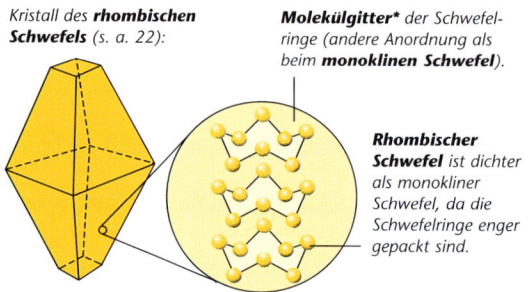

Kristall des **rhombischen Schwefels** (s. a. 22):

Molekülgitter* der Schwefelringe (andere Anordnung als beim **monoklinen Schwefel**).

Rhombischer Schwefel ist dichter als monokliner Schwefel, da die Schwefelringe enger gepackt sind.

Monokliner Schwefel (β-Schwefel)

Ist ein gelbes, kristallines **Allotrop*** des Schwefels. Bei über 96 °C ist er beständiger als **rhombischer Schwefel**.

Kristall des **monoklinen Schwefels** (lang, dünn, gewinkelt)

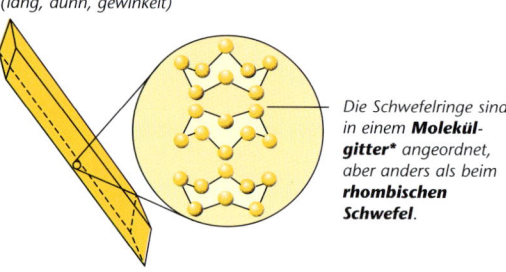

Die Schwefelringe sind in einem **Molekülgitter*** angeordnet, aber anders als beim **rhombischen Schwefel**.

Die Allotropen* von Schwefel

Bei Temperaturen über 96 °C

Bei Temperaturen unter 96 °C

Plastischer Schwefel

Entsteht, wenn heißer, geschmolzener Schwefel in Wasser gegossen wird. Er kann geknetet und zu langen Fäden gezogen werden. Er ist instabil und wird hart, wenn sich die Achterringe des Schwefels zurückbilden (s. o.).

Schwefelblume

Ein feines, gelbes Pulver, das entsteht, wenn Schwefeldampf schnell abgekühlt wird. Die Moleküle bestehen aus Achterringen.

Frasch-Verfahren

Eine Methode, um Schwefel aus Erdlagern durch Herausschmelzen zu gewinnen. Der so gewonnene Schwefel ist zu 99,5% rein.

Frasch-Verfahren

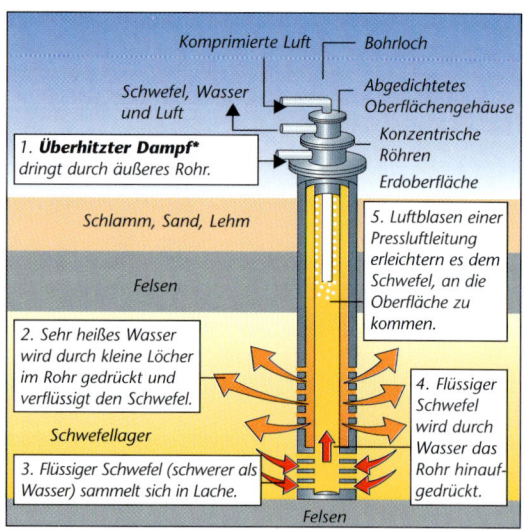

Komprimierte Luft — Bohrloch

Schwefel, Wasser und Luft

Abgedichtetes Oberflächengehäuse

Konzentrische Röhren

1. Überhitzter Dampf* dringt durch äußeres Rohr.

Erdoberfläche

Schlamm, Sand, Lehm

Felsen

5. Luftblasen einer Pressluftleitung erleichtern es dem Schwefel, an die Oberfläche zu kommen.

2. Sehr heißes Wasser wird durch kleine Löcher im Rohr gedrückt und verflüssigt den Schwefel.

4. Flüssiger Schwefel wird durch Wasser das Rohr hinaufgedrückt.

Schwefellager

3. Flüssiger Schwefel (schwerer als Wasser) sammelt sich in Lache.

Felsen

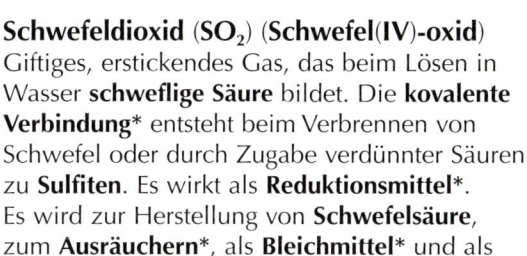

Schwefeldioxid (SO_2) (Schwefel(IV)-oxid)

Giftiges, erstickendes Gas, das beim Lösen in Wasser **schweflige Säure** bildet. Die **kovalente Verbindung*** entsteht beim Verbrennen von Schwefel oder durch Zugabe verdünnter Säuren zu **Sulfiten**. Es wirkt als **Reduktionsmittel***. Es wird zur Herstellung von **Schwefelsäure**, zum **Ausräuchern***, als **Bleichmittel*** und als Konservierungsstoff für Obst benutzt.

Schwefeldioxid wird als Insektenbekämpfungsmittel benutzt.

Schwefeltrioxid (SO_3) (Schwefel(VI)-oxid)

Ein weißer, **flüchtiger*** Feststoff, der durch das **Kontaktverfahren** hergestellt wird (s. u. rechts). Es reagiert heftig mit Wasser zu **Schwefelsäure**.

Schweflige Säure (H_2SO_3) (Schwefel(IV)-säure)

Eine farblose, **schwache Säure***, die durch das Lösen von **Schwefeldioxid** in Wasser entsteht.

Schwefelwasserstoff (H_2S)

Ein farbloses, giftiges, nach faulen Eiern riechendes Gas, das sich in Wasser zur **schwachen Säure*** auflöst. Er entsteht, wenn organische Stoffe verrotten und wenn eine verdünnte Säure zu einem Metallsulfid gegeben wird.

Sulfate

Feste **Ionenverbindungen***, die ein **Sulfation** (SO_4^{2-}) und ein **Kation*** enthalten. Viele kommen in der Natur vor, z. B. **Calciumsulfat** ($CaSO_4$). Es sind **Salze*** der **Schwefelsäure**, die durch Zugabe von **Basen*** zu verdünnter Schwefelsäure entstehen.

Natriumsulfatlösung wird beim Fixieren von Fotos verwendet. Sie verhindert, dass die Abzüge und Filme ganz schwarz werden, wenn sie wieder ans Licht kommen.

Sulfite

Ionenverbindungen*, die ein **Sulfition** (SO_3^{2-}) und ein Metall-**Kation*** enthalten, z. B. **Natriumsulfit** (Na_2SO_3). Es sind **Salze*** der **schwefligen Säure**, die mit verdünnten **starken Säuren*** unter Abgabe von **Schwefeldioxid** reagieren.

Schwefelsäure (H_2SO_4) (Schwefel(VI)-säure)

Ölige, farblose, ätzende Flüssigkeit; eine **zweibasige*** Säure, die nach dem **Kontaktverfahren** hergestellt wird (s. u.). **Konzentrierte Schwefelsäure** enthält rund 2 % Wasser, ist **hygroskopisch*** und ein starkes **Trockenmittel*** und **Oxidationsmittel***. **Verdünnte Schwefelsäure**, eine **starke Säure***, die rund 90 % Wasser enthält, reagiert mit Metallen, die in der **elektrochemischen Reihe*** über Wasserstoff stehen, zu Metallsulfaten und Wasserstoff.

Konzentrierte Schwefelsäure ist ein *Oxidationsmittel*.

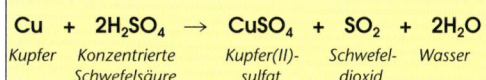

$$Cu + 2H_2SO_4 \rightarrow CuSO_4 + SO_2 + 2H_2O$$

Kupfer · Konzentrierte Schwefelsäure · Kupfer(II)-sulfat · Schwefeldioxid · Wasser

Verdünnte Schwefelsäure reagiert mit *Basen** zu Sulfaten.

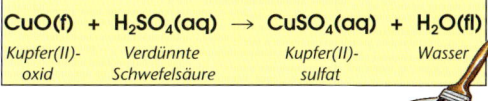

$$CuO(f) + H_2SO_4(aq) \rightarrow CuSO_4(aq) + H_2O(fl)$$

Kupfer(II)-oxid · Verdünnte Schwefelsäure · Kupfer(II)-sulfat · Wasser

Schwefelsäure wird viel verwendet, z. B. in Düngemitteln, synthetischen Fasern, Waschmitteln und Farben.

Die Reaktion zwischen **konzentrierter Schwefelsäure** und Wasser ist sehr heftig. Um Unfälle zu vermeiden, wird immer die Säure langsam in das Wasser gegeben und nicht umgekehrt!

Kontaktverfahren

Industrielles Herstellungsverfahren für **Schwefelsäure**.

Kontaktverfahren
Trockenes und reines **Schwefeldioxid** wird mit Luft bei 450 °C über einen Vanadiumpentoxid-**Katalysator*** geleitet.

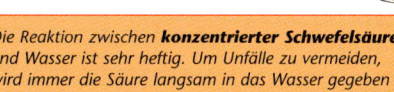

$$2SO_2(g) + O_2(g) \rightarrow 2SO_3(g)$$

Schwefeldioxid · Sauerstoff · Schwefeltrioxid

Schwefeltrioxid wird gebildet.

Schwefeltrioxid wird von **konzentrierter Schwefelsäure** absorbiert. Dabei bildet sich **rauchende Schwefelsäure** oder **Oleum**.

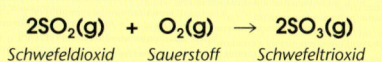

$$SO_3 + H_2SO_4 \rightarrow H_2S_2O_7$$

Schwefeltrioxid · Konzentrierte Schwefelsäure · Rauchende Schwefelsäure

Rauchende Schwefelsäure wird zu **Schwefelsäure** verdünnt.

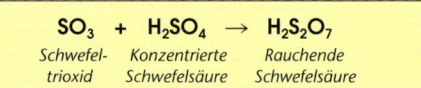

$$H_2S_2O_7 + H_2O \rightarrow 2H_2SO_4$$

Rauchende Schwefelsäure · Wasser · Schwefelsäure

---

* **Ausräuchern**, 116; **Base**, 37; **Bleichmittel**, 116; **Elektrochemische Reihe**, 45; **Flüchtig**, 116; **Hygroskopisch**, 92; **Ionenverbindung**, 17; **Katalysator**, 47; **Kation**, 16; **Kovalente Verbindung**, 18; **Oxidationsmittel**, **Reduktionsmittel**, 34; **Salze**, 39; **Schwache Säure**, **Starke Säure**, 38; **Trockenmittel**, 117; **Zweibasig**, 39.

GRUPPE VII HALOGENE

Die Elemente der **VII. Gruppe** des **Periodensystems*** werden **Halogene** und ihre Verbindungen und Ionen **Halogenide** genannt. Die Elemente dieser Gruppe sind Nichtmetalle und ihre Reaktivität nimmt von oben nach unten ab. Die Tabelle unten zeigt einige ihrer Eigenschaften. Weitere Informationen über Gruppenmitglieder s. u. und 73–74. Die **Oxidationskraft** der Elemente der VII. Gruppe nimmt von oben nach unten ab. Sie können die Ionen von unter ihnen stehenden Elementen **oxidieren***, z. B. oxidiert **Chlor Bromid-** und **Iodid-Anionen*** in der Lösung zu **Brom-** bzw. **Iod-**Molekülen. Brom oxidiert nur Iodid-Anionen und Iod kann kein anderes Halogenidion oxidieren.

$$2KI(aq) + Br_2(fl) \rightarrow 2KBr(aq) + I_2(f)$$

Brom oxidiert **Iodid-Anionen*** einer Kaliumiodidlösung. Jedes Iodid-Anion verliert dabei ein Elektron (wird **oxidiert***) an das Brom, das in ein **Bromid-Anion*** übergeht.

Einige Eigenschaften der Elemente der VII. Gruppe						
Name des Elements	Chem. Symbol	Relative Atommasse*	Elektronen-konfiguration*	Oxidations-kraft	Reaktivität	Aussehen
Fluor	F	18,99	2,7	A B N E H M E N D	A B N E H M E N D	Helles, gelbgrünes Gas
Chlor	Cl	35,45	2,8,7			Helles, gelbgrünes Gas
Brom	Br	79,91	2,8,18,7			Rotbraune, dampfende Flüssigkeit
Iod	I	126,90	2,8,18,18,7			Nichtmetallischer, schwarzgrauer Feststoff
Astat	At	Keine stabilen Isotope*				

*Die Atome der Elemente der VII. Gruppe haben 7 Elektronen auf der **Außenschale*** und bilden alle sowohl **Ionenverbindungen*** als auch **kovalente Verbindungen***, wobei die oberen Elemente mehr ionische Verbindungen bilden als die unteren.*

***Fluor** wird nicht in Schullaboren verwendet, da es sehr giftig ist und Glasgefäße angreift. Die Gase des **Chlors**, **Broms** und **Iods** reagieren nicht mit Glas, sind aber sehr giftig.*

Fluor (F₂)

Ein Element der VII. Gruppe. Es ist ein **zweiatomiges*** Gas, das aus **Flussspat** (CaF_2) und **Kryolit** (Na_3AlF_6) gewonnen wird. Es ist das reaktivste Gruppenmitglied, ein sehr starkes **Oxidationsmittel***. Es reagiert mit fast allen Elementen. Anwendungsbeispiele auf den Bildern.

*Pfannen werden mit **Teflon** beschichtet, um Festkleben zu verhindern.*

Fluor** bildet brauchbare, stabile **organische Verbindungen, die man **Fluorkohlenwasserstoffe** nennt, z. B. Polytetrafluorethen (**PTFE**) oder **Teflon** (s. a. 81). Skier werden mit Teflon beschichtet, um die Reibung zu verringern.*

*Einige **Fluoride** (anorganische Verbindungen des Fluors) werden Zahnpasta und in einigen Ländern dem Trinkwasser zugesetzt, um Zahnfäule zu verhindern.*

Chlor (Cl₂)

Ein Element der VII. Gruppe; ein giftiges, erstickendes, **zweiatomiges*** Gas, das sehr reaktiv ist und in der Natur nur in Verbindungen vorkommt. **Natriumchlorid (NaCl)**, die bedeutendste Verbindung, wird in Steinsalz und Salzwasser gefunden. Chlor wird aus Salzlösungen durch **Elektrolyse*** in **Downs Zellen** gewonnen (s. a. **Natrium** 54 und **Chlor** 102). Es ist ein sehr starkes **Oxidationsmittel***, mit dem viele Elemente zu **Chloriden** reagieren (s. a. Gleichung unten).

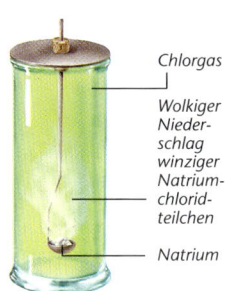

*Chlorgas reagiert mit Natrium zu **Natriumchlorid** – Kochsalz. Obwohl Chlorgas giftig ist und Natrium sehr reaktionsfähig ist, verlieren beide Chemikalien diese gefährlichen Eigenschaften, wenn sie sich zu Natriumchlorid verbinden. Im Labor findet diese Reaktion in einem **Abzugsschrank*** statt, damit das schädliche Gas nicht entweicht.*

Chlorgas
Wolkiger Niederschlag winziger Natriumchloridteilchen
Natrium

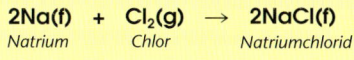

$$2Na(f) \; + \; Cl_2(g) \; \rightarrow \; 2NaCl(f)$$

Natrium   Chlor   Natriumchlorid

*Chlor wird viel verwendet, z. B. zur Herstellung von **Salzsäure** (s. a. **Chlorwasserstoff**) und organischen Lösungsmitteln sowie als **Germizid*** in Schwimmbädern, Trinkwasser und Desinfektionsmitteln.*

Chlor tötet in Schwimmbecken Keime ab.

Natriumhypochlorit (NaOCl) (Natriumchlorat-(I))

Ein kristalliner, weißer Feststoff, der sich bildet, wenn **Chlor** in eine kalte, verdünnte Natriumhydroxidlösung eingeleitet wird. So wird es auch aufbewahrt. Es wird in Haushaltsreinigern und zum **Bleichen*** von Papierbrei verwendet.

Gebleichtes Schreibpapier

Chloride

Verbindungen, die sich aus **Chlor** und einem weiteren Element bilden. Die Chloride der Nichtmetalle sind **kovalente Verbindungen*** (s. a. **Chlorwasserstoff**), meist flüssig oder gasförmig. Metallchloride, z.B. **Natriumchlorid (NaCl)**, sind gewöhnlich feste, wasserlösliche **Ionenverbindungen***, die aus einem Chlorid-**Anion*** (Cl⁻) und Metall-**Kation*** bestehen (s. a. 104).

Wasserstoffchlorid (HCl)

Ein farbloses Gas mit **kovalenter Bindung***, das, in **polaren Lösungsmitteln*** gelöst, Ionen bildet. Es entsteht beim Verbrennen von Wasserstoff in **Chlor**. Es reagiert mit Ammoniak und bildet mit Wasser **Salzsäure**, eine **starke Säure***. Konzentrierte Salzsäure, 35 % Wasserstoffchlorid und 65 % Wasser, ist eine dampfende, farblose, ätzende Lösung. **Verdünnte Salzsäure**, rund 7 % Wasserstoffchlorid in Wasser gelöst, ist eine farblose Lösung, die mit **Basen*** und Metallen, die in der **elektrochemischen Reihe*** über dem Wasserstoff stehen, reagiert. Konzentrierte Salzsäure wird in der Industrie verwendet, um vor dem **Galvanisieren*** Rost vom Stahl zu entfernen.

Konzentrierte Salzsäure wird zum Ätzen von Metallen verwendet.

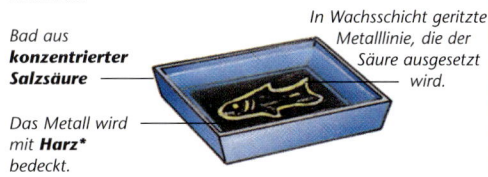

*Bad aus **konzentrierter Salzsäure***

In Wachsschicht geritzte Metalllinie, die der Säure ausgesetzt wird.

*Das Metall wird mit **Harz*** bedeckt.*

Wenn Metall der Säure ausgesetzt wird, so ätzt sie es weg und hinterlässt eine Furche in der Oberfläche. Beim Drucken eines Bildes wird die Furche mit Farbe gefüllt.

Natriumchlorat (NaClO₃) (Natriumchlorat-(V))

Weißer, kristalliner Feststoff, der sich bildet, wenn **Chlor** zu warmer, konzentrierter Natronlauge gegeben wird, und wenn **Natriumhypochlorit** erwärmt wird.

***Natriumchlorat** vernichtet Unkraut.*

---

* **Abzugsschrank**, 110; **Anion**, 16; **Base**, 37; **Bleichen**, 116 (**Bleichmittel**); **Elektrochemische Reihe**, 45; **Elektrolyse**, 42; **Galvanisieren**, 60 (**Rost**); **Germizid**, 116; **Harz**, 116; **Ionenverbindung**, 17; **Kation**, 16; **Kovalente Verbindung**, 18; **Oxidationsmittel**, 34; **Polares Lösungsmittel**, 30; **Starke Säure**, 38; **Zweiatomig**, 10 (**Atomigkeit**).

Halogene (Fortsetzung)

Brom (Br₂) — Br_2

Element der **VII. Gruppe** des **Periodensystems*** (s. a. 72). Es ist eine **flüchtige***, **zweiatomige*** Flüssigkeit, die giftige Dämpfe abgibt. Es ist sehr reaktiv und kommt in der Natur nur in Verbindungen vor, z. B. in Meerestieren, Gestein, Meerwasser und einigen Binnengewässern. Es wird durch Chlorzusatz aus **Natriumbromid** (**NaBr**) in Meerwasser gewonnen. Brom ist ein starkes **Oxidationsmittel***. Es reagiert mit den meisten Elementen zu **Bromiden** und löst sich etwas in Wasser zu bräunlichem **Bromwasser**. Bromverbindungen werden in der Medizin, Fotografie und als Desinfektionsmittel verwendet. Aus ihm entsteht **1,2-Dibromethan** (**CH₂BrCH₂Br**), dem Benzin zugesetzt wird, um die Anreicherung von Bleiverbindungen im Motor zu verhindern.

Bromide

Verbindungen des **Broms** mit einem anderen Element. Mit Nichtmetallen ergeben sich **kovalente Verbindungen*** (s. a. **Bromwasserstoff**), mit Metallen meist **Ionenverbindungen***, die aus Bromid-**Anionen*** (**Br⁻**) und Metall-**Kationen*** bestehen. Außer **Silberbromid** (**AgBr**) sind alle wasserlöslich.

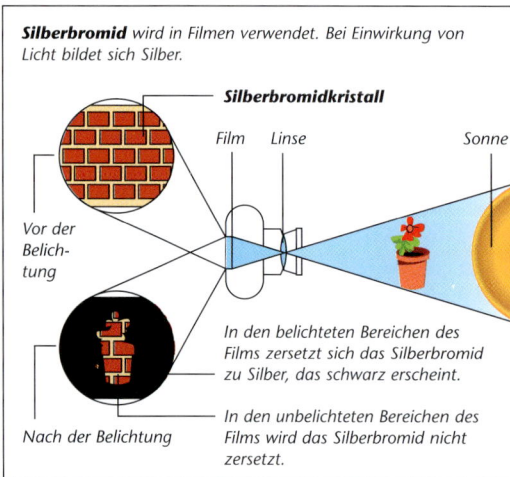

Silberbromid wird in Filmen verwendet. Bei Einwirkung von Licht bildet sich Silber.

Silberbromidkristall

Film   Linse   Sonne

Vor der Belichtung

Nach der Belichtung

In den belichteten Bereichen des Films zersetzt sich das Silberbromid zu Silber, das schwarz erscheint.

In den unbelichteten Bereichen des Films wird das Silberbromid nicht zersetzt.

Bromwasserstoff (HBr)

Farbloses, stechend riechendes Gas, das aus **Brom** und Wasserstoff hergestellt wird. Die chemischen Eigenschaften sind denen des Chlorwasserstoffes sehr ähnlich.

---

*Filme sind mit **Silberbromid** beschichtet, das bei der Reaktion mit Licht ein negatives Bild erzeugt.*

Iod (I₂) — I_2

Element der **VII. Gruppe** (s. a. 72); ein reaktiver **zweiatomiger***, kristalliner Feststoff. Es wird aus **Natriumiodat** (**NaIO₃**) und Seetang gewonnen. Es ist ein **Oxidationsmittel*** und reagiert mit vielen Elementen zu **Iodiden**. Iod **sublimiert*** beim Erwärmen unter Bildung eines violetten Gases. Es löst sich kaum im Wasser, aber gut in einigen organischen Lösungsmitteln und in **Kaliumiodidlösung** (**KI**).

*Die hauptsächliche Quelle für **Iod** aus Nahrungsmitteln sind Meeresprodukte (Kabeljauleber), Früchte und Gemüse. Auch manchem Speisesalz ist Iodid zugesetzt. Bei Iodmangel kann die Schilddrüse nicht genug vom Hormon **Thyroxin** bilden, das für den Stoffwechsel benötigt wird. Iodmangel führt zur Bildung eines Kropfs.*

*Tang besteht bis zu 0,5 % seines Gewichts aus **Iod**.*

*Iodtinktur (**Iod** in Ethanol gelöst) wird bei kleinen Wunden als Antiseptikum eingesetzt.*

Iodide

Verbindungen des **Iods** mit einem weiteren Element. Iodide der Nichtmetalle sind **kovalente Verbindungen*** (s. a. **Iodwasserstoff**). Metalliodide sind meist **Ionenverbindungen***. Sie bestehen aus Iodid-**Anionen*** (**I⁻**) und Metall-**Kationen***. Außer **Silberiodid** (**AgI**) sind die **Ionenverbindungen*** wasserlöslich (s. a. 104).

Iodwasserstoff (HI)

Ein farbloses, stechend riechendes Gas. Die **kovalente Verbindung***, die bei der Reaktion von **Iod** mit Wasserstoff entsteht, löst sich in Wasser zu einer stark **sauren*** Lösung, der **Iodwasserstoffsäure**. Sie ähnelt der Salzsäure.

---

* **Anion**, 16; **Flüchtig**, 116; **Ionenverbindung**, 17; **Kation**, 16; **Kovalente Verbindung**, 18; **Oxidationsmittel**, 34; **Periodensystem**, 50; **Sauer**, 36; **Sublimation**, 7; **Zweiatomig**, 10 (**Atomigkeit**).

GRUPPE VIII EDELGASE

Die **Edelgase**, auch **inerte** oder **seltene Gase**, bilden die **VIII. Gruppe** des **Periodensystems***, auch **0. Gruppe** genannt. Es sind **einatomige*** Gase, die bei der **fraktionierten Destillation der flüssigen Luft*** gewonnen werden. **Argon** macht 0,9 % der Luft aus, die anderen Gase treten in noch kleineren Mengen auf. Sie reagieren alle nicht, denn ihre **Elektronenkonfiguration*** ist sehr stabil (sie besitzen eine aufgefüllte **Außenschale***). Die leichteren bilden keine Verbindungen, die schwereren bilden einige wenige Verbindungen.

Helium (He)

Das erste Element der VIII. Gruppe. Es ist ein farbloses, geruchloses, **einatomiges*** Gas, das in der Luft (1 Teil unter 200 000) und in bestimmten Erdgasen in den USA vorkommt. Es wird durch **fraktionierte Destillation der flüssigen Luft*** gewonnen. Es existiert keine Verbindung (sehr reaktionsträge). Es wird in Zeppelinen und Ballons verwendet, denn es ist 8-mal leichter als Luft und nicht brennbar. Auch Tiefseetaucher benutzen es für Tauchautomaten (Lungenatmer).

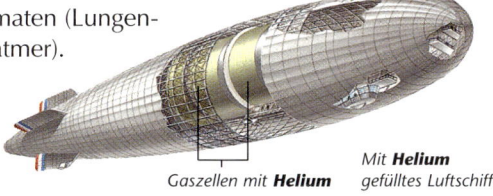

Gaszellen mit **Helium**. Mit **Helium** gefülltes Luftschiff

Neon (Ne)

Ein Element der VIII. Gruppe, ein farbloses, geruchloses, **einatomiges*** Gas, das in der Luft vorkommt (1 Teil unter 55 000). Es wird durch **fraktionierte Destillation der flüssigen Luft*** gewonnen. Es existieren keine Verbindungen (äußerst reaktionsträge). Es wird in Neonröhren (Gasentladungslampen) benutzt, denn bei elektrischen Entladungen emittiert es unter geringem Druck ein orangerotes Licht.

Neonschilder

Radon (Rn)

Das letzte Element der VIII. Gruppe ist **radioaktiv***. Es entsteht beim **radioaktiven Zerfall*** von Radium.

Argon (Ar)

Das verbreitetste Element der VIII. Gruppe, ein farbloses, geruchloses, **einatomiges*** Gas, das zu 0,9 % in der Luft vorkommt. Es ist völlig reaktionsträge, bildet keine Verbindungen und wird durch **fraktionierte Destillation der flüssigen Luft*** gewonnen. Es wird in Glühlampen und Leuchtstofflampen verwendet.

Glühbirne

Krypton (Kr)

Element der VIII. Gruppe, ein farb- und geruchloses, **einatomiges*** Gas, das in der Luft vorkommt (1 Teil unter 670 000). Es wird durch **fraktionierte Destillation der flüssigen Luft*** gewonnen und ist reaktionsträge. Nur die Verbindung **Krypton(II)-fluorid** (KrF_2) ist bekannt. Krypton wird in Lasern, Blitzgeräten, Leuchtstofflampen und Stroboskoplampen an Landebahnen entlang verwendet.

Xenon (Xe)

Element der VIII. Gruppe, ein farbloses, geruchloses, **einatomiges*** Gas, das in der Luft vorkommt (0,006 Teile unter 1 000 000). Es wird durch **fraktionierte Destillation der flüssigen Luft*** hergestellt und ist reaktionsträge, denn es bildet nur wenige Verbindungen, z. B. **Xenon(IV)-fluorid** (XeF_4). Es wird zum Füllen von Leuchtstofflampen und Glühlampen benutzt.

Xenon wird für Leuchtturmlampen benutzt.

ORGANISCHE CHEMIE

Ursprünglich verstand man unter **organischer Chemie** das Studium der Verbindungen im lebenden Organismus. Heute bezieht sich der Begriff auf alle kohlenstoffhaltigen Verbindungen außer die **Carbonate*** und **Oxide*** des Kohlenstoffs. Es gibt weit über zwei Millionen solcher **organischer Verbindungen**, mehr als von allen anderen Verbindungen zusammen. Die riesige Anzahl an **kovalenten Verbindungen*** wird möglich, da sich Kohlenstoffatome miteinander verbinden können, so dass sich eine große Vielfalt von **Ketten** und **Ringen** ergibt.

Einige organische Verbindungen werden zur Herstellung von Farben verwendet.

Aliphaten

Organische Verbindungen, deren Moleküle eine **Hauptkette** aus Kohlenstoffatomen besitzen. Die Kette kann **gerade**, **verzweigt** oder sogar **ringförmig** sein (aber nie mit einem **Benzolring**, s. a. **Aromaten**).

Verzweigte Kette von Kohlenstoffatomen im 3-Methyl-pentan. In einer verzweigten Kette kann ein Kohlenstoffatom mit mehr als zwei weiteren verbunden sein.

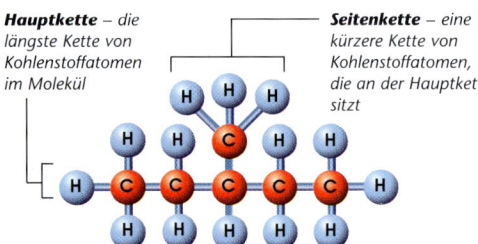

Hauptkette – die längste Kette von Kohlenstoffatomen im Molekül

Seitenkette – eine kürzere Kette von Kohlenstoffatomen, die an der Hauptkette sitzt

Gerade Kette von Kohlenstoffatomen im Butanol-(1). Kein Kohlenstoffatom ist mit mehr als zwei weiteren verbunden.

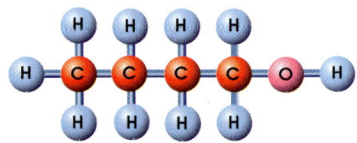

Cyclohexanmolekül. Ein Beispiel für eine ringförmige Verbindung aus Kohlenstoffatomen.

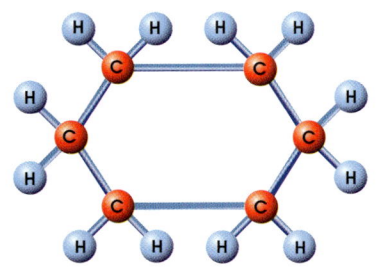

Aromaten

Organische Verbindungen, die einen **Benzolring** enthalten. Er enthält sechs Kohlenstoffatome, unterscheidet sich aber von einem **aliphatischen** Ring, da die Bindungen zwischen den Atomen weder **Einfach-** noch **Doppelbindungen*** sind. Sie liegen in Länge und Reaktivität genau dazwischen.

Es gibt zwei Möglichkeiten, einen Benzolring darzustellen:

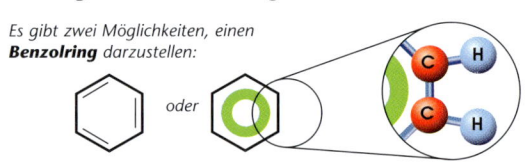

oder

*Die Bindungen, die die Kohlenstoffatome verbinden, liegen zwischen **Einfachbindung*** und **Doppelbindung***, denn einige Elektronen können sich im Molekül frei bewegen.*

Kohlenwasserstoffe

Organische Verbindungen, die nur Kohlenstoff- und Wasserstoffatome enthalten.

*Zwei Beispiele für **Kohlenwasserstoffmoleküle**:*

Ethen   Methan

Funktionelle Gruppen

Atome und Atomgruppen, die einem Molekül die chemischen Eigenschaften verleihen. Organische Moleküle können mehrere solcher Gruppen enthalten (s. a. 80–81).

*Die meisten **funktionellen Gruppen** enthalten wenigstens ein Atom, das nicht aus Kohlenstoff oder Wasserstoff besteht.*

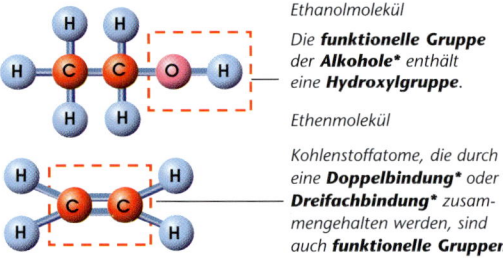

Ethanolmolekül

*Die **funktionelle Gruppe** der **Alkohole*** enthält eine **Hydroxylgruppe**.*

Ethenmolekül

*Kohlenstoffatome, die durch eine **Doppelbindung*** oder **Dreifachbindung*** zusammengehalten werden, sind auch **funktionelle Gruppen**.*

Homologe Reihe

Gruppe von organischen Verbindungen, deren Größe in der Gruppe jeweils durch Hinzufügen einer –**CH₂**-Gruppe wächst. Alle Reihen (außer den **Alkanen*****) haben eine **funktionelle Gruppe**, z. B. haben die **Alkohole*** die **Hydroxylgruppe** (–**OH**). Die Mitglieder einer Reihe haben ähnliche chemische Eigenschaften, aber ihre physikalischen Eigenschaften ändern sich mit zunehmender Kettenlänge. Eine homologe Reihe hat für alle Glieder eine **Allgemeinformel**.

*Die **Allgemeinformel** für **Alkohole*** ist $C_nH_{2n+1}OH$
(n = Anzahl der Kohlenstoffatome).*

Die ersten beiden Glieder der homologen Reihe der Alkohole*

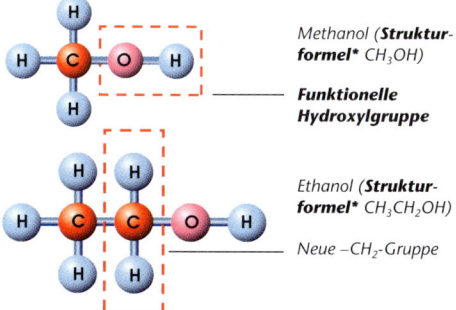

Methanol (**Strukturformel*** CH₃OH)

Funktionelle Hydroxylgruppe

Ethanol (**Strukturformel*** CH₃CH₂OH)

Neue –CH₂-Gruppe

Gesättigte Verbindungen

Organische Verbindungen, deren Moleküle nur **Einfachbindungen*** enthalten.

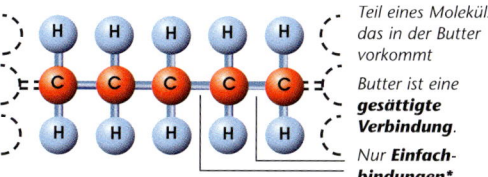

Teil eines Moleküls, das in der Butter vorkommt

*Butter ist eine **gesättigte Verbindung**.*

*Nur **Einfachbindungen****

Ungesättigte Verbindungen

Organische Verbindungen, die mindestens eine **Doppelbindung*** oder **Dreifachbindung*** enthalten.

Mehrfach ungesättigte Verbindungen

Verbindungen, deren Moleküle viele **Doppel-** oder **Dreifachbindungen*** enthalten, z. B. die, die in weichen Fetten enthalten sind.

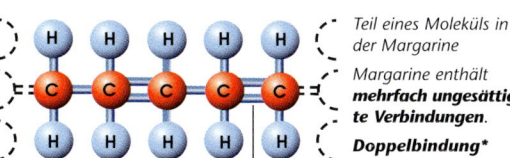

Teil eines Moleküls in der Margarine

*Margarine enthält **mehrfach ungesättigte Verbindungen**.*

Doppelbindung*

Stereochemie

Das Studium der dreidimensionalen (3-D-) Strukturen der Moleküle. Wenn man sehr ähnliche Verbindungen betrachtet, z. B. **Stereoisomere**, hilft der Vergleich der 3-D-Struktur, sie zu unterscheiden. Die 3-D-Struktur wird oft durch eine **Stereoformel*** wiedergegeben. Es ist eine Skizze, die zeigt, wie die Atome im Raum angeordnet sind.

Strukturformel von Methan*

Stereoformel von Methan*

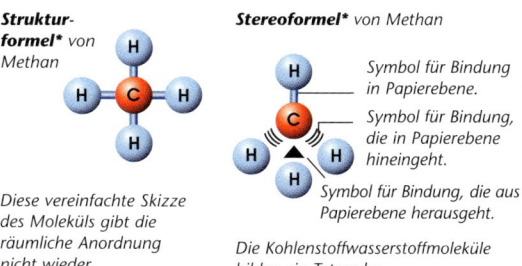

Symbol für Bindung in Papierebene.

Symbol für Bindung, die in Papierebene hineingeht.

Symbol für Bindung, die aus Papierebene herausgeht.

Diese vereinfachte Skizze des Moleküls gibt die räumliche Anordnung nicht wieder.

Die Kohlenstoffwasserstoffmoleküle bilden ein Tetraeder.

Isomere

Verbindungen mit der gleichen **Molekülformel***, aber unterschiedlicher Anordnung der Atome in den Molekülen. Die Verbindungen haben auch unterschiedliche Eigenschaften. Es gibt zwei große Klassen von Isomeren: **Strukturisomere** und **Stereoisomere**.

Strukturisomere

Verbindungen, die die gleiche **Molekülformel***, aber verschiedene **Strukturformeln*** haben, d. h. die Atome sind verschieden angeordnet.

*Zur **Molekülformel*** C_2H_6O gibt es zwei verschiedene **Strukturformeln***.*

Ethanol   CH₃CH₂OH

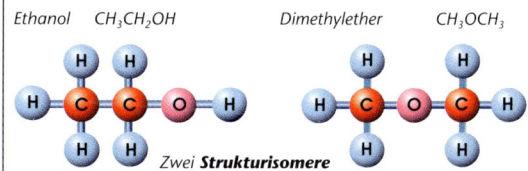

Dimethylether   CH₃OCH₃

*Zwei **Strukturisomere***

Stereoisomere

Verbindungen mit derselben **Molekülformel***, aber einer unterschiedlichen räumlichen Anordnung.

*Zur **Molekülformel*** C_4H_8 gibt es zwei verschiedene **Stereoformeln***.*

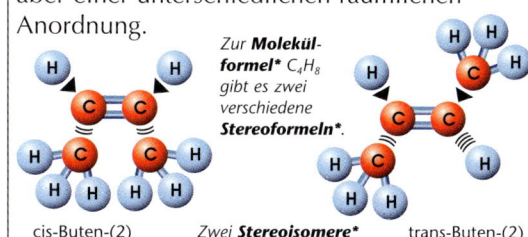

cis-Buten-(2)   *Zwei **Stereoisomere*****   trans-Buten-(2)

ALKANE

Alkane oder **Paraffine** sind **gesättigte* Kohlenwasserstoffe*** oder **aliphatische* Verbindungen**, die eine **homologe Reihe*** mit der **Allgemeinformel* C_nH_{2n+2}** bilden. Da die Moleküle größer werden, ändern sich die physikalischen Eigenschaften (s. Tabelle). Alkane sind **nichtpolare Moleküle***, die mit Luft zu Kohlendioxid und Wasser verbrennen und mit **Halogenen*** reagieren. Sonst sind sie reaktionsträge. Außer **Methan** werden sie aus **Erdöl*** gewonnen. Sie werden als Brennstoffe verwendet und um andere organische Verbindungen herzustellen, z. B. Plasten.

*Das Alkan **Propan** wird als Brennstoff verwendet, um die Luft in Heißluftballons zu erhitzen.*

Einige Eigenschaften der Alkane				
Name der Verbindung	Molekülformel*	Strukturformel*	Aggregatzustand bei 25 °C	Siedepunkt (°C)
Methan	CH_4	CH_4	Gas	−161,5
Ethan	C_2H_6	CH_3CH_3	Gas	−88,0
Propan	C_3H_8	$CH_3CH_2CH_3$	Gas	−42,2
Butan	C_4H_{10}	$CH_3CH_2CH_2CH_3$	Gas	−0,5
Pentan	C_5H_{12}	$CH_3CH_2CH_2CH_2CH_3$	Flüssigkeit	36,0
Hexan	C_6H_{14}	$CH_3CH_2CH_2CH_2CH_2CH_3$	Flüssigkeit	69,0

Der erste Teil des Namens gibt Auskunft über die Anzahl der Kohlenstoffatome. Die Endung -an bedeutet, dass es ein Alkan ist (s. a. 100).

Das nächste Molekül der Reihe enthält jeweils eine – CH_2-Gruppe mehr.

Mit zunehmender Länge der Moleküle ändert sich der Aggregatzustand.

Der Siedepunkt der Alkane nimmt mit steigender Kettenlänge zu. Schmelzpunkt und Dichte folgen der gleichen Gesetzmäßigkeit: Zunahme beim Größerwerden der Moleküle.

Methan (CH_4)
Das einfachste Alkan; farbloses, geruchloses, brennbares Gas, das mit **Halogenen*** reagiert (s. u.) und als Quelle für Wasserstoff dient. **Erdgas** besteht zu 99 % aus Methan.

Ethan (C_2H_6)
Ein Alkan; das Gas wird zum größten Teil aus **Erdöl*** und kleinere Mengen aus **Erdgas** gewonnen. Seine Eigenschaften gleichen denen des Methans. Aus ihm werden andere organische Chemikalien hergestellt.

Propan (C_3H_8)
Alkan; ein Gas, das man aus **Erdöl*** gewinnt. Seine Eigenschaften gleichen denen des **Ethans**. In Stahlflaschen abgefüllt, wird es zum Heizen und Kochen verwendet (Campinggas).

*Alkane werden aus **Erdöl*** und **Erdgas** gewonnen, die tief unter der Erdoberfläche liegen.*

Cycloalkane
Alkane, deren Kohlenstoffatome ringförmig angeordnet sind, z. B. **Cyclohexan** (s. a. 76, Bild). Ihre Eigenschaften ähneln denen anderer Alkane.

Substitutionsreaktion
Reaktion, bei der Atome oder **funktionelle Gruppen*** der Moleküle durch andere Atome oder Moleküle ersetzt werden. Die Moleküle der **gesättigten Verbindungen*** (z. B. Alkane) gehen Substitutionsreaktionen ein, aber keine **Additionsreaktionen** (s. rechts).

*Alkane reagieren mit **Halogenen*** (**Substitutionsreaktion**). Ein Beispiel:*

Ein Wasserstoffatom wird durch ein Chloratom substituiert.

Methan | Chlor | Chlormethan | Chlorwasserstoff

ALKENE

Alkene oder **Olefine** sind **ungesättigte* Kohlenwasserstoffe*** und **aliphatische* Verbindungen**. Sie enthalten eine oder mehrere **Doppelbindungen*** zwischen den Kohlenstoffatomen. Die Atome mit nur einer Doppelbindung bilden eine **homologe Reihe*** mit der **Allgemeinformel*** C_nH_{2n}. Mit zunehmender Größe der Moleküle ändern sich die physikalischen Eigenschaften (s. u.). Alkene sind **nichtpolare Moleküle***, die an der Luft mit rußender Flamme brennen. Ein Überschuss von Sauerstoff **oxidiert*** sie vollständig zu Kohlendioxid und Wasser. Alkene sind wegen der Doppelbindung reaktiver als Alkane, sie gehen **Additionsreaktionen** ein, bilden **Polymere***. Sie werden durch **Cracken*** von Alkanen gewonnen und zur Herstellung vieler Produkte verwendet, z. B. Plasten und Frostschutzmittel.

Einige Eigenschaften der Alkene				
Name der Verbindung	**Molekülformel***	**Strukturformel***	**Aggregatzustand bei 25 °C**	**Siedepunkt (°C)**
Ethen	C_2H_4	$CH_2=CH_2$	Gas	– 104,0
Propen	C_3H_6	$CH_3CH=CH_2$	Gas	–47,0
Buten-(I)	C_4H_8	$CH_3CH_2CH=CH_2$	Gas	–6,0
Penten-(I)	C_5H_{10}	$CH_3CH_2CH_2CH=CH_2$	Flüssigkeit	30,0

*Die Zahl gibt die Stellung der **Doppelbindung*** im Molekül an. Alkene werden genauso benannt wie **Alkane**, bis auf die Endung -en statt -an (s. a. 100).*

*Jedes Molekül enthält eine $-CH_2$-Gruppe mehr. Die Lage der **Doppelbindung*** wird angezeigt.*

Mit steigender Moleküllänge langsamer Übergang vom Gas über die Flüssigkeit zum Feststoff.

Mit steigender Moleküllänge nehmen die Siedepunkte, die Schmelzpunkte und die Dichten ständig zu.

Ethen (C_2H_4) (Ethylen)
Einfachstes Alken (s. o.); farbloses, süß riechendes Gas, das durch **Additionsreaktionen** einschließlich **Additionspolymerisation* Polyethen*** bildet (s. a. **Homopolymere** 86); wird zur Herstellung von Plasten, Ethanol und vieler anderer organischer Chemikalien verwendet.

Propen (C_3H_6) (Propylen)
Alken; farbloses Gas, das zur Herstellung von Propanon (auch **Aceton**, s. a. **Keton** 80) und **Polypropen** (**Polypropylen**) verwendet wird.

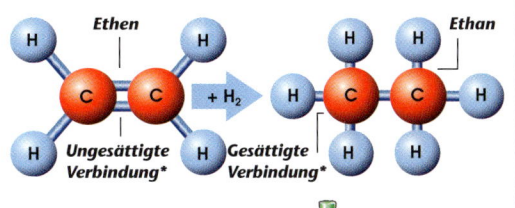

*Einige Küchengeräte werden aus **Polypropen** hergestellt, einem **Polymer*** von **Propen**.*

Additionsreaktion
Eine Reaktion, bei der zwei Moleküle miteinander zu einem größeren Molekül reagieren. Eines der Moleküle muss **ungesättigt*** sein und eine **Doppelbindung*** oder **Dreifachbindung*** enthalten.

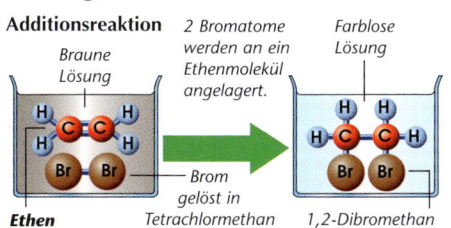

Additionsreaktion

Braune Lösung

2 Bromatome werden an ein Ethenmolekül angelagert.

Farblose Lösung

Ethen

Brom gelöst in Tetrachlormethan

1,2-Dibromethan

*Der Farbwechsel wird als Nachweis für **ungesättigte Verbindungen*** (z. B. Alkene) verwendet.*

Hydrierung
Eine **Additionsreaktion**, bei der Wasserstoffatome an Moleküle von **ungesättigten Verbindungen*** angelagert werden.

Ethen

Ungesättigte Verbindung*

+ H_2

Gesättigte Verbindung*

Ethan

*Die Reaktion wird bei der Margarineherstellung zur Härtung tierischer und pflanzlicher Fette angewendet. (Diese Öle sind **ungesättigte Verbindungen***, aber keine Alkene.)*

Gesättigt

Ungesättigt

---

* **Additionspolymerisation**, 86; **Aliphaten**, 76; **Allgemeinformel**, 77 (**Homologe Reihe**); **Cracken**, 84; **Doppelbindung**, **Dreifachbindung**, 18; **Gesättigte Verbindungen**, **Kohlenwasserstoffe**, 77; **Molekülformel**, 26; **Nichtpolares Molekül**, 19 (**Polares Molekül**); **Oxidation**, 34; **Polymere**, 86; **Strukturformel**, 26; **Ungesättigte Verbindungen**, 77.

ALKINE

Alkine oder **Acetylene** sind **ungesättigte*** (jedes Molekül hat eine **Dreifachbindung***) und **aliphatische* Verbindungen**. Die **Kohlenwasserstoffe*** bilden eine **homologe Reihe*** mit der **Allgemeinformel*** C_nH_{2n-2}. Die Alkine werden wie die **Alkane*** benannt, enden aber mit -in (s. a. 100). Es sind **nichtpolare Moleküle*** mit ähnlichen Eigenschaften wie die **Alkene***. Sie brennen an der Luft mit rußender und in reinem Sauerstoff mit sehr heißer Flamme. Alkine werden durch **Cracken*** hergestellt. Aus ihnen macht man Plasten und Lösungsmittel.

Strukturformeln* einiger Alkine	
Name der Verbindung	Strukturformel*
Ethin	$CH \equiv CH$
Propin	$CH_3C \equiv CH$
Butin-(1)	$CH_3CH_2C \equiv CH$

Ethin (C_2H_2) (Acetylen)

Das einfachste der Alkine ist ein farbloses, schwach süß riechendes Gas und leichter als Luft. Es ist das einzige gebräuchliche Alkin und reagiert wie alle Alkine, nur heftiger, z. B. explosionsartig mit Chlor. Ethin wird durch **Cracken*** gewonnen. Fs wird in Sauerstoff-Ethin-Schweißbrennern verwendet, da es mit sehr heißer Flamme brennt, sowie zur Herstellung von Polyvinylchlorid (PVC) und anderen Vinylverbindungen.

Ethin-molekül

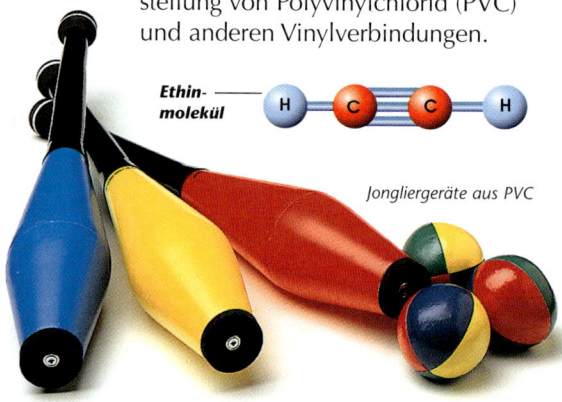

Jongliergeräte aus PVC

Weitere homologe Reihen

Die folgenden Gruppen organischer Verbindungen bilden je eine **homologe Reihe* aliphatischer* Verbindungen**. Jede Reihe hat eine besondere **funktionelle Gruppe***, und die Verbindungen haben alle ähnliche Eigenschaften.

Aldehyde

Verbindungen, die die **funktionelle Gruppe* –CHO** enthalten. Sie bilden eine **homologe Reihe*** mit der **Allgemeinformel*** $C_nH_{2n+1}CHO$ und werden wie die **Alkane*** benannt, enden aber auf -al (s. a. 101). Die farblosen Flüssigkeiten (außer **Methanal**) sind **Reduktionsmittel*** und gehen **Additions*-, Kondensations*-** und **Polymerisationsreaktionen*** ein. Sie können zu **Carbonsäuren oxidiert*** werden.

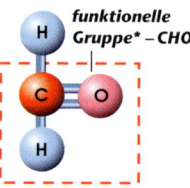

funktionelle Gruppe* – CHO

*Methanal (**HCHO**) oder **Formaldehyd** ist der einfachste **Aldehyd**. Es ist ein farbloses, giftiges Gas mit strengem Geruch. Es löst sich in Wasser zu **Formalin** auf, einer Lösung, die zur Konservierung von biologischen Proben verwendet wird. Außerdem werden **Polymere*** und Klebstoffe daraus hergestellt.*

Ketone

Verbindungen, die eine **Carbonylgruppe** (eine **funktionelle* –CO-Gruppe**) enthalten. Sie bilden eine **homologe Reihe*** mit komplexer **Allgemeinformel***. Sie werden wie **Alkane*** benannt, nur enden sie auf -on. Meist farblose Flüssigkeiten mit ähnlichen Eigenschaften wie die **Aldehyde**, sie sind jedoch keine **Reduktionsmittel***.

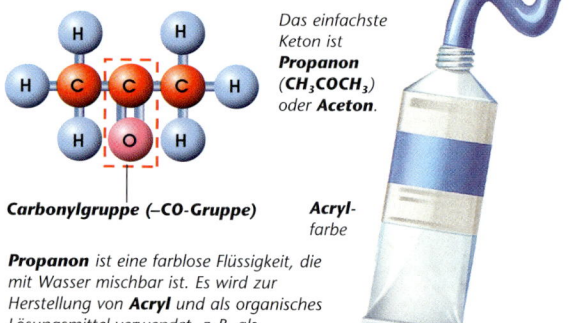

*Das einfachste Keton ist **Propanon** (CH_3COCH_3) oder **Aceton**.*

Carbonylgruppe (–CO-Gruppe)

Acryl-farbe

*Propanon ist eine farblose Flüssigkeit, die mit Wasser mischbar ist. Es wird zur Herstellung von **Acryl** und als organisches Lösungsmittel verwendet, z. B. als Nagellackentferner.*

Carbonsäuren

Verbindungen, die eine **Carboxylgruppe** (eine **funktionelle*** **–COOH-Gruppe**) enthalten und eine **homologe Reihe*** mit der **Allgemeinformel*** $C_nH_{2n+1}COOH$ bilden. Ihre Namen enden auf -ansäure (s. a. 101). Als stechend riechende, farblose **schwache Säuren*** reagieren sie mit **Alkoholen*** zu **Estern** (s. a. **Kondensation** 83).

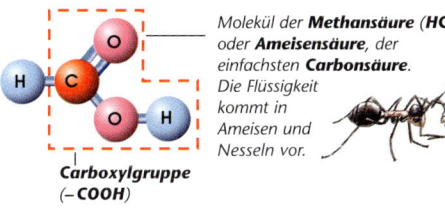

Molekül der **Methansäure** (**HCOOH**) oder **Ameisensäure**, der einfachsten **Carbonsäure**. Die Flüssigkeit kommt in Ameisen und Nesseln vor.

Carboxylgruppe (– COOH)

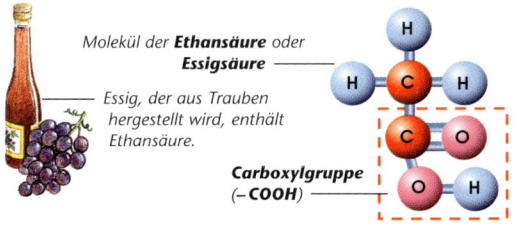

Molekül der **Ethansäure** oder **Essigsäure**

Essig, der aus Trauben hergestellt wird, enthält Ethansäure.

Carboxylgruppe (– COOH)

Dicarbonsäuren

Verbindungen, die zwei **Carboxylgruppen** im Molekül enthalten (s. a. **Carbonsäuren**).

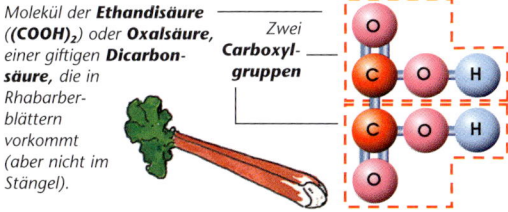

Molekül der **Ethandisäure** (**(COOH)₂**) oder **Oxalsäure**, einer giftigen **Dicarbonsäure**, die in Rhabarberblättern vorkommt (aber nicht im Stängel).

Zwei **Carboxylgruppen**

Ester

Eine **homologe Reihe*** von Verbindungen, die eine **funktionelle*** **–COO-Gruppe** enthalten. Es sind reaktionsträge, farblose Flüssigkeiten, die durch Reaktion von **Carbonsäure** mit **Alkohol*** entstehen (s. a. **Kondensation** 83). Man findet sie in Pflanzenölen und tierischen Fetten. Sie geben Früchten und Blumen Geschmack und Geruch. Sie werden als Parfüm und Aroma eingesetzt.

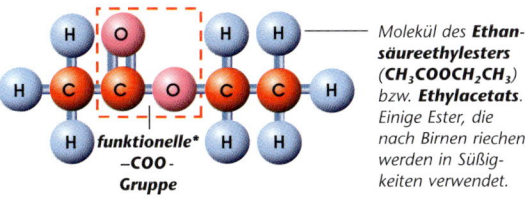

funktionelle* **–COO-Gruppe**

Molekül des **Ethansäureethylesters** (**CH₃COOCH₂CH₃**) bzw. **Ethylacetats**. Einige Ester, die nach Birnen riechen, werden in Süßigkeiten verwendet.

Halogenalkane (Alkylhalogenide)

Eine **homologe Reihe***, deren Mitglieder ein oder mehrere **Halogen***-Atome enthalten (s. a. 101). Die meisten Halogenalkane sind farblose, **flüchtige***, wasserunlösliche Flüssigkeiten. Sie gehen **Substitutionsreaktionen*** ein. Die reaktiveren enthalten Iod, die reaktionsträgeren enthalten Fluor.

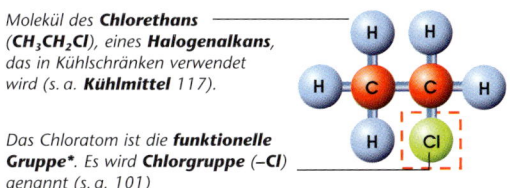

Molekül des **Chlorethans** (**CH₃CH₂Cl**), eines **Halogenalkans**, das in Kühlschränken verwendet wird (s. a. **Kühlmittel** 117).

Das Chloratom ist die **funktionelle Gruppe***. Es wird **Chlorgruppe (–Cl)** genannt (s. a. 101)

Einige wichtige organische Verbindungen enthalten mehr als ein **Halogen***-Atom im Molekül.

Fluorgruppe (funktionelle* **–F-Gruppe)**

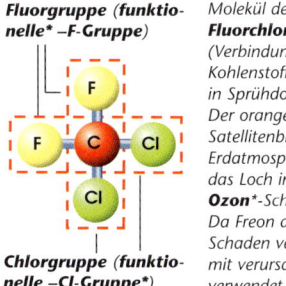

Chlorgruppe (funktionelle –Cl-Gruppe*)

Molekül des **Freon** (**CCl₂F₂**), eines **Fluorchlorkohlenwasserstoffs** (Verbindung aus Chlor, Fluor und Kohlenstoff), der früher als Treibgas in Sprühdosen verwendet wurde. Der orangene Fleck auf diesem Satellitenbild der Erdatmosphäre zeigt das Loch in der **Ozon***-Schicht. Da Freon diesen Schaden vermutlich mit verursacht hat, verwendet man heute andere Treibgase.

Molekül des **Polytetrafluorethans** (**PTFE** oder **Teflon**, s. a. 72).

Teflon wird als Beschichtung in Pfannen verwendet.

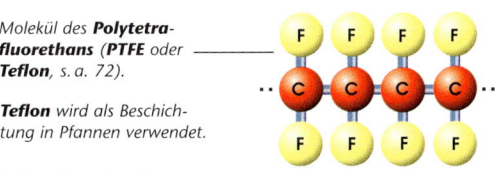

Primäre Amine

Verbindungen, die eine **Aminogruppe** (**funktionelle*** **–NH₂-Gruppe**) enthalten. Es sind **schwache Basen***. Sie riechen nach Fisch.

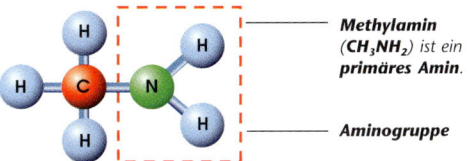

Methylamin (**CH₃NH₂**) ist ein **primäres Amin**.

Aminogruppe

Diamine

Verbindungen mit zwei **Aminogruppen** im Molekül.

---

* **Alkohole**, 82; **Allgemeinformel**, 77 (**Homologe Reihe**); **Flüchtig**, 116; **Funktionelle Gruppe**, 77; **Halogene**, 72; **Ozon**, 96 (**Abbau der Ozonschicht**); **Schwache Base**, **Schwache Säure**, 38; **Substitutionsreaktion**, 78.

ALKOHOLE

Alkohole sind organische Verbindungen, die eine oder mehrere **Hydroxylgruppen** (**funktionelle Gruppe*** –OH) enthalten. Die Alkohole in der Tabelle unten bilden eine **homologe Reihe* aliphatischer* Verbindungen** mit der **Allgemeinformel*** $C_nH_{2n+1}OH$. Mit steigender Molekülgröße ändern sich die physikalischen Eigenschaften stetig. Einige Tendenzen sind in der Tabelle aufgeführt. Wegen ihrer **Hydroxylgruppen** sind Alkoholmoleküle **polar*** und bilden **Wasserstoffbrücken*** aus. Alkohole mit kurzer Kette mischen sich vollständig mit Wasser. Alkohole mit langer Kette dagegen tun dies nicht, da diese Moleküle mehr –CH_2-Gruppen enthalten und dadurch weniger polar sind. Alkohole bilden in Wasser keine **Ionen*** und reagieren **neutral***. Sie verbrennen zu Kohlendioxid und Wasser.

Einige Eigenschaften der Alkohole			
Name der Verbindung	**Strukturformel***	**Aggregatzustand bei 25 °C**	**Siedepunkt (°C)**
Methanol	CH_3OH	Flüssigkeit	65,6
Ethanol	CH_3CH_2OH	Flüssigkeit	78,5
Propanol-(1)	$CH_3CH_2CH_2OH$	Flüssigkeit	97,2
Butanol-(1)	$CH_3CH_2CH_2CH_2OH$	Flüssigkeit	117,5

Alkohole werden ähnlich wie **Alkane*** benannt, nur ist die Endung -ol. Die Zahl im Namen gibt das Kohlenstoffatom an, an das die –**OH-Gruppe** gebunden ist (s. a. 100).

Das nächste Molekül der Reihe ist immer um eine –CH_2-Gruppe länger als das vorige in der Tabelle.

Wenn die Ketten länger werden, gehen die Verbindungen langsam in Feststoffe über.

Die Siedepunkte der Alkohole nehmen mit wachsender Kettenlänge zu. Wegen der **Wasserstoffbrücken*** haben sie verhältnismäßig hohe Siedepunkte (in Relation zu den **relativen Molekülmassen***).

Alkohole reagieren mit Natrium:

$$2CH_3CH_2OH + 2Na \rightarrow 2CH_3CH_2ONa + H_2$$
Ethanol   Natrium   Natrium-ethanolat   Wasser-stoff

Alkohole reagieren mit Phosphorhalogeniden zu **Halogenalkanen** (s. a. 81) und mit **Carbonsäuren*** zu **Estern** (s. a. 81 und **Kondensation** 83).

Primäre Alkohole können zu **Aldehyden*** und weiter zu **Carbonsäuren* oxidiert*** werden.

Angesäuerte **Kaliumpermanganatlösung**
$$CH_3CH_2CH_2OH \rightarrow CH_3CH_2CHO \rightarrow CH_3CH_2COOH$$
Propanol-(1)   Propanal   Propansäure

Sekundäre Alkohole können zu **Ketonen oxidiert*** werden (s. a. 80).

Angesäuerte **Kaliumpermanganatlösung**
$$CH_3CHOHCH_3 \rightarrow CH_3COCH_3$$
Propanol-(2)   Propanon

Ethanol (CH_3CH_2OH, oft auch C_2H_5OH) Wird auch **Ethylalkohol** oder einfach **Alkohol** genannt. Er ist eine leicht süß riechende, wasserlösliche Flüssigkeit mit relativ hohem Siedepunkt, verbrennt mit fast farbloser Flamme und wird aus Ethan und Wasserdampf hergestellt. Er entsteht auch durch **alkoholische Gärung**.

Ethanol wird als Lösungsmittel und als Brennspiritus verwendet. Es gibt viele weitere Anwendungen, z. B. in Parfüms, Farben, Färbemitteln, Lacken und alkoholischen Getränken.

* **Aldehyde**, 80; **Aliphaten**, 76; **Alkane**, 78; **Allgemeinformel**, 77 (**Homologe Reihe**); **Carbonsäuren**, 81; **Funktionelle Gruppe**, 76; **Ionisation**, 16; **Neutral**, 37; **Oxidation**, 34; **Polares Molekül**, 19; **Relative Molekülmasse**, 24; **Strukturformel**, 26; **Wasserstoffbrücke**, 20.

Alkoholische Gärung

Vorgang, bei dem aus Früchten oder Getreide **Ethanol** (die wirksame Chemikalie aller alkoholischen Getränke) hergestellt wird. **Glucose*** aus den Früchten oder dem Getreide wird durch **Enzyme*** (Bio-**Katalysatoren***) in Ethanol umgewandelt. Dazu wird Hefe eingesetzt, da sie das Enzym **Zymase** enthält, das die Umwandlung von Glucose in Ethanol katalysiert.

Glucose* in Trauben wird gegoren um Wein herzustellen.

Laborgärung

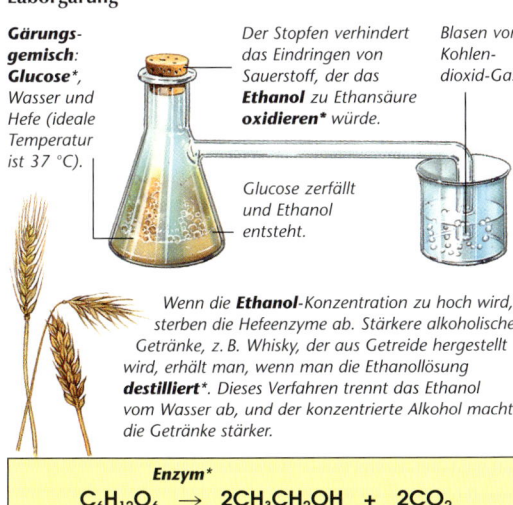

Gärungs-gemisch: Glucose*, Wasser und Hefe (ideale Temperatur ist 37 °C).

Der Stopfen verhindert das Eindringen von Sauerstoff, der das Ethanol zu Ethansäure oxidieren* würde.

Blasen von Kohlen-dioxid-Gas

Glucose zerfällt und Ethanol entsteht.

*Wenn die **Ethanol**-Konzentration zu hoch wird, sterben die Hefeenzyme ab. Stärkere alkoholische Getränke, z. B. Whisky, der aus Getreide hergestellt wird, erhält man, wenn man die Ethanollösung **destilliert***. Dieses Verfahren trennt das Ethanol vom Wasser ab, und der konzentrierte Alkohol macht die Getränke stärker.*

Enzym*
$$C_6H_{12}O_6 \rightarrow 2CH_3CH_2OH + 2CO_2$$
Glucoselösung von Früchten oder Gerste — *Ethanol* — *Kohlendioxid*

Mehrwertige Alkohole

Alkohole, deren Moleküle mehr als eine **Hydroxylgruppe** enthalten (s. a. Einleitung).

Ethandiol-(1,2) oder **Ethylenglykol** ist ein **Diol** (enthält zwei **Hydroxylgruppen**). Es wird als Frostschutzmittel verwendet.

Propantriol-(1,2,3) oder **Glycerin** ist ein **Triol** (enthält drei **Hydroxylgruppen**). Es wird zur Herstellung von Sprengstoffen verwendet.

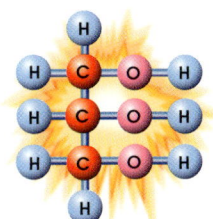

Kondensation

Ein Reaktionstyp, bei dem zwei Moleküle zu einem neuen reagieren und dabei ein kleineres Molekül abspalten, z. B. Wasser (s. a. **Polykondensation** 86).

*Beispiel einer **Kondensation**:*

$$CH_3CH_2OH + CH_3COOH \rightarrow CH_3COOCH_2CH_3 + H_2O$$
Ethanol — *Ethansäure* — *Ethansäure-ethylester* — *Wasser*

Dies ist eine **Veresterung**, da das Endprodukt ein **Ester*** ist. Eine organische Säure und ein Alkohol reagieren immer zu einem **Ester***.

Primäre, sekundäre und tertiäre Alkohole

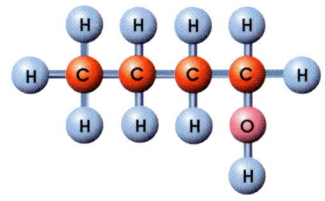

*Molekül des **Butanol-(1)**, ein **primärer Alkohol**. Das Kohlenstoffatom, an dem die **Hydroxylgruppe** sitzt (s. a. Einleitung), ist mit zwei Wasserstoffatomen verbunden.*

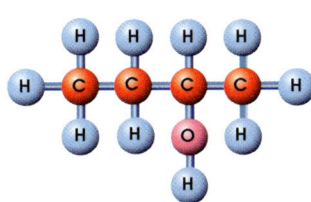

*Molekül des **Butanol-(2)**, ein **sekundärer Alkohol**. Das Kohlenstoffatom, an dem die Hydroxylgruppe sitzt (s. a. Einleitung), ist mit einem Wasserstoffatom verbunden.*

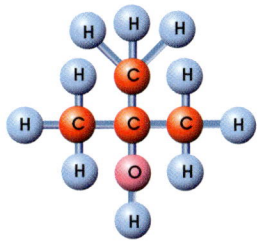

*Molekül des **2-Methyl-Propanol-(2)**, ein **tertiärer Alkohol**. Das Kohlenstoffatom, an dem die Hydroxylgruppe sitzt (s. a. Einleitung), ist mit keinem Wasserstoffatom verbunden.*

*Die Zahlen in den Namen der Alkohole geben die Kohlenstoffatome an, an die die **Hydroxylgruppe** gebunden ist (s. a. 100, weitere Informationen zur Benennung der Alkohole).*

** **Destillation**, 106; **Enzym**, 47; **Ester**, 81; **Glucose**, 90; **Katalysator**, 47; **Oxidation**, 34.

83

ERDÖL

Erdöl oder **Rohöl** ist eine dunkle viskose Flüssigkeit, die normalerweise in großen Tiefen unter der Erde oder dem Meer gefunden wird. Es wird oft mit **Erdgas*** zusammen gefunden, das hauptsächlich aus **Methan*** besteht. Es bildet sich seit Millionen von Jahren durch Zersetzung von Tieren und Pflanzen unter Druck. Es ist ein Gemisch von **Alkanen***, die sich sehr in Größe und Struktur unterscheiden. Viele nützliche Produkte werden durch **Raffinieren** von Erdöl hergestellt.

Raffinieren
Eine Reihe von Vorgängen, die Erdöl in brauchbare Produkte überführen. Raffinieren besteht aus drei wichtigen Vorgängen: **Destillation**, **Cracken** und **Reforming**.

Destillation (Fraktionierte Destillation des Erdöls)
Vorgang, bei dem Erdöl nach Siedepunkten in **Fraktionen** getrennt wird (s. a. 106). Ein **Fraktionierturm** (s. Abbildung) ist unten sehr heiß und wird nach oben immer kühler. Siedendes Erdöl gelangt gasförmig in den Turm und verliert beim Aufsteigen Energie. Erreicht eine Fraktion einen Boden mit einer Temperatur gerade unter dem Siedepunkt, kondensiert sie dort und wird durch Rohre entnommen. Die Fraktionen werden erneut destilliert, um bessere Trennungen zu erreichen.

Fraktion
Eine Mischung von Flüssigkeiten mit ähnlichen Siedepunkten, die durch **Destillation** gewonnen wird. Die **leichten Fraktionen** haben niedrige Siedepunkte und kurze **Kohlenwasserstoff***-Ketten. **Schwere Fraktionen** haben höhere Siedepunkte und längere Ketten.

Cracken
Ein Reaktion, bei der lange **Alkane*** in kürzere Alkane oder **Alkene*** zerschlagen werden. Die kürzeren Alkane werden als **Benzin** verwendet. Cracken kann man bei hohen Temperaturen oder mit einem **Katalysator*** (**katalytisches Cracken**).

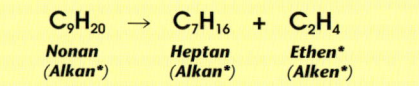

$$C_9H_{20} \rightarrow C_7H_{16} + C_2H_4$$

| Nonan (Alkan*) | Heptan (Alkan*) | Ethen* (Alken*) |

Reforming
Ist ein Vorgang, bei dem **gerade Ketten*** der leichteren **Fraktionen** aufgebrochen und zu **verzweigten Ketten*** umgewandelt werden. Es entsteht **Benzin**.

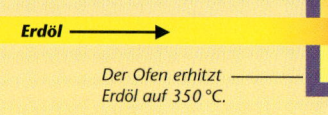

Erdöl →

Der Ofen erhitzt Erdöl auf 350 °C.

Erdöldestillation

Glockenböden enthalten kleine, durch Glocken abgedeckte Durchlässe, die die aufsteigenden Gase durch die Flüssigkeit drücken (sehr wirkungsvoll).

Leichte Fraktionen (weniger viskos) sammeln sich oben.

Fraktionierturm

Schwere Fraktionen (viskoser) sammeln sich am Boden.

* **Alkane**, 78; **Alkene**, 79; **Erdgas**, 78 (**Methan**); **Ethen**, 79; **Gerade Kette**, 76; **Katalysator**, 47; **Kohlenwasserstoffe**, 76; **Verzweigte Kette**, 76.

Raffineriegas

Ist überwiegend aus **Methan***. Andere **leichte Fraktionen** enthalten **Propan** und **Butan** (beides **Alkane***) und werden zu **Flüssiggas** (**LPG – liquefied petroleum gas**) verarbeitet.

Flüssiggas (Raffineriegas) wird in Stahlflaschen abgefüllt verwendet.

Erdölfraktionen

Einige werden zur Produktion von organischen Chemikalien verwendet, und zwar meist **Raffineriegas** und **Naphtha**, ein Teil der **Benzinfraktion**.

Aus Erdölfraktionen wird Farbe hergestellt.

Raffineriegas

Benzin

Eine flüssige **Fraktion** der **Destillation**. Es besteht aus **Alkanen*** mit 5 bis 12 Kohlenstoffatomen im Molekül und hat einen Siedebereich von 40 bis 150 °C (s. a. **Cracken** und **Reforming**).

Oktanzahl

Ein Maß für die Güte des **Benzins** (Skala von 0 bis 100). Sie kann durch **Antiklopfmittel** wie Methyl-tertiär-Butylether ($C_5H_{12}O$) erhöht werden.

Benzin für Autos hat eine Oktanzahl über 90. Es besteht hauptsächlich aus verzweigten Alkanen*.*

Benzin

Kerosin (Petroleum)

Ist eine flüssige **Fraktion** der **Destillation**, die aus **Alkanen*** mit 9 bis 15 Kohlenstoffatomen im Molekül besteht und einen Siedebereich von 150 bis 250 °C hat.

Kerosin wird als Treibstoff für Flugzeuge und Ölheizungen verwendet.*

Kerosin

Dieselöl (Gasöl)

Ist eine flüssige **Fraktion** der **Destillation**, die aus **Alkanen*** mit 12 bis 25 oder mehr Kohlenstoffatomen im Molekül besteht. Der Siedepunkt liegt bei 250 °C und höher.

Dieselöl wird als Treibstoff für Dieselmotoren verwendet.*

Dieselöl

Rückstand

Ist das Öl, das nach der **Destillation** übrig bleibt. Er besteht aus **Kohlenwasserstoffen*** mit sehr hohen **relativen Molekülmassen***. Die Moleküle enthalten bis zu 40 Kohlenstoffatome. Die Siedepunkte liegen über 350 °C. Ein Teil wird als **Heizöl** verwendet, das in privaten Haushalten und in Geschäften bei der Erzeugung von elektrischem Strom zum Einsatz kommt. Der Rest wird weiter destilliert und bildet neue Stoffe (s. a. Abbildung rechts).

Schmieröl

Ein Gemisch aus schwer-**flüchtigen*** Flüssigkeiten, die bei der Vakuumdestillation des **Rückstands** gewonnen werden.

Wachse (Paraffine)

Weiche Feststoffe, die sich bei der Vakuumdestillation des **Rückstands** vom **Schmieröl** trennen.

Kerzen und Politur

Bitumen (Asphalt)

Bei Raumtemperatur eine schwarze, teerige, halbfeste Flüssigkeit, die nach der Vakuumdestillation des **Rückstands** übrig bleibt.

Straßenbelag und Dachpappe

Rückstand

* **Alkane**, 78; **Brennstoffe**, 94; **Flüchtig**, 116; **Kohlenwasserstoffe**, 76; **Methan**, 78; **Relative Molekülmasse**, 24; **Verzweigte Kette**, 76.

POLYMERE UND PLASTEN

Werden **Monomere** (kleine Moleküle) in immer gleicher Reihenfolge aneinander gebunden, so entstehen **Polymere**. Es sind sehr lange Moleküle mit hohen **relativen Molekülmassen***. Sie kommen in der Natur vor, z. B. **Proteine**. Außerdem gibt es viele **synthetische Polymere**, z. B. **Plasten**.

Monomere
Relativ kleine Moleküle, die zu Polymeren reagieren, z. B. **Ethen***-Moleküle reagieren zu **Polyethen** (s. a. Gleichung für **Homopolymere** unten rechts).

Vereinfachte Darstellung einer Polymerisation – einer Reaktion, bei der aus Monomeren Polymere entstehen.

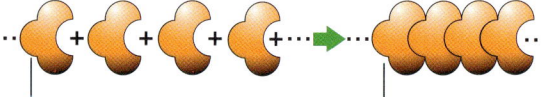

Das Bild zeigt ein **Monomer**.   Das Bild zeigt ein **Polymer**.

Synthetische Polymere wie *Plasten* (s. a. 87) haben viele Verwendungen. Helme für Rennfahrer sind aus **Duroplast**, das durch Synthetikfasern verstärkt wird. Die Plasten in der Karosserie des Motorrads verringern das Gewicht und helfen so Benzin sparen.

Additionspolymerisation
Eine Reaktion, bei der **Monomere** miteinander reagieren, ohne ein Atom abzuspalten. Das Polymer ist das einzige Produkt und hat die gleiche **Verhältnisformel*** wie das Monomer (s. a. **Additionsreaktion** 79).

Beispiel einer Additionspolymerisation

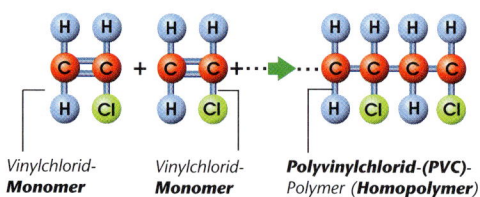

Vinylchlorid-**Monomer**   Vinylchlorid-**Monomer**   **Polyvinylchlorid-(PVC)-**Polymer (**Homopolymer**)

Polykondensation
Polymerisationsreaktion, bei der **Monomere** ein Polymer bilden unter Abspaltung kleiner Moleküle, z. B. Wasser (s. a. **Kondensation** 83).

Homopolymer
Polymer, das aus gleichen **Monomeren** hergestellt wird.

Herstellung des homopolymeren Polyethen

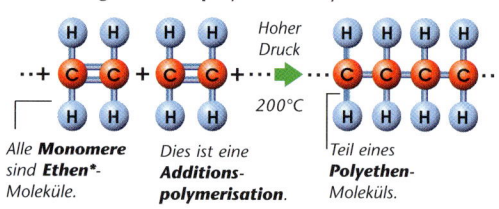

Alle **Monomere** sind **Ethen***-Moleküle.   Dies ist eine **Additionspolymerisation**.   Teil eines **Polyethen**-Moleküls.

Kopolymer
Polymer, das aus zwei oder mehreren unterschiedlichen **Monomeren** hergestellt wird (s. a. Beispiel einer **Polykondensation** unten).

Depolymerisation
Bezeichnung für die Zerlegung eines Polymers in die ursprünglichen **Monomere**. Das geschieht z. B. beim Erhitzen von **Polyacryl**.

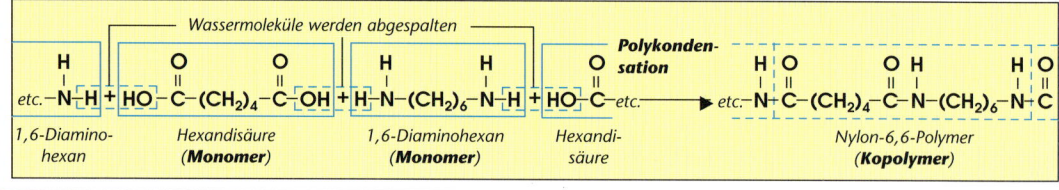

1,6-Diamino-hexan   Hexandisäure (**Monomer**)   1,6-Diaminohexan (**Monomer**)   Hexandisäure   Nylon-6,6-Polymer (**Kopolymer**)

---

* **Ethen**, 79; **Proteine**, 91; **Relative Molekülmasse**, 24; **Verhältnisformel**, 26.

Natürliche Polymere (Biopolymere)

Kommen in der Natur vor, z. B. **Stärke** und **Gummi**. Stärke wird aus **Glucose*-Monomeren** aufgebaut (s. a. 90, Abbildung).

Ausschnitt aus einem Gummipolymer

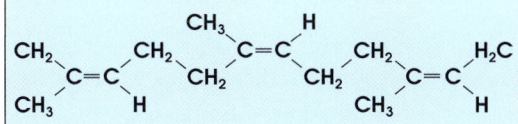

Gummi wird aus **Latex*** vom Kautschukbaum gewonnen. Dann wird es **vulkanisiert***. So entsteht Gummi für Reifen, Schläuche etc.

Synthetische Polymere

Polymere, die im Labor oder in der Industrie hergestellt werden (keine **natürlichen Polymere**), z. B. **Nylon 6,6**.

Plasten

Synthetische Polymere, die leicht verformt werden können. Sie werden aus **Erdöl***-Produkten hergestellt und sind gewöhnlich haltbare, leichte Feststoffe, die Wärme und Elektrizität nicht leiten. Sie sind oft biologisch nicht **abbaubar*** und setzen beim Verbrennen giftige Gase frei. Es gibt zwei Arten von Plasten: **Thermoplasten**, die beim Erwärmen erweichen oder schmelzen, z. B. **Polyethen**, und **Duroplasten**, die beim Erwärmen erhärten und nie mehr schmelzen, z. B. Plastik in Arbeitsplatten.

Polyester

Kopolymere; entstehen durch die **Polykondensation** von **Diolen*** und **Dicarbonsäuren***. Die **Monomere** werden durch **funktionelle*** –COO-Gruppen wie in **Ester*** verbunden.

Segel werden aus **Polyestern** hergestellt. Einige **Polyester** werden als Fasern hergestellt, die zu Kleidung und Stoffen verarbeitet werden.

Nylon

Gehört in die Familie der **Polyamide**. Es sind feste, strapazierfähige Polymere, die sich dehnen, aber kein Wasser aufnehmen und nicht verrotten. Sie werden in Geweben verwendet und oft mit anderen Fasern gemischt (s. a. **Polykondensation**, Gleichung für Nylon 6,6).

Polyamide

Kopolymere, die sich durch die **Polykondensation** von **Dicarbonsäure*-Monomeren** und **Diamin*-Monomeren** bilden, z. B. **Nylon**.

Polystyrol

Ein **Homopolymer**, das durch **Additionspolymerisation** von **Styro (Phenylethen)** gewonnen wird.

Polystyrol wird zur Herstellung von Einweggeschirr, in der Verpackungsindustrie und zum Isolieren verwendet.

Polyethen (Polyäthylen)

Homopolymer, durch **Additionspolymerisation** von **Ethen*** hergestellt (s. a. **Homopolymer** 86). Von Polyethen gibt es zwei Arten (je nach Herstellungsmethode) – ein weiches Material geringer Dichte und einen harten, starren Stoff hoher Dichte. Die **relative Molekülmasse*** liegt zwischen 10 000 und 40 000. Es wird viel verwendet, z. B. für Plastiktüten (weich) und Schüsseln (hart).

Acryl (Polymethylmethacrylat oder Plexiglas)

Ist ein **Homopolymer**, das durch **Additionspolymerisation** hergestellt wird. Verwendung als Glasersatz.

Methylmethacrylat (das Acryl-**Monomer**)

Acryl wird für Schilder benutzt.

Polyvinylchlorid (PVC) (Polychlorethen)

Strapazierfähiges **Homopolymer**, das viel verwendet wird, z. B. für Flaschen und Handschuhe (s. a. Bild zur **Additionspolymerisation** 86).

Die **PVC**-Beschichtung macht diese Unterwasser-Videokamera wasserdicht.

DETERGENZIEN – WASCHMITTEL

Detergenzien werden Wasser zugesetzt, um Schmutz zu lösen. Sie tun dies auf drei Arten: durch Senken der **Oberflächenspannung*** des Wassers, so dass das Wasser benetzen kann statt Tropfen zu bilden; indem sie es dem Wasser ermöglichen, schmierige Stoffe abzulösen; und indem sie den gelösten Schmutz in einer Suspension belassen. **Seife** ist ein Detergens, aber es gibt auch viele **seifenfreie Detergenzien**.

Waschmittelmolekül

Großes Molekül aus einer langen **Kohlenwasserstoff***-Kette mit einer **funktionellen Gruppe*** an einem Ende, die dieses Ende **polar*** macht. Die **nichtpolare*** Kette ist **hydrophob** (stößt Wasser ab), das polare Ende ist **hydrophil** (zieht Wasser an). Im Wasser bilden diese Moleküle **Micellen**.

Modell eines Waschmittelmoleküls

Wasser abstoßende Kohlenwasserstoffkette* (Schwanz des Moleküls) — *Hydrophile funktionelle Gruppe** (Kopf des Moleküls)

Micelle

Kugelförmige Anordnung von **Detergensmolekülen** in Wasser. Öl und Schmiere lösen sich im **hydrophoben** Zentrum der Micelle. Das Bild unten zeigt, wie Spülmittel wirkt.

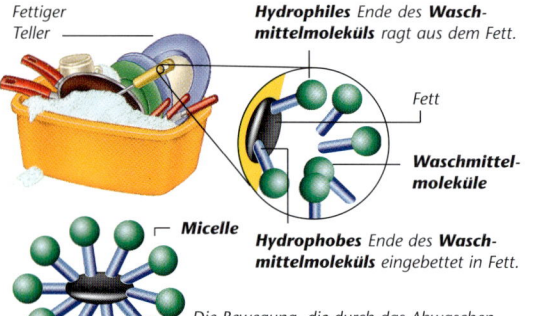

Fettiger Teller — *Hydrophiles* Ende des **Waschmittelmoleküls** ragt aus dem Fett.

Fett

Waschmittelmoleküle

Micelle — *Hydrophobes* Ende des **Waschmittelmoleküls** eingebettet in Fett.

Die Bewegung, die durch das Abwaschen entsteht, und die Anziehung der hydrophilen Köpfe des **Waschmittelmoleküls** *durch das Wasser lösen Waschmittel und Fett ab. Eine* **Micelle** *wird gebildet, wenn das Fett abgelöst ist. Die Micellen halten das Fett in der Lösung suspendiert.*

Seife

Gehört zu den Detergenzien. Seife ist das Natrium- oder Kalium-**Salz*** einer langkettigen **Carbonsäure***, z. B. Octadecansäure (s. a. Gleichung unten). Sie wird aus tierischen Fetten oder pflanzlichen Ölen (**Ester***) durch Reaktionen mit Natron- oder Kalilauge hergestellt; bei Kalilauge wird die Seife weicher. Der Vorgang wird **Verseifung** genannt. Seifenmoleküle bilden im Wasser **Micellen**. Im Gegensatz zu **seifenfreien Detergenzien** bildet Seife mit **hartem Wasser*** Niederschlag.

Verseifung (Seifenherstellung)   *Seifenfabrik*

Abgemessene **Fett***-*Mengen und Natron- oder Kaliumhydroxidlösungen (Kalilauge) werden kontinuierlich in einen großen, hohlen, säulenartigen Bau eingebracht, der sich unter hohem Druck befindet und sehr heiß ist.*

Es bilden sich **Seife*** *und Propantriol. Das Gemisch wird in Salzwasser gelöst.*

Im abschließenden Prozess werden übrig gebliebene langkettige **Carbonsäuren*** *mit Alkali* **neutralisiert***. *Die Salzkonzentration wird angeglichen und die Mischung zentrifugiert, um die Seife abzutrennen.*

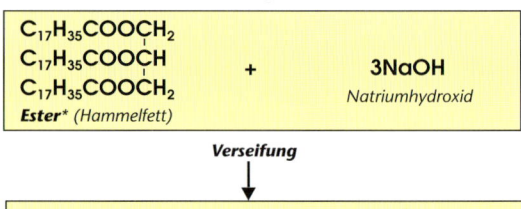

Reaktion der Seifenherstellung

$C_{17}H_{35}COOCH_2$
$C_{17}H_{35}COOCH$ $\quad$ **+** $\qquad$ **3NaOH**
$C_{17}H_{35}COOCH_2$ $\qquad\qquad\qquad$ *Natriumhydroxid*
Ester* (Hammelfett)

Verseifung ↓

$3C_{17}H_{35}COO^-Na^+$ $\quad$ **+** $\qquad$ CH_2OH
Natriumoctadecanat $\qquad\qquad\qquad$ $CHOH$
(Natriumstearat) – Seife $\qquad\qquad$ CH_2OH
$\qquad\qquad\qquad\qquad\qquad$ *Propantriol (Glycerin)*

Alle **Seifenmoleküle** *sind Natrium- oder Kaliumsalze langkettiger* **Carbonsäuren***. *In diesem Beispiel ist die Seife ein* **Salz*** *der* **Octadecansäure**.

Seifenfreie Detergenzien (Synthetische Detergenzien)

Werden aus Nebenprodukten der Rohöl-**Raffinerie*** hergestellt. Sie werden für viele Produkte verwendet, z. B. für **Waschmittel** und Shampoos. Sie werden meist als Detergenzien (Tenside) aufgeführt. Seifenfreie Detergenzien bilden keine Niederschläge mit **hartem Wasser*** und schäumen besser als Seifen. Nicht **biologisch abbaubare*** Seifen verschmutzen die Flüsse (s. rechts).

*Beispiel für **seifenfreie Detergenzien**, die keine **ionischen*** Anteile haben (Anwendung: Spülmittel)*

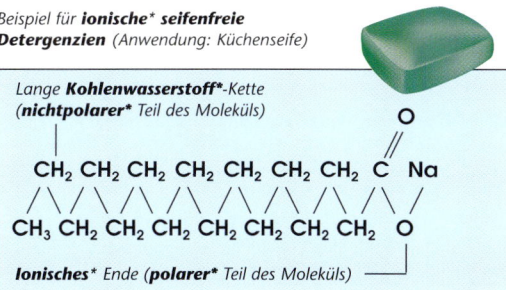

Nichtpolarer* Teil des Moleküls.

$$CH_2 \quad CH_2 \quad CH_2 \quad CH_2$$
$$CH_3 \quad CH_2 \quad CH_2 \quad CH_2 \quad (O(CH_2)_2)_nOH$$

Benzolring*

Polarer* Teil des Moleküls

*Beispiel für **ionische*** **seifenfreie Detergenzien** (Anwendung: Küchenseife)*

Lange **Kohlenwasserstoff***-Kette (**nichtpolarer*** Teil des Moleküls)

$$CH_2 \ CH_2 \ CH_2 \ CH_2 \ CH_2 \ CH_2 \ CH_2 \ \overset{O}{\underset{\parallel}{C}} \ Na$$
$$CH_3 \ CH_2 \ CH_2 \ CH_2 \ CH_2 \ CH_2 \ CH_2 \ CH_2 \ O$$

Ionisches* Ende (**polarer*** Teil des Moleküls)

Biologisch abbaubare Detergenzien

Tenside, die von Bakterien zerstört werden (s. a. 96). Schaum von **nicht biologisch abbaubaren Detergenzien** kann nicht zerstört werden, bedeckt das Wasser und entzieht ihm den Sauerstoff.

Biologisch nicht abbaubare Waschmittel töten die im Wasser lebenden Tiere, da sie verhindern, dass sich Sauerstoff im Wasser löst.

Grenzflächenaktive Stoffe

Sie setzen die **Oberflächenspannung*** des Wassers herab. Daher haben Detergenzien außer der Schmutzbeseitigung viele weitere Verwendungen, z. B. in:

Schmiermitteln – sie werden durch Zusatz von grenzflächenaktiven Stoffen besser steif.

Farben – um zu erreichen, dass das Pigment gleichmäßig verteilt wird, die Farbe nicht tropft und der Deckanstrich glatt wird.

Kosmetika – damit Gesichtspuder gut und gleichmäßig deckt und um sicher zu gehen, dass Cremes sich gut mit Wasser mischen.

Waschpulver

Seife oder **seifenfreie Detergenzien**, die zum Wäschewaschen benutzt werden. Sie sind für die Gewebe besser als Wasser allein geeignet, da sie das Ablösen von Schmutz erleichtern. Es gibt zwei Hauptgruppen: Handwaschmittel (meist Seifenpulver) und Maschinenwaschmittel; letztere sind meist seifenfreie Detergenzien mit weiteren Stoffen, die die Schaumbildung regulieren und das Erscheinungsbild des Gewebes verschönern. **Biologische Waschmittel** enthalten **Enzyme***, die die **Proteine*** zersetzen und den Schmutz lösen.

---

* **Benzolring**, 76 (**Aromaten**); **Enzyme**, 47; **Hartes Wasser**, 93; **Ionisch**, 17 (**Ionenverbindung**); **Kohlenwasserstoff**, 76; **Nichtpolar**, **Polar** 19 (**Polares Molekül**); **Protein**, 91; **Raffinieren**, 84; **Oberflächenspannung**, 117.

NAHRUNGSMITTEL

Um zu überleben und zu wachsen, brauchen lebende Organismen verschiedene Stoffe, z. B. **Nährstoffe** – **Kohlenhydrate**, **Proteine** und **Fette** (s. a. **Lipide**); dies sind **organische Verbindungen***, die von Pflanzen aufgebaut und von Tieren aufgenommen werden. Wichtig sind auch die **Zusatznahrungsmittel** – Wasser und **Mineralien** werden von Pflanzen und Tieren benötigt, **Vitamine** nur von Tieren. **Ballaststoffe** helfen Tieren bei der Verdauung. Verschiedene Tiere brauchen für eine gesunde Ernährung unterschiedliche Mengen dieser Stoffe. Falsche Mengen können Krankheit verursachen.

Der menschliche Körper benötigt verschiedene Nährstoffe, um gesund zu bleiben.

Kohlenhydrate
Organische Verbindungen* unterschiedlicher Komplexität. Die komplexesten, die aus vielen Einheiten bestehen, sind die **Polysaccharide** (z. B. **Stärke**). Die einfachsten, die nur aus einer Einheit bestehen, heißen **Monosaccharide**. Alle haben die **Allgemeinformel*** $C_x(H_2O)_y$. Fast alle lebenden Organismen benutzen das Monosaccharid **Glucose** als Energielieferanten.

Zucker

Diese Nahrungsmittel enthalten **Kohlenhydrate**.

Brot

Glucose
Ein **Monosaccharid** (s. a. **Kohlenhydrate**) mit der **Molekülformel*** $C_6H_{12}O_6$, dessen Abbau Pflanzen und Tiere mit Energie versorgt. Pflanzen stellen durch **Fotosynthese*** ihre eigene Glucose her; sie speichern die Glucose als **Stärke**, bis sie benötigt wird. Tiere nehmen viele Kohlenhydrate auf, bauen die komplexeren zu Glucose ab und speichern sie als **Glykogen**, ein **Polysaccharid**.

Nudeln

Chips

Vereinfachte Gleichung stellt die Energie dar, die beim Abbau von Glucose freigegeben wird

$$C_6H_{12}O_6 + 6O_2 \rightarrow 6CO_2 + 6H_2O + \textbf{ENERGIE}$$

Glucose	Sauerstoff (durch Atmung aufgenommen)	Kohlendioxid	Wasser	(gemessen in kJ)

Saccharose (Rohrzucker)
Ein **Disaccharid**, also ein **Kohlenhydrat** aus zwei **Monosacchariden** – in diesem Fall **Glucose** und **Fructose**. Schmeckt süß, wird zum Süßen von Speisen verwendet und meist nur als „Zucker" bezeichnet. Hat die **Molekülformel*** $C_{12}H_{22}O_{11}$ und wird aus Zuckerrohr und Zuckerrüben gewonnen.

Stärke
Ein **Polysaccharid**, die gespeicherte Form der **Glucose** in Pflanzen. Wie **Glykogen** (s. a. **Glucose**) ist es ein Beispiel für ein **natürliches Polymer*** – wobei die **Monomere*** hier Glucose-**Monosaccharide** sind. Wenn diese sich verbinden, bilden sich an den Verbindungsstellen Wassermoleküle (s. a. **Polykondensation** 86).

Teil eines Stärkemoleküls

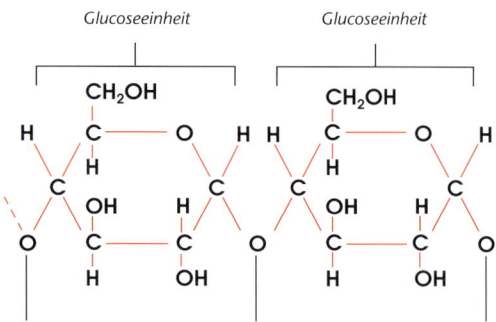

Glucoseeinheit   *Glucoseeinheit*

Vor dem Verbinden gab es an jedem Molekül OH. Wasser bildete sich und wurde ins Pflanzengewebe abgegeben.

---

* **Allgemeinformel**, 77 (**Homologe Reihe**); **Fotosynthese**, 95; **Molekülformel**, 26; **Monomere**, 86; **Natürliche Polymere**, 87; **Organische Verbindung**, 76; **Polymere**, 86.

Aminosäuren

Verbindungen, die ein Kohlenstoffatom enthalten, das mit einer **Carboxylgruppe*** (**–COOH**) und einer **Aminogruppe*** (**–NH₂**) verbunden ist. **Proteine** werden aus Aminosäuren hergestellt.

Es gibt rund 20 verschiedene natürliche **Aminosäuren**, *die alle eine* **Aminogruppe*** *und eine* **Carboxylgruppe*** *enthalten.*

$$NH_2 \longrightarrow Aminogruppe$$

Glycin (Aminosäure)

$$H \longrightarrow C \longrightarrow COOH$$

$$H \longrightarrow Carboxylgruppe$$

Wie Proteine im Körper abgebaut werden

Erdnüsse enthalten eine Menge **Proteine**, *darum sind sie sehr nahrhaft.*

1. Zerkaute Erdnüsse wandern durch die Speiseröhre in den Magen und den Dünndarm, wo die **Proteine**, *die sie enthalten, verdaut werden.*

Speiseröhre

Magen

Dünndarm

2. Diese Kette stellt die besondere Anordnung der **Aminosäure**-*Einheiten* (**Monomere***) *im Protein der Erdnüsse dar. Bei jedem unterschiedlichen Protein haben die Aminosäuren eine andere Anordnung.*

Verschiedenfarbige Kästchen stellen unterschiedliche **Aminosäuren** *dar.*

3. Ein **Enzym*** *im Magen verkleinert die langen Ketten* (**Polypeptide**) *des Proteins in kürzere Ketten, die aber noch lang genug sind, um ebenfalls Polypeptide zu sein.*

Enzyme* *sind* **Katalysatoren***, *die Reaktionen im Körper beschleunigen.*

4. Ein **Enzym*** *im Dünndarm spaltet die Polypeptide zu Molekülen, die aus zwei Aminosäuren bestehen* (**Dipeptide**), *oder zu einer einzelnen Aminosäure.*

5. Die Aminosäuren können jetzt vom Körper aufgenommen werden.

6. Im Körper bilden gewisse Enzyme neue Proteine durch Zusammensetzen der Aminosäuren.

7. Die Anordnung der Aminosäuremonomere in der neuen Proteinkette bestimmt die Art der Proteine. Dieser Tänzer braucht viel von den Proteinen **Actin** *und* **Myosin**, *die im Muskel vorkommen.*

Proteine

Natürliche Polymere*, die durch Zusammenfügen von **Aminosäure-Monomeren*** entstehen. Die **relative Molekülmasse*** der Proteine variiert von 20 000 bis zu einigen Millionen. Sie kommen in Fleisch, Milchprodukten, Getreide, Nüssen und Bohnen vor. Tiere brauchen Proteine für das Wachstum und um Gewebe zu ersetzen.

Vitamine

Organische Verbindungen*, die in geringen Mengen in der Nahrung vorkommen. Sie sind lebenswichtig. Sie helfen den **Enzymen***, chemische Reaktionen im Körper zu **katalysieren***.

Beispiel für ein Vitamin: Vitamin C, auch Ascorbinsäure genannt.

Menschen, die nicht genug Vitamin C aufnehmen, bekommen Skorbut. Zitrusfrüchte und Gemüse sind Hauptquellen dieses Vitamins.

Lipide

Gruppe von **Estern***, einschließlich **Fette** und Wachse, die im lebenden Gewebe vorkommen (Fette bilden eine Energiereserve im Organismus). Lipide lösen sich nicht in Wasser, aber in **organischen Lösungsmitteln***. Sie sind größtenteils fest oder halbfest und bestehen aus **gesättigten*** **Carbonsäuren***; eine Ausnahme sind die **Öle**, die flüssig sind und hauptsächlich aus **ungesättigten*** Carbonsäuren bestehen.

Beispiel für die Fettherstellung

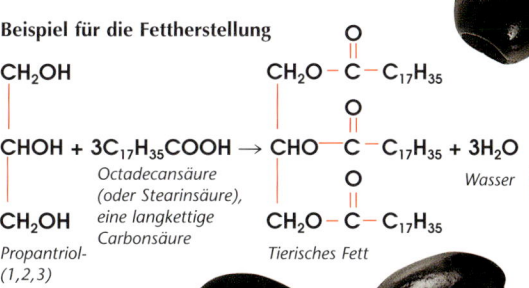

$$CH_2OH \qquad\qquad CH_2O-\overset{\overset{\displaystyle O}{\|}}{C}-C_{17}H_{35}$$

$$CHOH + 3C_{17}H_{35}COOH \rightarrow CHO-\overset{\overset{\displaystyle O}{\|}}{C}-C_{17}H_{35} + 3H_2O$$

$$CH_2OH \qquad\qquad CH_2O-\overset{\overset{\displaystyle O}{\|}}{C}-C_{17}H_{35}$$

Propantriol-(1,2,3)

Octadecansäure (oder Stearinsäure), eine langkettige Carbonsäure

Tierisches Fett

Wasser

Oliven enthalten ein **Öl** *mit einem hohen Anteil an* **ungesättigten*** *Fettsäuren, wie z. B. Ölsäure und Linolsäure. Wird zum Kochen verwendet.*

---

* **Aminogruppe**, 81 (**Primäre Amine**); **Carboxylgruppe**, 81 (**Carbonsäuren**); **Enzym**, 47; **Ester**, 81; **Gesättigte Verbindung**, 77; **Katalyse**, 47 (**Katalysator**); **Monomere**, 86; **Natürliche Polymere**, 87; **Organisches Lösungsmittel**, 117; **Relative Molekülmasse**, 24; **Ungesättigte Verbindungen**, 77.

WASSER

Wasser (**H₂O**) ist die wichtigste Verbindung auf der Erde. Es befindet sich auf der Oberfläche, in der Atmosphäre und ist Bestandteil von Tieren und Pflanzen. Große Mengen Wasser werden täglich im Haushalt und in der Industrie gebraucht, z. B. als **Kühlmittel*** in der Chemieindustrie. Wasser enthält normalerweise einige gelöste Gase, **Salz*** und **Schmutzstoffe*** (s. a. 53).

Ein Wassermolekül besteht aus einem Sauerstoffatom und zwei Wasserstoffatomen.

*Ein **Wassermolekül** ist **polar***, so dass Wasser ein gutes **polares Lösungsmittel*** ist.*

Eis

Die feste Form des Wassers. Es bildet ein **Molekülgitter***, in dem die Moleküle einen größeren Abstand als im flüssigen Zustand haben. Dies wird durch **Wasserstoffbrücken*** hervorgerufen und bewirkt, dass Eis eine geringere Dichte hat und Wasser sich beim Erstarren ausdehnt.

Eiswürfel – die feste Form von Wasser

Wasserkreislauf

Der andauernde Kreislauf des Wassers durch Luft, Flüsse und Seen.

*Regenwasser ist sehr rein, löst aber einige Gase auf, z. B. Kohlendioxid und Schwefeldioxid, so dass **saurer Regen*** entsteht.*

Atmosphärisches Wasser

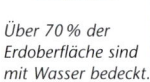

Über 70 % der Erdoberfläche sind mit Wasser bedeckt.

Feuchtigkeit
Die Wasserdampfmenge in der Luft; sie ist von der Temperatur abhängig und in warmer Luft höher (bis zu 4 %) als in kalter Luft.

Hygroskopisch
Eine Substanz, die bis zu 70 % des eigenen Gewichtes an Wasser aufnehmen kann, z. B. Natriumchlorid. Hygroskopische Stoffe werden feucht, lösen sich aber nicht.

Zerfließend
Beschreibt einen Stoff, der Wasserdampf aus der Luft aufnimmt und sich darin auflöst. Er bildet eine **konzentrierte*** Lösung.

*Wenn Calciumchlorid an der Luft gelassen wird, nimmt es Wasserdampf auf und bildet eine **konzentrierte*** Lösung.*

Verwitterung
Ein Kristall, der ein Teil seines **Kristallwassers*** an die Luft verliert, verwittert. Ein pulveriger Überzug bleibt auf der Oberfläche zurück.

Ein weißes Pulver bildet sich auf Natriumcarbonatkristallen.

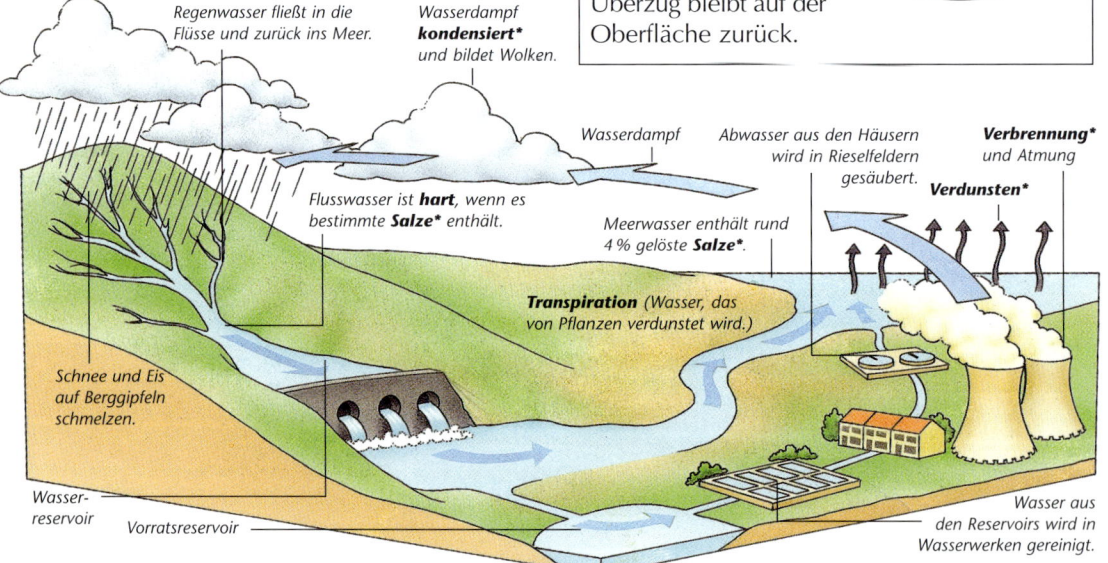

Regenwasser fließt in die Flüsse und zurück ins Meer.

*Wasserdampf **kondensiert*** und bildet Wolken.*

Wasserdampf

Abwasser aus den Häusern wird in Rieselfeldern gesäubert.

Verbrennung *und Atmung*

Verdunsten*

*Flusswasser ist **hart**, wenn es bestimmte **Salze*** enthält.*

*Meerwasser enthält rund 4 % gelöste **Salze***.*

Transpiration *(Wasser, das von Pflanzen verdunstet wird.)*

Schnee und Eis auf Berggipfeln schmelzen.

Wasser-reservoir

Vorratsreservoir

Wasser aus den Reservoirs wird in Wasserwerken gereinigt.

* **Kondensation**, 7; **Konzentriert**, 30; **Kristallwasser**, 21; **Kühlmittel**, 117; **Molekülgitter**, 23; **Polares Lösungsmittel**, 30; **Polares Molekül**, 19; **Salze**, 39; **Saurer Regen**, 96; **Schmutzstoff**, 96; **Verbrennung**, 94; **Verdunsten**, 7; **Wasserstoffbrücke**, 20.

Wasserversorgung

Destilliertes Wasser
Wasser, aus dem **Salze*** durch **Destillation***
entfernt wurden. Es ist sehr rein, enthält
aber einige gelöste Gase.

Entsalzung
Aus Meerwasser werden gelöste **Salze*** durch
Destillation* oder **Ionenaustausch** entfernt.

Reinigung
Entfernung von Bakterien und anderen
schädlichen Stoffen aus dem Wasser, um
trinkbares Wasser herzustellen.

*Im Wasserwerk rinnt Wasser aus
dem Reservoir durch Filterschichten
aus sauberem Kies, Sand oder
Aktivkohle. So werden Schlamm
und andere Feststoffe entfernt.*
Filterschicht

*In einer Chlorungsanlage werden Ozon und
Chlorverbindungen im Wasser gelöst, um
Bakterien zu töten, und dann entfernt.*

Trinkbares Wasser

Hartes Wasser
Enthält Calcium- und Magnesium-**Salze***, die
sich aus dem Boden gelöst haben, über die das
Wasser geflossen ist (s. a. **Calcium** 57). Wasser,
das diese Salze nicht enthält, wird **weiches
Wasser** genannt. Es gibt zwei Härten – die
temporäre Härte (die relativ leicht
beseitigt werden kann) und die
permanente Härte (die nur
schwierig beseitigt werden
kann). Hartes Wasser schäumt
mit Seife nicht und bildet
Kalkseife. Weiches Wasser
schäumt stark, da es mit
Seife keine Kalkseife bildet.

*Welches Mineral ein
Wasser enthält, hängt von
dem Gestein ab, über das
es geflossen ist.*

Gleichung für die Bildung von Kalkseife

Calcium- und Magnesium-ionen (in har-tem Wasser)	+	Seife (Natrium-stearat)	→	Kalkseife (Calcium- und Magne-siumstearate)	+	Natrium-ionen

Temporäre Härte
Eine Wasserhärte, die durch
das in Wasser gelöste **Salz***
Calciumhydrogencarbonat her-
vorgerufen wird. Sie kann durch
Kochen beseitigt werden. Es bildet
sich ein weißer Niederschlag
(Calciumcarbonat, Kesselstein).

*Kesselstein bildet
sich beim Sieden
von **hartem
Wasser**.*

Permanente Härte
Wird durch in Wasser gelöste Calcium- und
Magnesium-**Salze*** (Sulfate, Chloride) hervor-
gerufen. Sie kann nicht einfach durch Kochen
beseitigt werden, sondern durch **Destillation***
(wobei sich **destilliertes Wasser** bildet) oder
durch **Weichmacher** (z. B. **Ionenaustauscher**).

Ionenaustauscher
Machen hartes Wasser weich (s. a. **permanente
Wasserhärte**). Wasser wird über Stoffe gegeben,
die Calcium- und Magnesiumionen durch
Natriumionen ersetzen (**Zeolite**, Natrium-
Aluminium-Silikate). Auch organische **Poly-
mere*** werden als Ionenaustauscher eingesetzt.

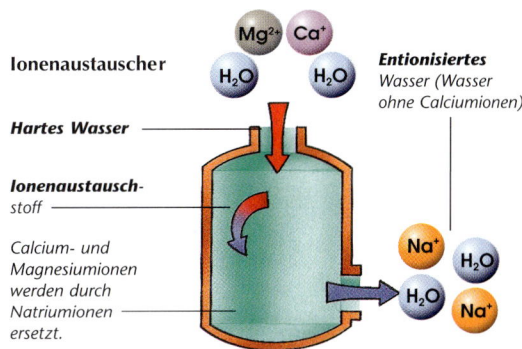

Ionenaustauscher

*Entionisiertes
Wasser (Wasser
ohne Calciumionen)*

Hartes Wasser

**Ionenaustausch-
stoff**

*Calcium- und
Magnesiumionen
werden durch
Natriumionen
ersetzt.*

Weichmacher
Stoffe, die eine **permanente Härte** beseitigen.
Sie reagieren mit Calcium- und Magnesium-
Salzen* zu Verbindungen, die nicht mit Seife
reagieren.

Kristallsoda
Trivialname für das
Hydrat* des Natrium-
carbonats (s. a. 55). Es
wird im Haushalt als
Weichmacher verwendet.

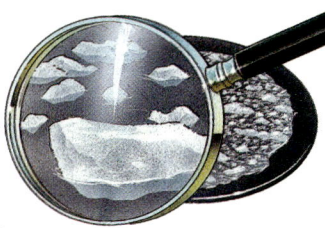

Kristallsoda

LUFT UND VERBRENNUNG

Luft ist ein Gasgemisch, das Sauerstoff, Kohlendioxid und Stickstoff enthält. Sie umgibt die Erde und ist lebenswichtig. Die Gase können durch **fraktionierte Destillation der flüssigen Luft*** getrennt werden. Man verwendet sie in der Industrie als Rohstoffe. Luft enthält auch etwas Wasserdampf und manchmal auch **Schmutzmittel***.

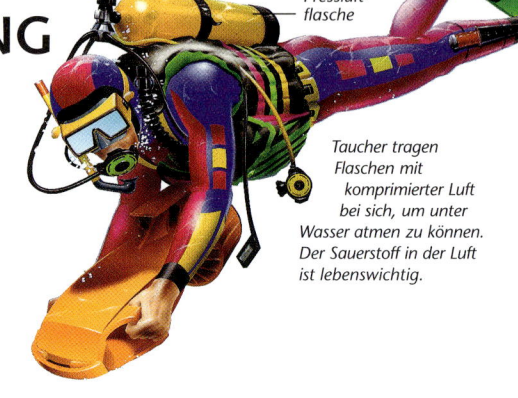

Pressluft-flasche

Taucher tragen Flaschen mit komprimierter Luft bei sich, um unter Wasser atmen zu können. Der Sauerstoff in der Luft ist lebenswichtig.

Zusammen-setzung der trocke-nen Luft

21 % Sauerstoff – lebenswichtig für die Atmung*

0,97 % Edelgase* – verschiedene industrielle Anwendungen

78 % Stickstoff – unentbehrlich für das Wachstum der Pflanzen

0,03 % Kohlendioxid

Verbrennung
Exotherme Reaktion* zwischen einem Stoff und einem Gas. Verbrennung findet meist an der Luft statt. Dabei verbindet sich der Stoff mit Sauerstoff. Verbrennungen können aber auch in anderen Gasen auftreten (z. B. Chlor). Sie verlaufen nicht von selbst, sondern müssen durch Erwärmen gestartet werden (s. a. **Aktivierungs-energie** 46).

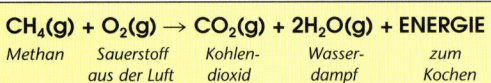

Erdgas* (hauptsächlich Methan) verbrennt in Gasherden und liefert Energie zum Kochen.

$$CH_4(g) + O_2(g) \rightarrow CO_2(g) + 2H_2O(g) + ENERGIE$$

| Methan | Sauerstoff aus der Luft | Kohlen-dioxid | Wasser-dampf | zum Kochen |

Schnelle Verbrennung
Verbrennung, bei der viel Wärme und Lichtenergie abgegeben werden.

Schnelle Verbrennungen können ein großes Gasvolumen und viel Energie freisetzen. Das bewirkt eine Explosion.

Stille Verbrennung
Verbrennung, die bei niedrigen Temperaturen stattfindet, wobei keine **Flamme** auftritt. Die **Atmung** (s. a. 95) ist eine stille Verbrennung.

Flamme
Durch die bei der **schnellen Verbrennung** entstehende große Wärmeenergie werden Atome zur Lichtaussendung angeregt.

Glühende Teilchen von unver-branntem Kohlenstoff.

*Eine **nicht leuchtende Flamme** entsteht, wenn ausreichend Sauerstoff zur Verbrennung vorhanden ist.*

Nicht leuch-tendes Gas

*Eine **leuchtende Flamme** entsteht, wenn nicht ausreichend Sauerstoff zur Verbrennung vorhanden ist.*

Luftzufuhr offen *Luftzufuhr geschlossen*

Brennstoffe
Substanzen, die zur Energie-erzeugung verbrannt werden. Die meisten, die heute verwen-det werden, sind **fossile Brenn-stoffe**, die aus prähistorischen Tieren und Pflanzen gebildet wurden.

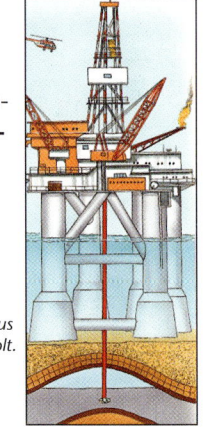

Fossile Brennstoffe wie Erdgas* und Erdöl* werden tief aus der Erde geholt.

Holz ist der älteste Brennstoff.

Heizwert
Ein Maß für den Wärmebetrag, der von einer bestimmten Menge des **Brennstoffs** geliefert wird. Die Tafel unten zeigt die verschiedenen relativen Werte für gebräuchliche Brennstoffe.

| Benzin* |
| Erdgas* |
| Kohle* |
| Koks* |
| Anthrazit* |
| Holz |

Wärmeenergie in Kilojoule* pro Gramm

Korrosion

Reaktion zwischen Metallen und den Gasen der Luft. Das Metall wird **oxidiert*** zu einer Oxidschicht auf der Oberfläche, die manchmal Schutz vor weiterer Korrosion bietet, meist jedoch das Metall schwächt. Korrosion kann verhindert werden, wenn kein Sauerstoff an das Metall kommt oder indem man verhindert, dass Elektronen entweichen (s. a. **Kathodischer Korrosionsschutz** 45). Die Korrosion des Eisens nennt man **Rosten** (s. a. **Rost** 60).

Atmung

Eine **stille Verbrennung** bei Tieren und Pflanzen, die aus der Reaktion von **Glucose*** mit Sauerstoff Energie liefert. Chemisch ist sie die Umkehr der **Fotosynthese**.

Kohlendioxid wird an die Luft abgegeben.

Sauerstoff aus der Luft

Nahrung

Glucose* der Nahrung reagiert mit Sauerstoff.

$$C_6H_{12}O_6 + 6O_2 \rightarrow 6CO_2 + 6H_2O + \text{ENERGIE}$$

Energie, die aus der Reaktion von Glucose mit Sauerstoff entsteht.

Fotosynthese

Eine **fotochemische Reaktion*** in grünen Pflanzen. Durch die Nutzung des Sonnenlichts wird **Glucose*** aus der Reaktion von Kohlendioxid mit Wasser gebildet. Sie ist chemisch gesehen das Gegenteil der **Atmung**.

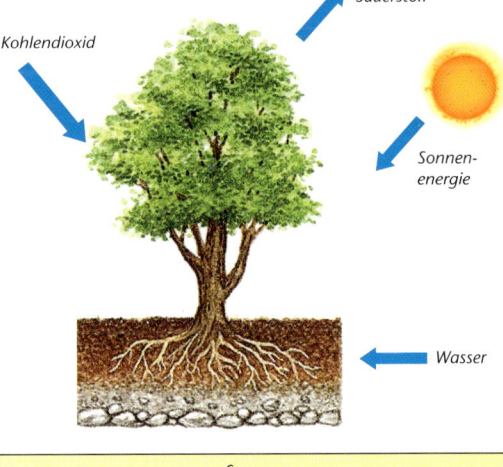

Sauerstoff

Kohlendioxid

Sonnenenergie

Wasser

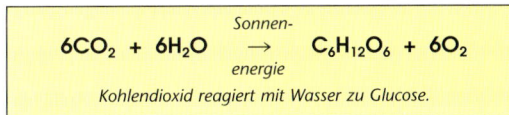

$$6CO_2 + 6H_2O \xrightarrow{\text{Sonnenenergie}} C_6H_{12}O_6 + 6O_2$$

Kohlendioxid reagiert mit Wasser zu Glucose.

Stickstoffkreislauf

Das fortwährende Kreisen des Stickstoffs durch Luft, Tiere, Pflanzen und Boden.

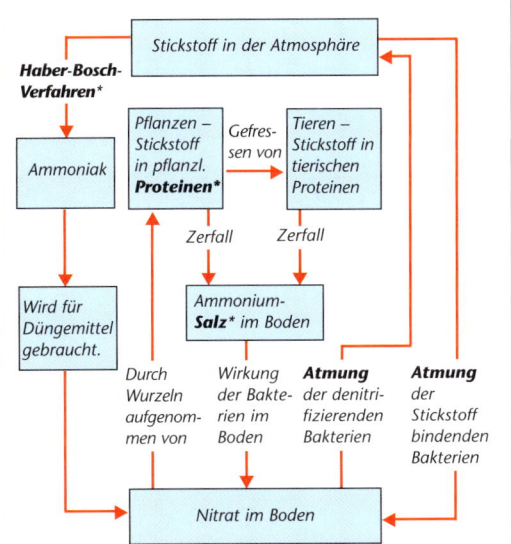

Kohlenstoffkreislauf

Beschreibt das Wandern des Kohlenstoffs durch Luft, Tiere, Pflanzen und Boden.

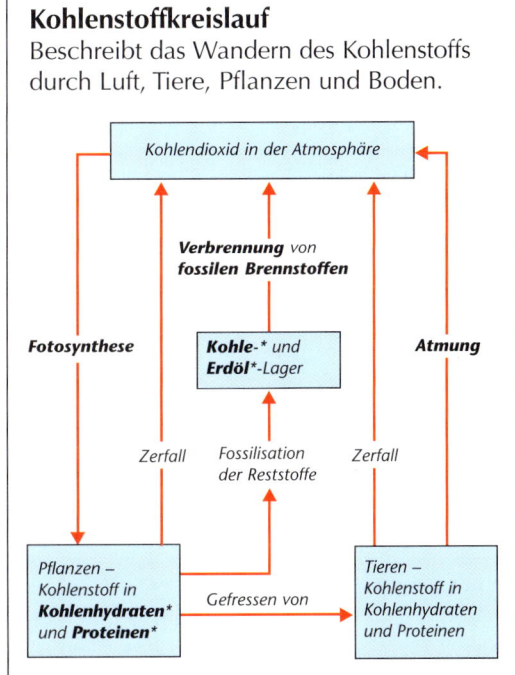

* **Erdöl**, 84; **Fotochemische Reaktion**, 46; **Glucose**, 90; **Haber-Bosch-Verfahren**, 66; **Kohle**, 65; **Kohlenhydrate**, 90; **Oxidation**, 34; **Proteine**, 91; **Salze**, 39.

UMWELTVERSCHMUTZUNG

Die **Umweltverschmutzung** besteht im Verteilen von unerwünschten Stoffen (**Schmutzstoffen**) auf das Land, in die Atmosphäre, die Flüsse und Ozeane. Sie bringen die natürlichen Prozesse der Erde in Unordnung. Die Hauptursachen und Arten der **Verschmutzung** werden unten gezeigt.

Biologisch abbaubare Stoffe

Stoffe, die durch Bakterien in kleinere Bruchstücke gespalten werden können. Viele Kunststoffe sind nicht biologisch abbaubar (s. a. **Biologisch abbaubare Detergenzien** 89).

Smog

Ein Nebel mit Staub und Ruß. Er ist sauer, denn er enthält Schwefeldioxid, das in Industriestädten durch Verfeuern von **Brennstoffen*** entsteht.

Schwefeldioxid, aus Verunreinigungen im Brennstoff* entstanden, ist die Hauptursache für den sauren Regen.

Saurer Regen

Regenwasser, das saurer ist als gewöhnlich. Regen hat normalerweise einen **pH-Wert*** zwischen 5 und 6, weil sich Kohlendioxid zu verdünnter Kohlensäure löst. Schwefeldioxid und die Oxide des Stickstoffs, die durch Verbrennung von **Brennstoffen*** entstehen, reagieren in der Atmosphäre mit Wasser zu Säuren des Schwefels und des Stickstoffes mit dem pH-Wert 3.

Treibhauseffekt

Kohlendioxid in der Atmosphäre verhindert das Abstrahlen von Sonnenenergie. Dies bewirkt eine Temperatursteigerung. Beim Verbrennen von **Brennstoffen*** entsteht erneut Kohlendioxid, was das Problem noch verschlimmert.

Eingeschlossene Sonnenenergie

Abbau der Ozonschicht

Die **Ozonschicht*** der Atmosphäre, die die Erde vor der schädlichen Ultraviolettstrahlung der Sonne schützt, dünnt aus. Beschleunigt wird dieser Vorgang vermutlich durch Chlor, das beim Abbau von Sauerstoff zu Ozon wie ein **Katalysator*** wirkt. Das Chlor entsteht beim Abbau von **Fluorchlorkohlenwasserstoffen*** (**FCKW**), die als Treibmittel in Sprays, als **Kühlmittel*** in Kühlschränken und bei der Herstellung von **Polystyrol*** verwendet werden. Es gibt weltweite Bemühungen, Herstellung und Gebrauch von FCKW zu verringern, doch viele Wissenschaftler meinen, dass mehr getan werden müsste.

Erwärmung der Flüsse

Fabriken und Kernkraftwerke lassen erwärmtes Wasser in Flüsse und Seen. Dies bewirkt eine Abnahme des im Wasser gelösten Sauerstoffs und beeinträchtigt das Leben im Wasser.

Eutrophierung

Gesteigertes Wachstum von Wasserpflanzen in Flüssen, hervorgerufen durch einen Überschuss an Nitraten, Nitriten und Phosphaten aus Düngemitteln. Dadurch nimmt der Sauerstoff im Wasser ab, und viele Wassertiere sterben.

*Durch Verwendung von **Brennstoff*** entstehende Oxide des Stickstoffs tragen zum **sauren Regen** bei. Mit Sonnenlicht reagieren Stickstoffdioxid und Sauerstoff zu giftigem **Ozon***.*

*Die Konzentration von Kohlendioxid in der Atmosphäre nimmt langsam zu, eine Folge des großen Einsatzes von **Brennstoffen*** (s. a. **Treibhauseffekt**).*

*Das hochgiftige Kohlenmonoxid entsteht durch unvollständige Verbrennung von **Brennstoffen*** in Autos und Kraftwerken.*

*Gebäude werden durch **sauren Regen** zerfressen.*

*Wassertiere und -pflanzen sterben durch **sauren Regen**, **Eutrophierung**, **Erwärmung der Flüsse** und **toxische** (giftige) Schwermetalle, z. B. Quecksilber, die aus Fabriken in die Flüsse und Meere laufen.*

*Pflanzen sterben durch **sauren Regen**.*

*Giftige Bleiverbindungen aus Autos, die bleitetraethylhaltiges Benzin verwenden, ein **Antiklopfmittel****

Smog und saurer Regen schaden Mensch und Tier.

Pflanzen nehmen Schadstoffe auf, die durch den sauren Regen in den Boden gedrungen sind.

REAKTIVITÄTSREIHE

(enthält 10 Metalle, s. a. 44)

Metall	Symbol	Reaktion mit Luft	Reaktion mit Wasser	Reaktion mit verdünnten starken Säuren*	Verdrängungsreaktionen*	Reaktion des Oxids mit Kohle	Reaktion des Oxids mit Wasserstoff	Erhitzen des Oxids	Erhitzen des Carbonats	Erhitzen des Nitrats
Kalium	K	Verbrennen zu Oxiden.	Reagieren mit kaltem Wasser zu Wasserstoff und Hydroxid, das sich in Wasser zu alkalischen Lösungen löst. Die Reaktion nimmt nach unten hin ab.	Explosive Reaktion ergibt Wasserstoff und **Salz*** in Lösung.	Alle Metalle verdrängen Ionen der unter ihnen stehenden Metalle aus der Lösung.	Keine Reaktion			Keine Reaktion	Zersetzt sich zu Nitrit und Sauerstoff.
Natrium	Na									
Calcium	Ca	Verbrennen, wenn erhitzt, zu Oxiden. Die Reaktion nimmt nach unten hin ab.		Reagieren zu Wasserstoff und **Salz***-lösung mit nach unten hin abnehmender Stärke.						Zersetzt sich nach unten hin leichter zu Oxid, Sauerstoff und Stickstoffdioxid.
Magnesium	Mg		Keine Reaktion mit kaltem Wasser. Die Reaktion mit Wasserdampf ergibt Wasserstoff und Oxid. Die Reaktion nimmt nach unten hin ab.							
Aluminium	Al						Keine Reaktion	Keine Reaktion	Zersetzt sich nach unten hin leichter zu Oxid und Kohlendioxid.	
Zink	Zn					Das Oxid wird nach unten hin leichter zum Metall **reduziert***. Es bildet sich Kohlendioxid.				
Eisen	Fe									
Blei	Pb	Verbrennen nicht beim Erwärmen, bilden aber eine oberflächliche Oxidschicht.	Keine Reaktion							
Kupfer	Cu			Keine Reaktion			Das Oxid wird nach unten hin leichter zum Metall **reduziert***. Es bildet sich Wasser.			
Silber	Ag	Keine Reaktion						Zersetzt sich zu Metall und Sauerstoff	und Kohlendioxid.	und Stickstoffdioxid.

* **Reduktion**, 34; **Salze**, 39; **Starke Säure**, 38; **Verdrängung**, 44.

EIGENSCHAFTEN DER ELEMENTE

Die Tabelle unten gibt Informationen über die physikalischen Eigenschaften der Elemente des **Periodensystems** (s. a. 50–51). Die letzten acht Elemente (mit der **Ordnungszahl*** 96–103 – s. a. 51 und **Tabelle der Stoffe, Symbole und Formeln** 112–113) werden nicht aufgeführt, da man sehr wenig über sie weiß – sie müssen alle unter speziellen Laborbedingungen hergestellt werden und existieren nur für Sekundenbruchteile. Alle Dichtemessungen finden bei Raumtemperatur statt, außer die der Gase (markiert mit †), die beim Siedepunkt gemessen werden. Ein Strich (–) in der Tabelle zeigt an, dass kein Wert bekannt ist.

Element	Symbol	Ordnungs-zahl*	Ungefähre relative Atommasse*	Dichte (g cm⁻³)	Schmelz-punkt (°C) (Klammern zeigen Annäherungen an)	Siedepunkt (°C)
Actinium	Ac	89	227	10,1	1050	3200
Aluminium	Al	13	27	2,7	660	2470
Americium	Am	95	243	11,7	(1200)	(2600)
Antimon	Sb	51	122	6,62	630	1380
Argon	Ar	18	40	1,4 †	−189	−186
Arsen	As	33	75	5,73	–	613 (**sublimiert***)
Astat	At	85	210	–	(302)	–
Barium	Ba	56	137	3,51	714	1640
Beryllium	Be	4	9	1,85	1280	2477
Blei	Pb	82	207	11,3	327	1744
Bor	B	5	11	2,34	2300	3930
Brom	Br	35	80	3,12	−7,2	58,8
Cadmium	Cd	48	112	8,65	321	765
Caesium	Cs	55	133	1,9	28,7	690
Calcium	Ca	20	40	1,54	850	1487
Cer	Ce	58	140	6,78	795	3470
Chlor	Cl	17	35,5	1,56 †	−101	−34,7
Chrom	Cr	24	52	7,19	1890	2482
Cobalt	Co	27	59	8,7	1492	2900
Dysprosium	Dy	66	162	8,56	1410	2600
Eisen	Fe	26	56	7,85	1535	3000
Erbium	Er	68	167	9,16	1500	2900
Europium	Eu	63	152	5,24	826	1440
Fluor	F	9	19	1,11 †	−220	−188
Francium	Fr	87	223	–	(27)	–
Gadolinium	Gd	64	157	7,95	1310	3000
Gallium	Ga	31	70	5,39	29,8	2400
Germanium	Ge	32	73	5,4	937	2830
Gold	Au	79	197	19,3	1063	2970
Hafnium	Hf	72	178,5	13,3	2220	5400
Helium	He	2	4	0,147 †	−270	−269
Holmium	Ho	67	165	8,8	1460	2600
Indium	In	49	115	7,3	157	2000
Iod	I	53	127	4,93	114	184
Iridium	Ir	77	192	22,4	2440	5300
Kalium	K	19	39	0,86	63,7	774
Kohlenstoff	C	6	12	2,25 (**Grafit***)	3730 (**sublimiert***)	4830
				3,51 (**Diamant***)	3750	–
Krypton	Kr	36	84	2,16 †	−157	−152
Kupfer	Cu	29	64	8,89	1083	2595

* **Diamant**, **Grafit**, 64; **Ordnungszahl**, 13; **Relative Atommasse**, 24; **Sublimation**, 7.

Element	Symbol	Ordnungs-zahl*	Ungefähre relative Atommasse*	Dichte (g cm⁻³)	Schmelz-punkt (°C)	Siedepunkt (°C)
					(Klammern zeigen Annäherungen an)	
Lanthan	**La**	57	139	6,19	920	3470
Lithium	**Li**	3	7	0,53	180	1330
Lutetium	**Lu**	71	175	9,84	1650	3330
Magnesium	**Mg**	12	24	1,74	650	1100
Mangan	**Mn**	25	55	7,2	1240	2100
Molybdän	**Mo**	42	96	10,1	2610	5560
Natrium	**Na**	11	23	0,97	97,8	890
Neodym	**Nd**	60	144	7,0	1020	3030
Neon	**Ne**	10	20	1,2 †	−249	−246
Neptunium	**Np**	93	237	20,4	640	−
Nickel	**Ni**	28	59	8,8	1453	2730
Niob	**Nb**	41	93	8,57	2470	3300
Osmium	**Os**	76	190	22,5	3000	5000
Palladium	**Pd**	46	106	12,2	1550	3980
Phosphor	**P**	15	31	1,82 (**weiß***)	44,2 (**weiß**)	280 (**weiß**)
				2,34 (**rot***)	590 (**rot**)	− (**rot**)
Platin	**Pt**	78	195	21,5	1769	4530
Plutonium	**Pu**	94	242	19,8	640	3240
Polonium	**Po**	84	210	9,4	254	960
Praseodym	**Pr**	59	141	6,78	935	3130
Promethium	**Pm**	61	147	−	1030	2730
Protactinium	**Pa**	91	231	15,4	1230	−
Quecksilber	**Hg**	80	201	13,6	−38,9	357
Radium	**Ra**	88	226	5	700	1140
Radon	**Rn**	86	222	4,4 †	−71	−61,8
Rhenium	**Re**	75	186	20,5	3180	5630
Rhodium	**Rh**	45	103	12,4	1970	4500
Rubidium	**Rb**	37	85	1,53	38,9	688
Ruthenium	**Ru**	44	101	12,3	2500	4900
Samarium	**Sm**	62	150	7,54	1070	1900
Sauerstoff	**O**	8	16	1,15 †	−218	−183
Scandium	**Sc**	21	45	2,99	1540	2730
Schwefel	**S**	16	32	2,07	113	444
				(**rhombisch***)	(**rhombisch**)	
				1,96	119	444
				(**monoklin***)	(**monoklin**)	
Selen	**Se**	34	79	4,79	217	685
Silber	**Ag**	47	108	10,5	961	2210
Silizium	**Si**	14	28	2,35	1410	2360
Stickstoff	**N**	7	14	0,808 †	−210	−196
Strontium	**Sr**	38	88	2,62	768	1380
Tantal	**Ta**	73	181	16,6	3000	5420
Technetium	**Tc**	43	99	11,5	2200	3500
Tellur	**Te**	52	128	6,2	450	990
Terbium	**Tb**	65	159	8,27	1360	2800
Thallium	**Tl**	81	204	11,8	304	1460
Thorium	**Th**	90	232	11,7	1750	3850
Thulium	**Tm**	69	169	9,33	1540	1730
Titan	**Ti**	22	48	4,54	1675	3260
Uran	**U**	92	238	19,1	1130	3820
Vanadium	**V**	23	51	5,96	1900	3000
Wasserstoff	**H**	1	1	0,07 †	−259	−252
Wismut	**Bi**	83	209	9,78	271	1560
Wolfram	**W**	74	184	19,3	3410	5930
Xenon	**Xe**	54	131	3,52 †	−112	−108
Ytterbium	**Yb**	70	173	6,98	824	1430
Yttrium	**Y**	39	89	4,34	1500	2930
Zink	**Zn**	30	65	7,1	420	907
Zinn	**Sn**	50	119	7,3	232	2270
Zirkonium	**Zr**	40	91	6,49	1850	3580

***Monokliner Schwefel**, 70; **Ordnungszahl**, 13; **Relative Atommasse**, 24; **Rhombischer Schwefel**, 70; **Roter Phosphor**, **Weißer Phosphor**, 68 (**Phosphor**).

NAMEN EINFACHER ORGANISCHER VERBINDUNGEN

Die einfachen **organischen Verbindungen*** (mit einer oder keiner **funktionellen Gruppe***) können benannt werden, indem man Schritte 1 und 2 befolgt.

Tabelle mit den Vorsilben, die die Anzahl der Kohlenstoffatome in einer Kette angeben

Anzahl der Kohlenstoffatome in der Kette	Vorsilbe
Eins ⟶	**Meth-**
Zwei ⟶	**Eth-**
Drei ⟶	**Prop-**
Vier ⟶	**But-**
Fünf ⟶	**Pent-**
Sechs ⟶	**Hex-**
Sieben ⟶	**Hept-**
Acht ⟶	**Oct-**

1. Schritt

Wähle unter den Sätzen a) bis i) den, der das unbenannte Molekül beschreibt. Geh dann im 2. Schritt zu der Zahl, die angegeben wird.

a) Das Molekül enthält nur Kohlenstoff- und Wasserstoffatome und **Einfachbindungen***. `Geh zu 1`

b) Das Molekül enthält nur Kohlenstoff- und Wasserstoffatome und eine **Doppelbindung***. `Geh zu 2`

c) Das Molekül enthält nur Kohlenstoff- und Wasserstoffatome und eine **Dreifachbindung***. `Geh zu 3`

d) Das Molekül enthält Kohlenstoff, Wasserstoff und eine **Hydroxylgruppe** (**–OH**). `Geh zu 4`

e) Das Molekül enthält Kohlenstoff, Wasserstoff und eine **–CHO-Gruppe** an einem Ende. `Geh zu 5`

f) Das Molekül enthält Kohlenstoff, Wasserstoff und eine **Carbonylgruppe (–CO–)** zwischen zwei Kohlenstoffatomen in der Kette. `Geh zu 6`

g) Das Molekül enthält Kohlenstoff, Wasserstoff und eine **Carboxylgruppe (–COOH)**. `Geh zu 7`

h) Das Molekül enthält nur Kohlenstoff und Wasserstoff, hat aber eine **Seitenkette***. `Geh zu 8`

i) Das Molekül enthält Kohlenstoff, Wasserstoff und ein oder mehrere **Halogen***-Atome. `Geh zu 9`

Schlüssel für die Atome — Kohlenstoffatom — Wasserstoffatom — Andere Atome werden namentlich angegeben.

2. Schritt

1. Der Name eines Moleküls, das nur aus Kohlenstoff- und Wasserstoffatomen und **Einfachbindungen*** besteht, beginnt mit der Vorsilbe für die Anzahl der Kohlenstoffatome (s. a. Tabelle links) und endet auf **-an**, z. B.:

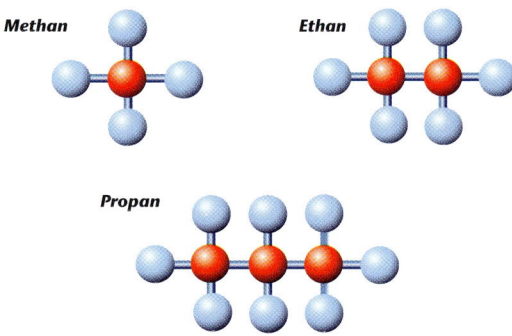

Methan   **Ethan**   **Propan**

Diese Moleküle sind **Alkane***.

2. Der Name eines Moleküls, das nur Kohlenstoff- und Wasserstoffatome und eine **Doppelbindung*** enthält, beginnt mit der Vorsilbe für die Anzahl der Kohlenstoffatome (s. a. Tabelle links) und endet auf **-en**, z. B.:

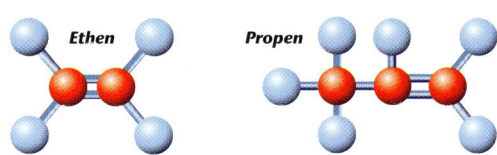

Ethen   **Propen**

Diese Moleküle sind **Alkene***.

3. Der Name eines Moleküls, das nur aus Kohlenstoff- und Wasserstoffatomen und einer **Dreifachbindung*** besteht, beginnt mit der Vorsilbe für die Anzahl der Kohlenstoffatome (s. a. Tabelle links) und endet auf **-in**, z. B.:

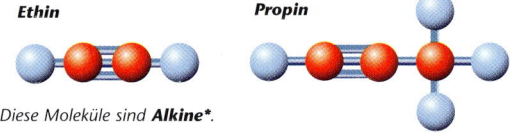

Ethin   **Propin**

Diese Moleküle sind **Alkine***.

4a. Der Name eines Moleküls, das aus Kohlenstoff- und Wasserstoffatomen und einer **Hydroxylgruppe (–OH)** besteht, beginnt mit der Vorsilbe für die Zahl der Kohlenstoffatome (s. a. Tabelle links) und endet auf **-anol**, z. B:

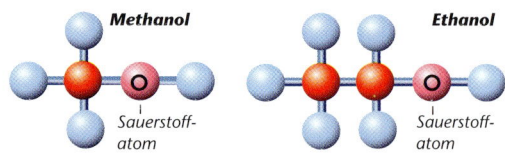

Methanol   **Ethanol**

Sauerstoffatom   Sauerstoffatom

***** **Alkane**, 78; **Alkene**, 79; **Alkine**, 80; **Doppelbindung, Dreifachbindung, Einfachbindung**, 18; **Funktionelle Gruppe**, 76; **Halogene**, 72; **Organische Verbindungen, Seitenkette**, 76.

4b. Wenn sich die **–OH-Gruppe** nicht an einem Ende des Moleküls befindet, wird die Zahl des Kohlenstoffatoms, an dem sie sich befindet, am Ende des Namens angegeben. Die Kohlenstoffatome werden von dem Ende der Kette nummeriert, das der –OH-Gruppe am nächsten ist, z. B.:

Butanol-(2)

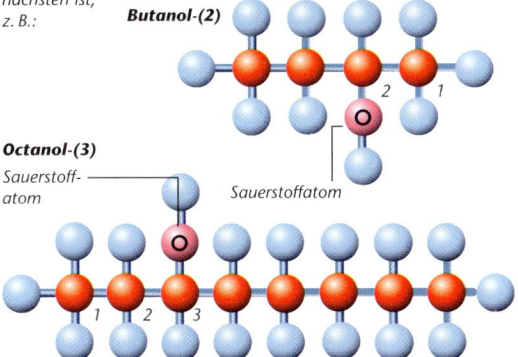

Octanol-(3)

Sauerstoff-
atom — Sauerstoffatom

Alle Moleküle in Abschnitten 4a und 4b sind **Alkohole***.

5. Der Name eines Moleküls, das aus Kohlenstoff- und Wasserstoffatomen und einer **–CHO-Gruppe** am Ende der Kette besteht, beginnt mit der Vorsilbe für die Anzahl der Kohlenstoffatome (s. a. Tabelle links) und endet auf **-anal**, z. B.:

Ethanal   **Propanal**

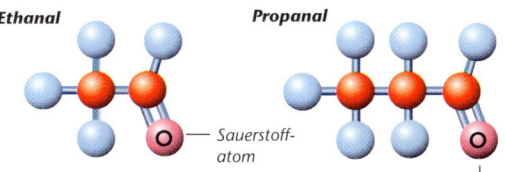

Sauerstoff-
atom

Sauerstoffatom

Diese Moleküle sind **Aldehyde***.

6. Der Name eines Moleküls, das aus Kohlenstoff- und Wasserstoffatomen und einer **Carbonylgruppe** (**–CO–**) zwischen den Enden der Kohlenstoffkette besteht, beginnt mit der Vorsilbe für die Anzahl der Kohlenstoffatome (s. a. Tabelle links) und endet auf **-anon**, z. B.:

Propanon

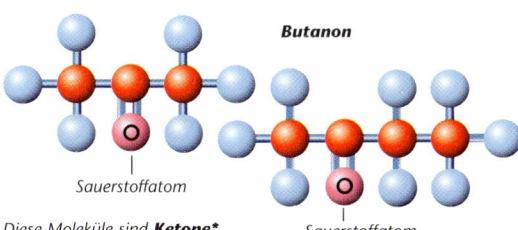

Butanon

Sauerstoffatom

Sauerstoffatom

Diese Moleküle sind **Ketone***.

7. Der Name eines Moleküls, das aus Kohlenstoff- und Wasserstoffatomen und einer **Carboxylgruppe** (**–COOH**) besteht, beginnt mit der Vorsilbe für die Anzahl der Kohlenstoffatome (s. a. Tabelle links) und endet auf **-ansäure**, z. B.:

Methansäure   **Ethansäure**

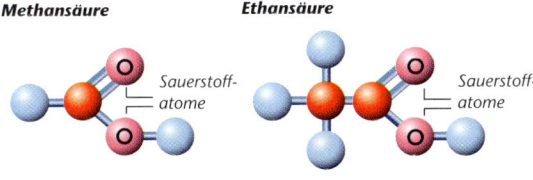

Sauerstoff-
atome

Sauerstoff-
atome

Diese Moleküle sind **Carbonsäuren***.

8. Der Name eines verzweigten Moleküls beginnt mit dem Namen der Verzweigung (**Seitenkette***). Wenn sie nur Kohlenstoff- und Wasserstoffatome enthält, beginnt der Name mit der Vorsilbe für die Anzahl der Kohlenstoffatome in der Kette (s. a. Tabelle links) und endet auf **-yl**. Die Hauptkette wird danach wie gewohnt benannt, z. B.:

2-Methylpentan

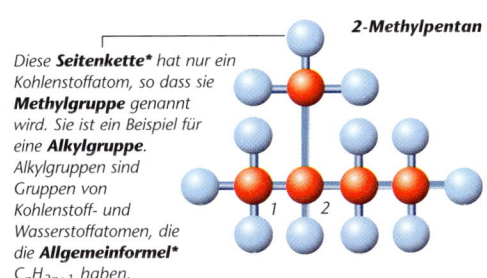

Diese **Seitenkette*** hat nur ein Kohlenstoffatom, so dass sie **Methylgruppe** genannt wird. Sie ist ein Beispiel für eine **Alkylgruppe**. Alkylgruppen sind Gruppen von Kohlenstoff- und Wasserstoffatomen, die die **Allgemeinformel*** C_nH_{2n+1} haben.

Die Zahl am Anfang des Namens gibt das Kohlenstoffatom an, von dem die Seitenkette ausgeht. Die Kohlenstoffatome werden von dem Ende her benannt, das der Verzweigung am nächsten liegt.

9. Der Name eines Moleküls, das aus Kohlenstoff- und Wasserstoffatomen und einem oder mehreren **Halogenen*** besteht, beginnt mit dem Namen des Halogenatoms. Sind es mehrere, werden sie in alphabetischer Reihenfolge genannt, z. B.:

Chlormethan   **Bromethan**

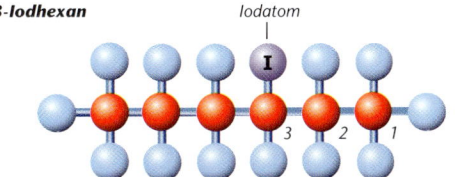

Chlor-
atom

Brom-
atom

Das Ende des Namens ist der, den das Molekül hätte, wenn die Halogenatome durch Wasserstoffatome ersetzt würden (s. Abschnitt 1). Bei Molekülen mit drei oder mehr Kohlenstoffatomen enthält der Name die Nummer des Kohlenstoffatoms, an das das Halogenatom gebunden ist. Die Kohlenstoffatome werden immer von dem Ende benannt, das dem Halogenatom am nächsten ist, z. B.:

3-Iodhexan   Iodatom

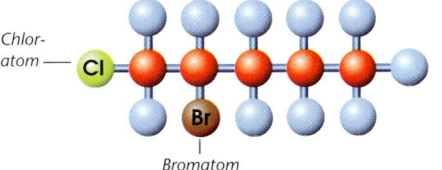

2-Brom-1-chlorpentan

Chlor-
atom

Bromatom

Alle Moleküle in Abschnitt 9 sind **Halogenalkane***.

---

* **Aldehyde**, 80; **Alkohole**, 82; **Allgemeinformel**, 77 (**Homologe Reihe**); **Carbonsäure**, 81;
  Halogenalkane, 81; **Halogene**, 72; **Ketone**, 80; **Seitenkette**, 76.

METHODEN DER GASGEWINNUNG

Im Folgenden werden Methoden zur Herstellung von sechs Gasen beschrieben: **Kohlendioxid**, **Chlor**, **Ethen**, **Wasserstoff**, **Stickstoff** und **Sauerstoff**.

Kohlendioxid (s. a. 65) wird durch die Reaktion von verdünnter Salzsäure mit Calciumcarbonat (Marmorstückchen) gebildet. Ein mit Wasser gefüllter Standzylinder wird kopfüber auf ein Gestell über die Endung eines Glasrohres gestellt. Das durch die Reaktion gewonnene Gas kommt aus dem Glasrohr und verdrängt das Wasser aus dem Zylinder. Diese Methode der Gasgewinnung heißt **pneumatisches Verfahren**.

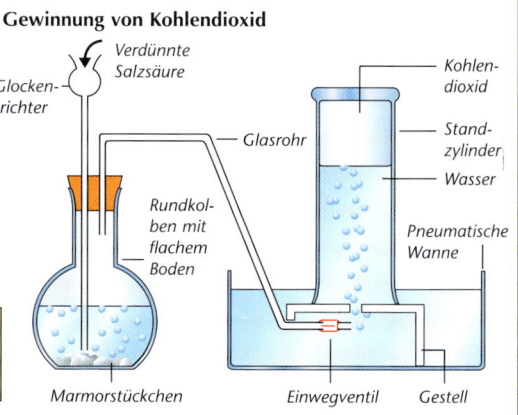

Gewinnung von Kohlendioxid

Verdünnte Salzsäure — Glockentrichter — Glasrohr — Kohlendioxid — Standzylinder — Wasser — Rundkolben mit flachem Boden — Pneumatische Wanne — Marmorstückchen — Einwegventil — Gestell

$$CaCO_3(f) + 2HCl(aq) \rightarrow CaCl_2(aq) + H_2O + CO_2(g)$$

Calcium-carbonat — Salz-säure — Calcium-chlorid — Wasser — Kohlen-dioxid

---

Chlor (s. a. 73) entsteht beim **Oxidieren*** von konzentrierter Salzsäure durch Mangan(IV)-oxid. Die Reaktion muss in einem **Abzugsschrank*** stattfinden. Das entstehende Gas enthält etwas Chlorwasserstoff und Wasser. Wird das Gemisch durch Wasser und konzentrierte Schwefelsäure geleitet, bleiben die Verunreinigungen zurück, und das Chlorgas kann im Standzylinder gesammelt werden; es verdrängt die Luft im Zylinder, da es schwerer ist. Diese Methode, Gas zu sammeln, beruht auf der **Verdrängung von Luft**.

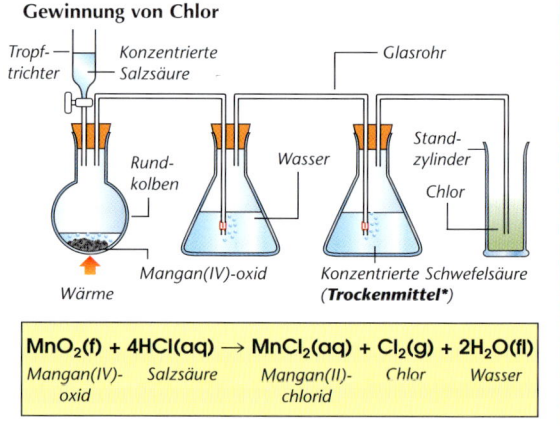

Gewinnung von Chlor

Tropf-trichter — Konzentrierte Salzsäure — Glasrohr — Rund-kolben — Wasser — Standzylinder — Chlor — Wärme — Mangan(IV)-oxid — Konzentrierte Schwefelsäure (**Trockenmittel***)

$$MnO_2(f) + 4HCl(aq) \rightarrow MnCl_2(aq) + Cl_2(g) + 2H_2O(fl)$$

Mangan(IV)-oxid — Salzsäure — Mangan(II)-chlorid — Chlor — Wasser

---

Ethen (s. a. 79) entsteht, wenn durch konzentrierte Schwefelsäure aus Ethanol Wasser abgespalten wird. Um das Schäumen zu vermindern, setzt man Aluminiumsulfat zu. Die Sicherheitsflasche gewährleistet, dass keine rücksteigende Natriumhydroxidlösung in die Säure gelangt. Die Natriumhydroxidlösung beseitigt Säuredämpfe aus dem Gas. Ethen wird **pneumatisch** aufgefangen (s. a. **Kohlendioxid** oben).

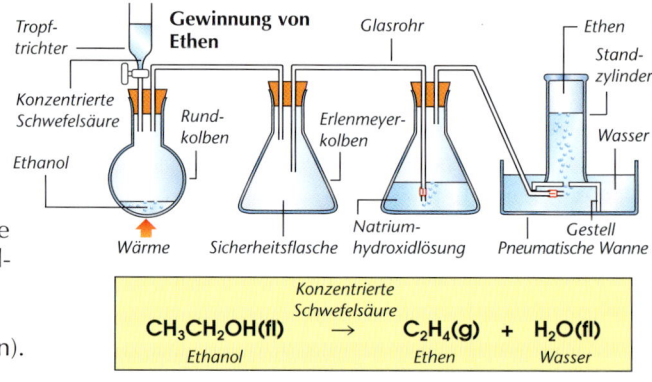

Gewinnung von Ethen

Tropf-trichter — Konzentrierte Schwefelsäure — Ethanol — Glasrohr — Ethen — Standzylinder — Wasser — Rund-kolben — Erlenmeyer-kolben — Wärme — Sicherheitsflasche — Natrium-hydroxidlösung — Gestell Pneumatische Wanne

Konzentrierte Schwefelsäure

$$CH_3CH_2OH(fl) \rightarrow C_2H_4(g) + H_2O(fl)$$

Ethanol — Ethen — Wasser

* **Abzugsschrank**, 110; **Oxidation**, 34; **Trockenmittel**, 117.

Wasserstoff (s. a. 53) wird durch die Reaktion von Salzsäure mit granuliertem Zink gewonnen. Zur Beschleunigung wird etwas Kupfer(II)-sulfat hinzugegeben. Der Wasserstoff wird **pneumatisch** aufgefangen (s. a. **Kohlendioxid** 102), außer wenn trockenes Gas benötigt wird. In dem Fall wird der Wasserstoff durch konzentrierte Schwefelsäure geleitet und durch **Luftverdrängung nach unten** gesammelt (er verdrängt die Luft im umgedrehten Standzylinder nach unten, da er leichter ist).

Gewinnung von Wasserstoff

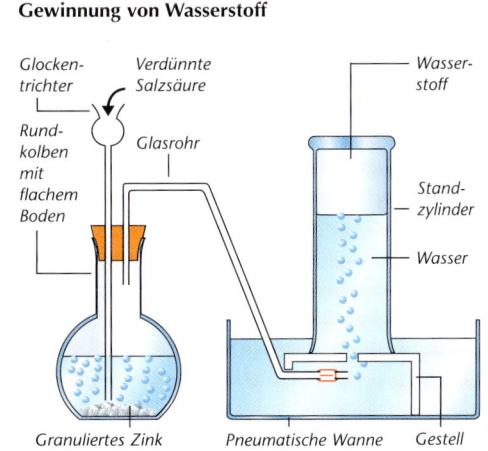

$$Zn(f) \ + \ 2HCl(aq) \ \rightarrow \ ZnCl_2(aq) \ + \ H_2(g)$$
Zink — Salzsäure — Zinkchlorid — Wasserstoff

Stickstoff (s. a. 66) wird gewonnen, indem man Kohlendioxid und Sauerstoff aus der Luft entfernt. Das Kohlendioxid wird beim Durchleiten der Luft durch eine Natriumhydroxidlösung entfernt. Der Sauerstoff wird entfernt, wenn die Luft über erhitztes Kupfer geleitet wird. Der Stickstoff wird **pneumatisch** aufgefangen (s. a. **Kohlendioxid** 102). Ein Rest von **Edelgasen*** bleibt im Stickstoff.

Gewinnung von Stickstoff

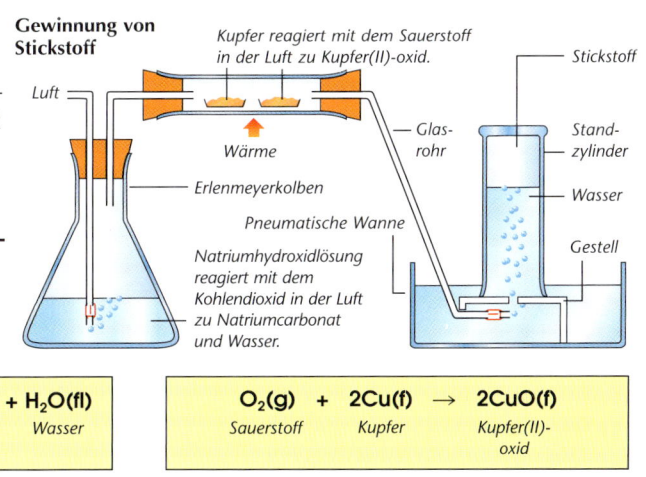

Kupfer reagiert mit dem Sauerstoff in der Luft zu Kupfer(II)-oxid.

Natriumhydroxidlösung reagiert mit dem Kohlendioxid in der Luft zu Natriumcarbonat und Wasser.

$$CO_2(g) + 2NaOH(aq) \rightarrow Na_2CO_3(aq) + H_2O(fl)$$
Kohlendioxid — Natriumhydroxid — Natriumcarbonat — Wasser

$$O_2(g) \ + \ 2Cu(f) \ \rightarrow \ 2CuO(f)$$
Sauerstoff — Kupfer — Kupfer(II)-oxid

Sauerstoff (s. a. 69) bildet sich beim Zersetzen von Wasserstoffperoxid. Mangan(IV)-Oxid wird als **Katalysator*** verwendet, um die Reaktion zu beschleunigen. Das Gas wird **pneumatisch** aufgefangen (s. a. **Kohlendioxid** 102), es sei denn, es muss trocken sein. Dann muss es durch konzentrierte Schwefelsäure geleitet und durch **Luftverdrängung nach oben** aufgefangen werden (s. a. **Chlor** 102).

Gewinnung von Sauerstoff

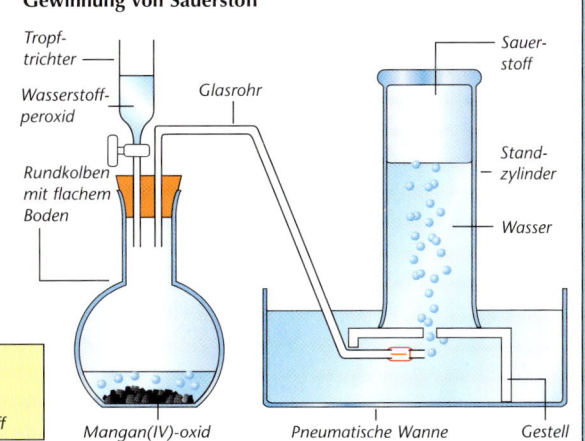

$$2H_2O_2(aq) \ \xrightarrow{\text{Mangan(IV)-oxid}} \ 2H_2O(fl) \ + \ O_2(g)$$
Wasserstoffperoxid — Wasser — Sauerstoff

LABORTESTS

Es gibt viele Methoden, um Stoffe nachzuweisen. Einige der Verfahren erfordern größeren Aufwand, andere sind einfache Labortests. Aber alle werden zusammengefasst unter dem Begriff **qualitative Analyse**. Einige der modernen Tests werden auf Seite 108 beschrieben. Diese beiden Seiten beschreiben einfache Nachweise, die zur Identifizierung von Wasser, Gasen, einigen **Anionen*** und **Kationen*** (d. h. Teilen von Verbindungen) und einigen Metallen führen. Aussehen und Geruch können Hinweise auf eine Substanz geben, die durch Nachweise bestätigt werden können. Gibt es keine solchen Hinweise, muss man die Nachweise durchführen, um nach und nach Möglichkeiten auszuschließen (oft ist es sinnvoll, mit einer **Flammenfärbung** anzufangen). Meist sind mehrere Tests notwendig, um ein Ion (Anion oder Kation) nachzuweisen, da nur das Zusammenspiel der Ergebnisse eindeutig auf seine Anwesenheit hinweist (vgl. die Tests und Ergebnisse für **Blei**, **Zink** und **Magnesium**).

Nachweise für Wasser (H_2O)

Test	Ergebnis
Gib Substanz in **wasserfreies*** Kupfer(II)-sulfat.	Weißes Kupfer(II)-sulfat färbt sich blau.
Gib Substanz in **wasserfreies*** Cobalt(II)-chlorid.	Blaues Cobalt(II)-chlorid färbt sich rosa.

Nachweise für Gase

Gas	Formel	Test	Ergebnis
Kohlendioxid	CO_2	Leite Gas in **Kalkwasser** (Calciumhydroxidlösung).	Das Kalkwasser trübt sich.
Wasserstoff	H_2	Halte einen Glimmspan in das Gas.	Das Gas verbrennt mit leichtem Knall.
Sauerstoff	O_2	Halte einen Glimmspan in das Gas.	Der Span glimmt hell auf.

Anionennachweise

Sie werden benutzt, um einige **Anionen*** nachzuweisen, die in den Verbindungen vorkommen.

Anion	Formel	Test	Ergebnis
Bromid	Br^-	Füge Silbernitratlösung zu einer Lösung der Substanz in verdünnter Salpetersäure.	Hellgelber Niederschlag, der sich leicht in Ammoniaklösung auflöst.
Carbonat	$CO_3{}^{2-}$	a) Füge verdünnte Salzsäure zur Substanz. b) Versuche, die Substanz in Wasser mit **Universalindikator*** zu lösen.	a) Kohlendioxidgas entweicht. b) Wenn löslich, färbt sich der Indikator violett (s. a. **Hydrogencarbonat**).
Chlorid	Cl^-	Füge Silbernitratlösung zu einer Lösung der Substanz in verdünnter Salpetersäure.	Dicker, weißer Niederschlag (löslich in Ammoniaklösung).
Hydrogencarbonat	$HCO_3{}^-$	a) Füge verdünnte Salzsäure zur Substanz. b) Versuche, die Substanz in Wasser mit **Universalindikator*** zu lösen.	a) Kohlendioxid entweicht. b) Löst sich auf und färbt die Indikatorlösung beim Kochen violett.
Iodid	I^-	Füge Silbernitratlösung zu einer Lösung der Substanz in verdünnter Salpetersäure.	Gelber Niederschlag, der sich in Ammoniaklösung nicht auflöst.
Nitrat	$NO_3{}^-$	Gib Eisen(II)-sulfatlösung und dann konzentrierte Schwefelsäure zur Lösung.	Dort, wo sich die beiden Flüssigkeiten berühren, bildet sich ein brauner Ring.
Sulfat	$SO_4{}^{2-}$	Gib Bariumchloridlösung zu der Lösung.	Weißer Niederschlag, der sich in verdünnter Salzsäure nicht löst.
Sulfit	$SO_3{}^{2-}$	Gib Bariumchloridlösung zu der Lösung.	Weißer Niederschlag, löst sich in verdünnter Salzsäure.
Sulfid	S^{2-}	Gib Blei(II)-salzlösung zur Lösung.	Schwarzer Niederschlag.

* **Anion**, **Kation**, 16; **Universalindikator**, 38; **Wasserfrei**, 40 (**Kristallwasserfreies Salz**).

Kationennachweise

Die meisten **Kationen*** in Verbindungen können wie die Metalle durch **Flammenfärbungen** nachgewiesen werden (s. a. 108). Die Tabelle rechts enthält einige Ergebnisse. Kationen können auch durch das Ergebnis gewisser Reaktionen nachgewiesen werden. Diese Ergebnisse sind in der Tabelle unten aufgeführt. Sie können nicht zu Nachweisen von Metallen dienen, da viele Metalle in Wasser unlöslich sind und daher keine Lösungen bilden können.

Flammenfärbung

Metall	Symbol	Flammenfärbung
Barium	*Ba*	*Gelbgrün*
Blei	*Pb*	*Blau*
Calcium	*Ca*	*Dunkelrot*
Kalium	*K*	*Violett*
Kupfer	*Cu*	*Blaugrün*
Lithium	*Li*	*Purpurrot*
Natrium	*Na*	*Orangegelb*

Kation	Formel	Test	Ergebnis
Aluminium	Al^{3+}	a) Gib verdünnte Natronlauge zur Lösung. b) Gib verdünnte Ammoniaklösung zur Lösung. c) Vergleiche mit **Blei** (s. u.)	a) Weißer Niederschlag, der sich bei weiterer Zugabe von Natronlauge auflöst. b) Weißer Niederschlag, der sich bei weiterer Zugabe von Ammoniaklösung nicht auflöst. c) –
Ammonium	NH_4^+	Gib Natronlauge zur Lösung und erhitze das Gemisch leicht.	Ammoniakgas mit typisch erstickendem Geruch entweicht.
Blei (II)	Pb^{2+}	a) Gib verdünnte Natronlauge zur Lösung. b) Gib verdünnte Ammoniaklösung zur Lösung. c) S. a. **Flammenfärbung**, um zwischen Blei und **Aluminium** zu unterscheiden.	a) Weißer Niederschlag, der sich bei weiterer Zugabe von Natronlauge auflöst. b) Weißer Niederschlag, der sich bei weiterer Zugabe von Ammoniaklösung nicht auflöst. c) –
Calcium	Ca^{2+}	a) S. a. **Flammenfärbung**. b) Gib verdünnte Schwefelsäure zur Lösung.	a) – b) Weißer Niederschlag bildet sich.
Eisen (II)	Fe^{2+}	a) Gib verdünnte Natronlauge zur Lösung. b) Gib verdünnte Ammoniaklösung zur Lösung.	a) Hellgrüner Niederschlag bildet sich. b) Hellgrüner Niederschlag bildet sich.
Eisen (III)	Fe^{3+}	a) Gib verdünnte Natronlauge zur Lösung. b) Gib verdünnte Ammoniaklösung zur Lösung.	a) Rotbrauner Niederschlag bildet sich. b) Rotbrauner Niederschlag bildet sich.
Kupfer (II)	Cu^{2+}	a) S. a. **Flammenfärbung**. b) Gib verdünnte Natronlauge zur Lösung. c) Gib verdünnte Ammoniaklösung zur Lösung.	a) – b) Hellblauer Niederschlag, der sich bei weiterer Zugabe von Natronlauge auflöst. c) Hellblauer Niederschlag der bei weiterer Zugabe von Ammoniaklösung zu einer tiefblauen Lösung wird.
Magnesium	Mg^{2+}	a) Gib verdünnte Natronlauge zur Lösung. b) Gib verdünnte Ammoniaklösung zur Lösung.	a) Weißer Niederschlag, der sich bei weiterer Zugabe von Natronlauge nicht auflöst. b) Weißer Niederschlag, der sich bei weiterer Zugabe von Ammoniaklösung nicht auflöst.
Zink	Zn^{2+}	a) Gib verdünnte Natronlauge zur Lösung. b) Gib verdünnte Ammoniaklösung zur Lösung.	a) Weißer Niederschlag, der sich bei weiterer Zugabe von Natronlauge auflöst. b) Weißer Niederschlag, der sich bei weiterer Zugabe von Ammoniaklösung auflöst.

* **Kation**, 16.

NACHWEISTECHNIKEN

Das Untersuchen chemischer Substanzen erfordert eine Anzahl unterschiedlichster Techniken. Der erste Schritt ist oft, eine reine Probe herzustellen (Verunreinigungen wirken sich auf das Experiment aus). Einige der gebräuchlichsten Trenn- und Reinigungsmethoden werden auf diesen zwei Seiten beschrieben. Dann gibt es zahlreiche Methoden, um die chemische Zusammensetzung und die chemischen und physikalischen Eigenschaften der Substanz (**qualitative Analyse**) sowie die genauen Mengen (**quantitative Analyse**) zu ermitteln. Für weitere Informationen s. a. 104–105 und 108.

Dekantieren
Vorgang, bei dem eine Flüssigkeit von einem Feststoff, der sich abgesetzt hat, getrennt wird; dazu wird die Flüssigkeit vorsichtig aus dem Gefäß abgegossen.

Becherglas

Flüssigkeit

Feststoff, der sich abgesetzt hat

Filtrieren
Ist der Trennvorgang, bei dem eine Flüssigkeit und ein Feststoff durch ein feinmaschiges Netz gegeben werden. Das Netz (gewöhnlich Filterpapier) lässt nur die Flüssigkeit durch.

Zwei Methoden des Filtrierens: *Das Filtrieren durch einen **Büchnertrichter** gelingt schneller, da der Unterdruck in der Flasche die Flüssigkeit rasch durch das Filterpapier saugt.*

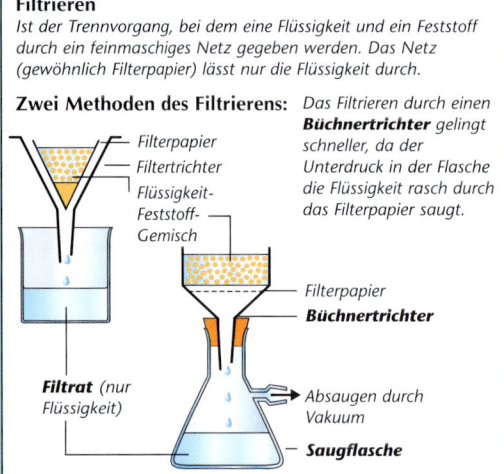

Filterpapier
Filtertrichter
Flüssigkeit-Feststoff-Gemisch

Filtrat (nur Flüssigkeit)

Filterpapier
Büchnertrichter

Absaugen durch Vakuum

Saugflasche

Zentrifugieren
*Verfahren, bei dem verschiedene Substanzen in einer Flüssigkeit durch sehr schnelles Drehen der Probe in einer **Zentrifuge** getrennt werden. Die Partikel mit verschiedener Masse sammeln sich an unterschiedlichen Stellen im Zentrifugenglas. Die schwersten setzen sich am Boden ab.*

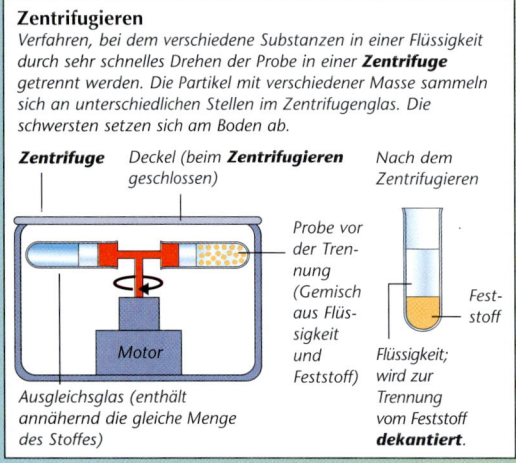

Zentrifuge   Deckel (beim **Zentrifugieren** geschlossen)

Nach dem Zentrifugieren

Motor

Probe vor der Trennung (Gemisch aus Flüssigkeit und Feststoff)

Feststoff

Flüssigkeit; wird zur Trennung vom Feststoff **dekantiert**.

Ausgleichsglas (enthält annähernd die gleiche Menge des Stoffes)

Destillation
*Die Trennung eines Gemischs von Flüssigkeiten oder die Reindarstellung einer Flüssigkeit durch Wärmezufuhr. Der Dampf der Flüssigkeit mit dem niedrigsten Siedepunkt entweicht zuerst und wird in einem **Liebigkühler** wieder zu einer Flüssigkeit kondensiert.*

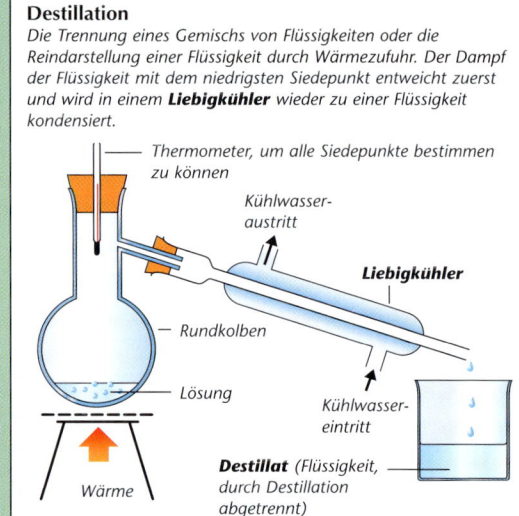

Thermometer, um alle Siedepunkte bestimmen zu können

Kühlwasseraustritt

Liebigkühler

Rundkolben

Lösung

Kühlwassereintritt

Wärme

Destillat (Flüssigkeit, durch Destillation abgetrennt)

Fraktionierte Destillation
*Destillationsverfahren, bei dem zwei oder mehrere Flüssigkeiten mit ähnlichen Siedepunkten durch eine **Fraktionierkolonne** getrennt werden. Der Dampf der Flüssigkeit mit dem niedrigsten Siedepunkt erreicht den Kopf der Kolonne zuerst. Kleinere Kolonnen werden im Labor verwendet (s. a. Abbildung), andere sind viel größer und haben verschiedene Böden, wo die Flüssigkeiten sich kondensieren und gesammelt werden können (s. a. 69 und 84).*

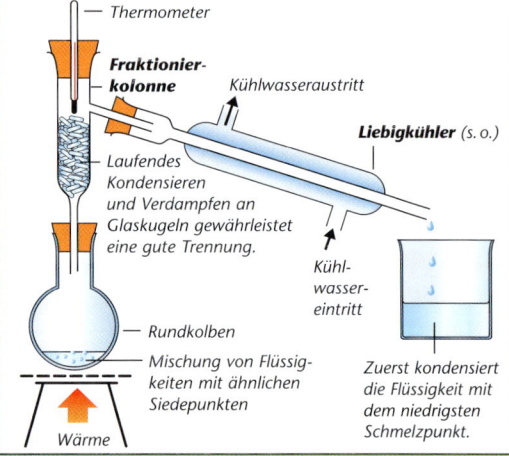

Thermometer

Fraktionierkolonne

Kühlwasseraustritt

Liebigkühler (s. o.)

Laufendes Kondensieren und Verdampfen an Glaskugeln gewährleistet eine gute Trennung.

Kühlwassereintritt

Rundkolben

Wärme

Mischung von Flüssigkeiten mit ähnlichen Siedepunkten

Zuerst kondensiert die Flüssigkeit mit dem niedrigsten Schmelzpunkt.

Solventextraktion

Vorgang, bei dem ein **gelöster Stoff*** von einem **Lösungsmittel*** in ein anderes überführt wird, in dem er sich besser löst und das leichter verdampft werden kann. Diese Trennmethode wird oft angewendet, wenn der gelöste Stoff nicht erwärmt werden darf. Sie nutzt die unterschiedlichen Eigenschaften der Lösungsmittel aus, z. B. die Polarität. Die **Extraktion** mit **Ether** ist ein gutes Beispiel.

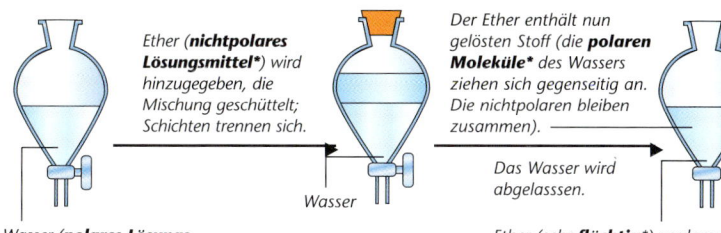

Ether (**nichtpolares Lösungsmittel***) wird hinzugegeben, die Mischung geschüttelt; Schichten trennen sich.

Wasser

Der Ether enthält nun gelösten Stoff (die **polaren Moleküle*** des Wassers ziehen sich gegenseitig an. Die nichtpolaren bleiben zusammen).

Das Wasser wird abgelasssen.

Wasser (**polares Lösungsmittel***) enthält **gelösten Stoff*** mit **nichtpolaren Molekülen***.

Ether (sehr **flüchtig***) verdampft bei Raumtemperatur. Es bleibt eine reine Substanz zurück.

Chromatografie

Mit der Chromatografie werden kleine Mengen von Stoffen getrennt, indem sie sich an einer **stationären Phase** (z. B. Löschpapier) entlang bewegen. Meistens wird das Gemisch in einem **Lösungsmittel*** (dem **Fließmittel, mobile Phase**) gelöst, doch bei der **Gaschromatografie** wird es verdampft. Die Stoffe bewegen sich unterschiedlich schnell, da sie sich in der **Löslichkeit*** bzw. der Adsorption unterscheiden.

Papierchromatografie

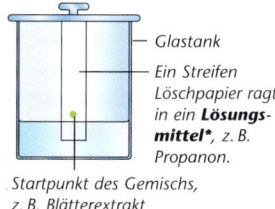

Glastank

Ein Streifen Löschpapier ragt in ein **Lösungsmittel***, z. B. Propanon.

Startpunkt des Gemischs, z. B. Blätterextrakt

Nach Herausnehmen aus dem Tank

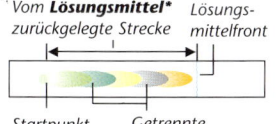

Vom **Lösungsmittel*** zurückgelegte Strecke

Lösungsmittelfront

Startpunkt des Gemischs

Getrennte Bestandteile des Gemischs

Standardtabellen identifizieren die Substanzen anhand **R_f-Werte** – zurückgelegte Strecke der Substanz dividiert durch zurückgelegte Strecke des Lösungsmittels.

Es gibt verschiedene Methoden der Chromatografie, z. B. **Säulenchromatografie** (die Stoffe des Gemischs werden in einer Säule getrennt, die ein Lösungsmittel und ein Material, das Moleküle anzieht, enthält) oder **Gaschromatografie** (verdampftes Gemisch wird mit einem Trägergas durch eine erhitzte Säule geschickt und getrennt).

Kristallisation

Verfahren, mit dem eine verunreinigte Lösung **auskristallisiert** wird; da die Verunreinigungen keine Kristalle bilden, kann man auf diese Weise einen reinen Stoff erhalten. Dazu lässt man eine heiße, **gesättigte*** Lösung des Stoffes abkühlen, und die Kristalle, die sich bilden, werden **abfiltriert** (s. a. 21).

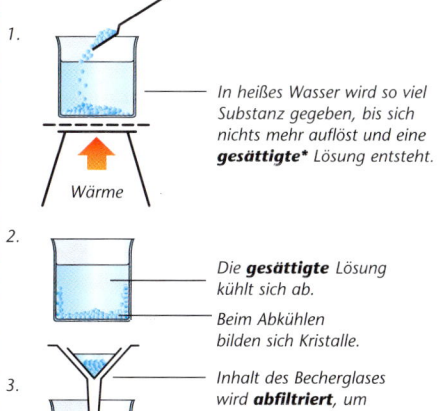

1.

In heißes Wasser wird so viel Substanz gegeben, bis sich nichts mehr auflöst und eine **gesättigte*** Lösung entsteht.

Wärme

2.

Die **gesättigte** Lösung kühlt sich ab.

Beim Abkühlen bilden sich Kristalle.

3.

Inhalt des Becherglases wird **abfiltriert**, um Kristalle von der Lösung zu trennen.

Trocknung

Das Trocknen von Substanzen, die feucht sind oder **Kristallwasser*** enthalten. Die Trocknung von Feststoffen geschieht oft in großen gläsernen **Exsikkatoren**, die **Trockenmittel***, z. B. Silikagel, enthalten. Aus Gasen und Flüssigkeiten wird Wasser entfernt, indem man sie direkt mit dem Trockenmittel zusammenbringt, z. B. **wasserfreiem*** Calciumchlorid, das das Wasser aufnimmt und danach von der Flüssigkeit **abfiltriert** wird.

Exsikkator

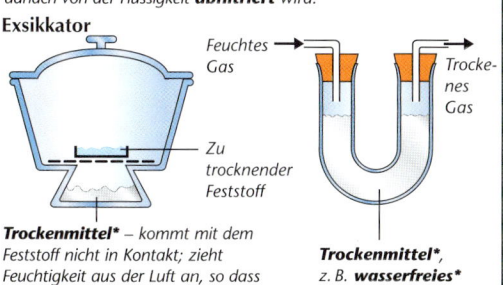

Feuchtes Gas

Trockenes Gas

Zu trocknender Feststoff

Trockenmittel* – kommt mit dem Feststoff nicht in Kontakt; zieht Feuchtigkeit aus der Luft an, so dass Wasser aus dem Feststoff verdampft.

Trockenmittel*, z. B. **wasserfreies*** Calciumchlorid

Schmelz- und Siedepunktbestimmungen

Dienen zur Reinheitsbestimmung. Eine reine Substanz hat einen bestimmten Siede- und Schmelzpunkt. Jede Verunreinigung verändert diese Werte.

Schmelzpunktbestimmung

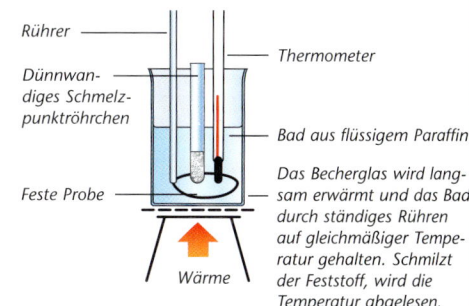

Rührer

Dünnwandiges Schmelzpunktröhrchen

Feste Probe

Thermometer

Bad aus flüssigem Paraffin

Das Becherglas wird langsam erwärmt und das Bad durch ständiges Rühren auf gleichmäßiger Temperatur gehalten. Schmilzt der Feststoff, wird die Temperatur abgelesen.

Wärme

---

* **Flüchtig**, 116; **Gelöster Stoff**, 30; **Gesättigt**, 31; **Kristallwasser**, 21; **Löslichkeit**, 31; **Lösungsmittel**, 30; **Nichtpolares Lösungsmittel**, 30; **Nichtpolares Molekül**, 19 (**Polares Molekül**); **Polares Lösungsmittel**, 30; **Trockenmittel**, 117; **Wasserfrei**, 40 (**Kristallwasserfreies Salz**).

QUALITATIVE UND QUANTITATIVE ANALYSE

Es gibt zwei Methoden, Stoffe zu untersuchen: die **qualitative Analyse** (jedes Verfahren, um die Zusammensetzung eines Stoffes zu ermitteln) und die **quantitative Analyse** (jede Methode, um die Menge eines Elementes in einer Probe herauszufinden). Unten sind einige Beispiele beider Analyseformen.

Qualitative Analyse

Die **Flammenfärbung** und die Nachweise 104–105 sind Beispiele für qualitative Analysen in der Schule. Alle anderen Methoden sind komplizierter.

Flammenfärbung
Dient zum Nachweis von Metallen. Ein Stoff wird an der Spitze eines Platindrahtes in die Flamme gehalten, um zu beobachten, mit welcher Farbe die Substanz verbrennt (s. a. 105). Zur Säuberung wird der Draht in konzentrierte Salzsäure getaucht und ausgeglüht.

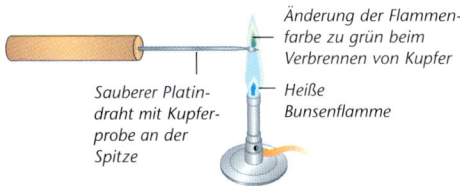

Änderung der Flammenfarbe zu grün beim Verbrennen von Kupfer

Sauberer Platindraht mit Kupferprobe an der Spitze

Heiße Bunsenflamme

Massenspektroskopie
*Hiermit kann man die Zusammensetzung einer Substanz (besonders der **Isotope***, die sie enthält) untersuchen. Es ist auch eine quantitative Analyse, denn sie ermittelt die Menge der Isotope oder Moleküle in der Substanz. Das Gerät wird **Massenspektrometer** genannt.*

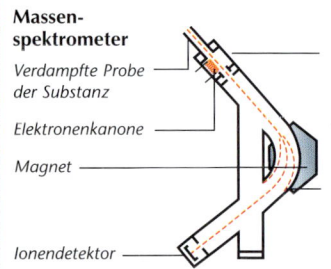

Massenspektrometer

Verdampfte Probe der Substanz

Elektronenkanone

Magnet

Ionendetektor

*Um die Substanz zu **ionisieren***, braucht man energiereiche Elektronen. Die positiven Ionen werden durch ein elektrisches Feld beschleunigt.*

Ein Magnetfeld lenkt die Ionen verschiedener Massen verschieden stark ab.

Kernresonanzspektroskopie (NMR, Nuclear Magnetic Resonance)
*Methode, mit der die Position eines Atoms im Molekül untersucht wird. Radiowellen werden auf eine Probe gelenkt, die sich zwischen den Polen eines Magneten befindet. Die Größe der Absorption gibt Auskunft über die Position eines Atoms im Molekül. Das Ergebnis ist eine Kurve, das **NMR (Nuclear Magnetic Resonance)-Spektrum**.*

Kernresonanzspektrum des Ethanols* (CH_3CH_2OH)

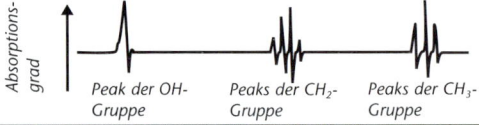

Absorptionsgrad

Peak der OH-Gruppe

Peaks der CH_2-Gruppe

Peaks der CH_3-Gruppe

Quantitative Analyse

Es folgen einige Beispiele der quantitativen Analyse.

Volumetrie (Maßanalyse)
*Methode, die Konzentration einer Lösung durch **Titration** zu bestimmen. Darunter versteht man das Hinzufügen einer Lösung zu einer anderen mit einer **Bürette***. Die Konzentration der einen Lösung ist bekannt. Diese Lösung wird zu einer unbekannten Lösung gegeben, bis alles reagiert hat (der **Endpunkt** wird mithilfe eines **Indikators*** ermittelt). Das Volumen, das die Lösung aus der Bürette benötigt, damit der Endpunkt erreicht wird, heißt **Titer**. Mit dem Titer sowie dem Volumen der Lösung im Kolben und der bekannten Konzentration der einen Lösung kann die Konzentration der anderen Lösung errechnet werden.*

Bürette*

Lösung A

Hahn

Erlenmeyerkolben – enthält gemessenen Inhalt der Lösung B und einen **Indikator***.

Apparatur zum **Titrieren**

Gravimetrische Analyse
Methode zur Bestimmung einer Stoffmenge; der Stoff wird in eine andere chemische Substanz mit bekannter Zusammensetzung überführt, die leicht gesäubert und gewogen werden kann.

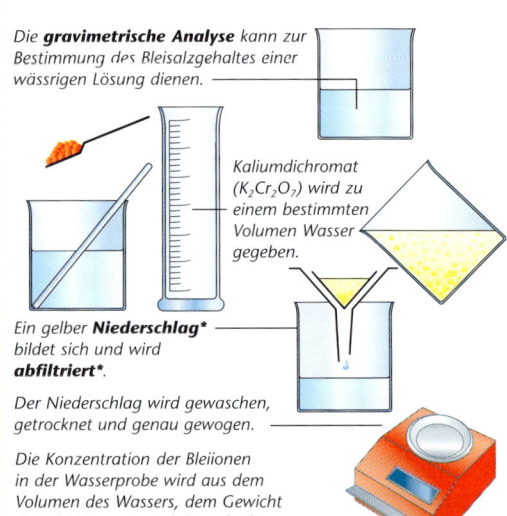

*Die **gravimetrische Analyse** kann zur Bestimmung des Bleisalzgehaltes einer wässrigen Lösung dienen.*

Kaliumdichromat ($K_2Cr_2O_7$) wird zu einem bestimmten Volumen Wasser gegeben.

*Ein gelber **Niederschlag*** bildet sich und wird **abfiltriert***.*

Der Niederschlag wird gewaschen, getrocknet und genau gewogen.

*Die Konzentration der Bleiionen in der Wasserprobe wird aus dem Volumen des Wassers, dem Gewicht des Bleichromats und der **relativen Atommasse*** des Bleis berechnet.*

EXPERIMENTIERGERÄTE

Die wichtigsten Begriffe der chemischen **Ausrüstung** werden hier erklärt und abgebildet (s. a. 110–111). Dazu werden die einfachen zweidimensionalen Darstellungen gezeigt, die gewöhnlich verwendet werden, mit ungefähren Größenangaben.

Becherglas

Zum Handhaben von Flüssigkeiten. Zeigt ungefähres Volumen.

Inhalt:
5 bis
5 000 ml

Gestell

*Wird bei der Gaserzeugung nach der pneumatischen Methode im **Standzylinder*** verwendet (s. a. 102–103).*

Durchmesser: 7,5 cm

Bunsenbrenner

Wird zum Erhitzen chemischer Reaktionen verwendet. Die verstellbare Luftzufuhr erlaubt es, die Temperatur der Flamme zu verändern. Wird sie geschlossen, ist die Flamme gelb und kälter als bei geöffneter Luftzufuhr (blaue, rauschende Flamme, s. a. 94, Bild).

Wärme

Höhe:
12,5
cm

Bürette

*Benutzt, um während einer **Titration** genaue Mengen einer Flüssigkeit zuzutropfen (s. a. **Volumetrie** 108).*

Fassungsvermögen:
10 bis
100 ml

Kühler

Liebigkühler

*Zum Kondensieren von Gasen verwendet. Die Dämpfe gelangen durch das zentrale Rohr und werden durch Wasser im äußeren Rohr abgekühlt (s. a. **Destillation** 106).*

Länge:
25 bis
50 cm

Liebig-kühler

Das Wasser
fließt durch
das äußere
Rohr.

Der Dampf
kondensiert
im inneren.

Rückfluss-kühler

Länge:
15 cm

Rückflusskühler

Wird eingesetzt, wenn ein Gas nach der Kondensation wieder in die Flüssigkeit zurücktropfen soll, um Verluste zu vermeiden.

Tiegel

*In ihnen können Feststoffe im Ofen oder mit dem **Bunsenbrenner** hoch erhitzt werden. Tiegel werden aus Porzellan, Quarz, Ton, Platin, Nickel oder Stahl hergestellt.*

Durchmesser:
2,5 bis 5,5 cm

Kristallisierschalen

Behältnis für Lösungen, die eingedampft werden, um Kristalle zu bilden. Der flache Boden begünstigt die Bildung einer gleichmäßigen Kristallschicht.

Inhalt: 100
bis 2 000 ml

Glasrohr

Rohr zum Leiten von Gasen.

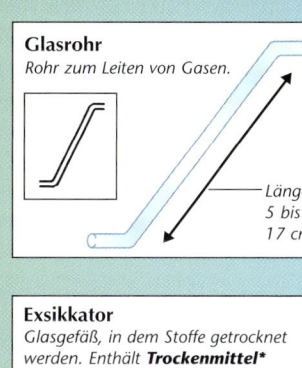

Länge:
5 bis
17 cm

Exsikkator

*Glasgefäß, in dem Stoffe getrocknet werden. Enthält **Trockenmittel*** (s. a. **Trocknung** 107).*

Durchmesser:
22 cm

Porzellanschale

*Verwendet, um Lösungen einzudampfen, meist durch Erhitzen; das **Lösungsmittel*** verdunstet und **gelöster Stoff*** bleibt zurück.*

Inhalt: 50 bis 500 ml

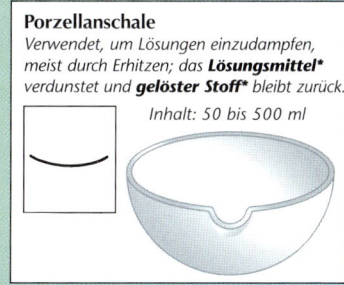

Filterpapier

*Lässt nur Flüssigkeiten passieren, da es wie ein Sieb arbeitet. Es gibt verschiedene Abstufungen, je feinmaschiger es ist, desto weniger Partikel lässt es durch. Es wird in einen **Filter-** oder **Büchnertrichter*** gegeben, um Niederschlag zurückzuhalten, während die Flüssigkeit durchläuft (s. a. **Filtrieren** 106).*

Feinmaschiges
Filterpapier
(stark vergrößert)

Faser

Grobmaschiges
Filterpapier
(stark vergrößert)

Durch die Löcher zwischen den Fasern kommen kleine Teilchen hindurch.

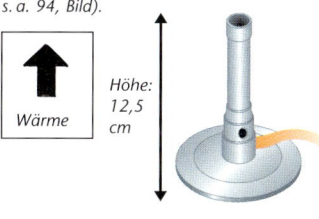
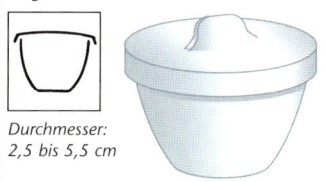
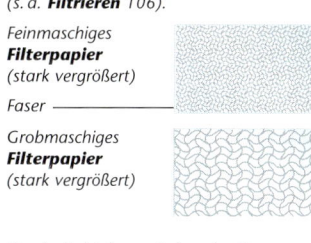
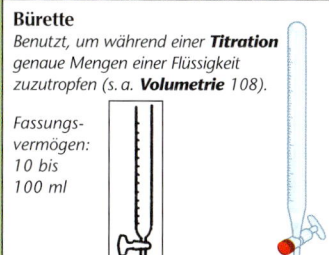

* **Büchnertrichter**, **Filtertrichter**, 110; **Gelöster Stoff**, **Lösungsmittel**, 30;
Standzylinder, 110; **Trockenmittel**, 117.

Kolben

Saugflasche
Wird verwendet, wenn Lösungen durch Absaugen filtriert werden (s. **Filtrieren** 106).

Fassungsvermögen: 250 bis 1 000 ml

Erlenmeyerkolben
Hierin werden Reaktionen durchgeführt und Lösungen bekannter Konzentrationen hergestellt. Sie eignen sich besser als Bechergläser, wenn das Gefäß verschlossen werden muss. Sie haben eine grobe Volumeneinteilung, die nicht so genau ist wie die auf den **Büretten*** oder **Pipetten**.

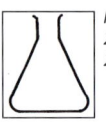

Inhalt: 25 bis 2 000 ml

Rundkolben mit flachem Boden
In ihnen werden Reaktionen mit Flüssigkeiten durchgeführt, bei denen Erwärmen nicht nötig ist. Der Kolben steht auf dem Arbeitstisch.

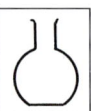

Inhalt: 100 bis 2 000 ml

Rundkolben
In ihnen werden Flüssigkeiten gleichmäßig erwärmt. Sie haben grobe Volumenangaben und werden mit einer Klammer über der Flamme gehalten.

Inhalt: 100 bis 2 000 ml

Messkolben
Verwendet zum Vermischen von Lösungen in genauen Konzentrationen. Jeder Kolben hat eine sehr genaue Volumenmarkierung und einen Stopfen, so dass die Lösung geschüttelt werden kann, um sie zu mischen.

Inhalt: 10 bis 2 000 ml

Fraktionierkolonne
Wird zum Trennen von Flüssigkeiten mit unterschiedlichem Siedepunkt verwendet. Sie enthält Glaskugeln oder Glasringe, die eine große Oberfläche haben und so für oftmaliges Kondensieren und Verdampfen sorgen (s. a. **Fraktionierte Destillation** 106).

Länge: 15 bis 36 cm

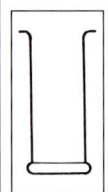

Abzugsschrank
Ein gläserner Schrank, der eine Absaugvorrichtung enthält und einen bestimmten Bereich des Arbeitsraumes umgibt. Gefährliche Experimente werden im Abzugsschrank ausgeführt.

Trichter

Büchnertrichter
Wird benutzt, wenn Flüssigkeiten durch Absaugen filtriert werden. Er enthält eine flache, durchlöcherte Platte, auf die das **Filterpapier*** kommt (s. a. **Filtrieren** 106).

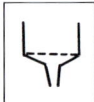

Inhalt: 50 bis 500 ml

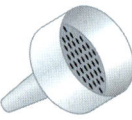

Tropftrichter
Damit wird eine Flüssigkeit zu einer Reaktionsmischung tropfenweise hinzugegeben (s. 102–103).

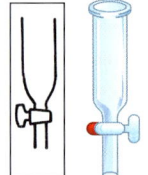

Filtertrichter
Wird benutzt, um Feststoffe von Flüssigkeiten durch **Filtrieren** abzutrennen (s. 106). In den Trichter wird **Filterpapier*** gelegt.

Glockentrichter
Damit wird eine Flüssigkeit zu einer Reaktionsmischung gegeben.

Länge: 30 cm

Scheidetrichter
Zur Trennung von **nicht mischbaren*** Flüssigkeiten. Zuerst läuft die dichtere Flüssigkeit heraus, dann die weniger dichte (s. **Solventextraktion** 107).

Inhalt: 50 bis 500 ml

Standzylinder
Werden zum Auffangen und Aufbewahren von Gasen verwendet. Die Zylinder können mit Glasdeckeln verschlossen werden, deren Rand mit Fett versehen ist (s. 102–103).

Höhe: 15 bis 30 cm

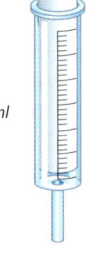

Kolbenprober
Wird zum Abmessen von Gasen benutzt. Mit ihm werden Volumenvergrößerungen und auch Volumenverkleinerungen während einer Reaktion bestimmt.

Inhalt: 100 ml

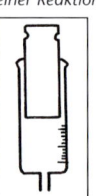

Drahtnetz
Wird verwendet, um die Hitze der Flamme gleichmäßig auf den Gefäßboden zu verteilen. Es besteht aus Eisen, Stahl, Kupfer oder Keramik.

Seitenlänge: 12,5 cm

Messzylinder
Dient zum Abmessen von Flüssigkeiten.

Inhalt: 5 bis 2 000 ml

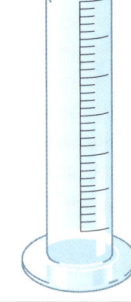

* **Bürette**, **Filterpapier**, 109; **Nicht mischbar**, 31 (**Mischbar**).

Tondreieck

*Zum Erwärmen von **Tiegeln*** benutzt man Tondreiecke, die auf **Dreifüßen** liegen; aus Eisen- oder Nickel-Chrom-Drähten hergestellt, die in Tonröhrchen stecken.*

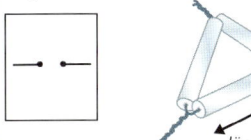

Seiten-
länge: 21 cm

Reagenzglashalter

Hiermit werden Reagenzgläser gehalten, z. B. beim Erwärmen in einer Flamme, um eine chemische Reaktion zu erzeugen, oder zum Transport.

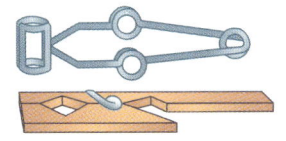

Pneumatische Wannen

*Werden beim Auffangen von Gasen benutzt (s. **Kohlendioxid** 102). Das Wasser aus dem Standzylinder wird durch das Gas verdrängt und von der Wanne aufgefangen. In dünnwandigen pneumatischen Wannen können auch chemische Reaktionen ausgeführt werden (s. **Kalium** 55). Durchmesser: 20 bis 30 cm*

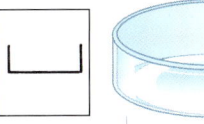

Pipetten

Werden zum Verteilen genauer Flüssigkeitsmengen verwendet. Es gibt sie in verschiedenen Formen für die unterschiedlichsten Mengen. Die Flüssigkeitsmenge ist herausgelaufen, wenn der Pegel der Flüssigkeit von einer Volumenmarkierung bis zur nächsten gefallen ist.

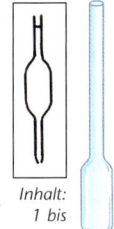

Inhalt:
1 bis
100 ml

Tropfpipette

Wird für sehr kleine Flüssigkeitsmengen oder -tropfen benutzt. Man kann mit ihr nicht genau messen.

Inhalt:
1 bis 2 ml

Reagenzglasständer

In ihnen können Reagenzgläser aufrecht abgestellt werden.

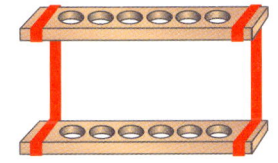

Thermometer

Zum Messen der Temperatur. Sie sind mit Alkohol oder Quecksilber gefüllt, je nach Temperaturbereich, für den sie vorgesehen sind.

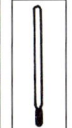

Kleiner Bereich:
−10 bis 50 °C

Großer Bereich:
−10 bis 400 °C

Dreifuß

*Wird mit **Tondreieck** oder **Drahtnetz** zum Erwärmen von **Apparaturen** benutzt.*

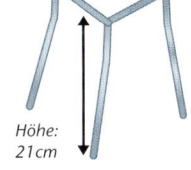

Höhe:
21cm

Reagenz-gläser

Schwer schmelzbare Reagenzgläser

Werden zum starken Erwärmen von Stoffen benutzt; dickwandig.

Länge: 12,5 cm

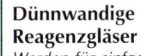

Dünnwandige Reagenzgläser

Werden für einfache chemische Reaktionen eingesetzt. Sie halten keine große Hitze aus.

Länge: 7,5 cm

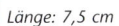

Glühröhrchen

Einwegrohr zum Verdampfen und Schmelzen kleiner Stoffmengen.

Länge: 5 cm

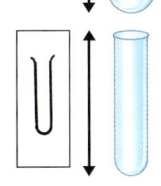

Stativ

*Hier können Apparaturen mit Klammern und Muffen befestigt und in Position gebracht werden, z. B. **Rundkolben**.*

Höhe: 50 bis
100 cm

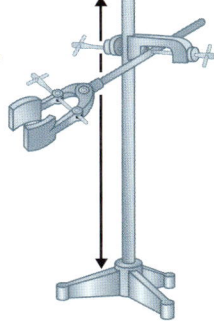

Tiegelzangen

Mit ihnen werden heiße Gegenstände transportiert.

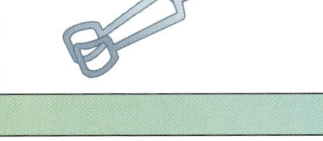

Oberschalige Waagen

Werden für schnelle, genaue Messungen gebraucht.

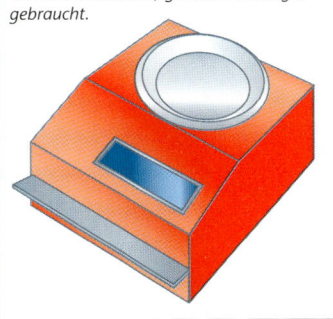

Spatel

Wird zum Abfüllen von Feststoffen in kleinen Mengen benutzt.

Länge: 10 bis 20 cm

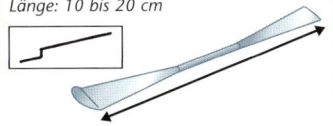

Uhrgläser

In ihnen werden kleine Flüssigkeitsmengen verdampft. Durchmesser: 5 bis 15 cm.

111

TABELLE DER STOFFE, SYMBOLE UND FORMELN

Die Tabelle enthält alle Symbole und Formeln, die im Buch verwendet werden. Hinter jedem Symbol findet sich der Name des Stoffes, für das es steht[†]. Großbuchstaben kommen im Alphabet vor Kleinbuchstaben, d. h. jedes Element steht zusammen mit seinen Verbindungen. Zum Beispiel steht **CH₃OH** (Methanol – eine Kohlenstoffverbindung) im Alphabet hinter **C** (Kohlenstoff), aber vor **Ca** (Calcium).

Symbol	Stoff	Symbol	Stoff	Symbol	Stoff
$3Ca_3(PO_4)_2 \cdot CaF_2$	Apatit	$C_6H_8O_6$	Ascorbinsäure	$CaSiO_3$	Calciumsilicat
		$C_6H_{12}O_6$	Glucose	$CaSO_4$	Calciumsulfat
Ac	Actinium	C_6H_{14}	Hexan	$CaSO_4 \cdot 2H_2O$	Gips
		C_7H_{16}	Heptan		
Ag	Silber	C_8H_{18}	Oktan	Cd	Cadmium
$AgBr$	Silberbromid	C_9H_{20}	Nonan	Ce	Cer
$AgCl$	Silberchlorid	$C_{12}H_{22}O_{11}$	Saccharose	Cf	Californium
AgI	Silberiodid	$C_{17}H_{35}COOH$	Octadecansäure	Cl/Cl_2	Chlor
$AgNO_3$	Silbernitrat	CCl_4	Tetrachlormethan, Tetrachlorkohlenstoff	$-Cl$	Chlorgruppe
				Cm	Curium
Al	Aluminium	CH_2BrCH_2Br	1,2-Dibromethan	Co	Cobalt
$Al(OH)_3$	Aluminiumhydroxid	CH_2CHCl	Vinylchlorid	$CoCl_2$	Cobalt(II)-chlorid
Al_2O_3	Aluminiumoxid	$-CH_3$	Methylgruppe	Cr	Chrom
$Al_2O_3 \cdot 2H_2O$	Bauxit	CH_3CCH	Propin	Cs	Caesium
$Al_2(SO_4)_3$	Aluminiumsulfat	CH_3CH_2CCH	Butin-(1)		
		$CH_3CH_2CH_2CH_2OH$	Butanol-(1)	Cu	Kupfer
Am	Americium	$CH_3CH_2CH_2OH$	Propanol-(1)	Cu_2O	Kupfer(I)-oxid
Ar	Argon	CH_3CH_2CHO	Propanal	$CuCl$	Kupfer(I)-chlorid
As	Arsen	CH_3CH_2Cl	Chlorethan	$CuCl_2$	Kupfer(II)-chlorid
At	Astat	CH_3CH_2COOH	Propansäure	$CuCO_3 \cdot Cu(OH)_2$	Malachit
Au	Gold	CH_3CH_2OH	Ethanol, Ethylalkohol	$(CuFe)S_2$	Kupferpyrit
		CH_3CH_2ONa	Natriummethanolat	$(Cu(NH_3)_4)SO_4$	Tetramminkupfer(II)-sulfat
B	Bor	CH_3CHO	Ethanal		
B_2O_3	Boroxid	$CH_3CHOHCH_3$	Propanol-(2)	$Cu(NO_3)_2$	Kupfer(II)-nitrat
BCl_3	Bortrichlorid	CH_3Cl	Chlormethan	CuO	Kupfer(II)-oxid
Ba	Barium	$CH_3COCH_2CH_3$	Butanon	$CuSO_4$	Kupfer(II)-sulfat
$BaCl_2$	Bariumchlorid	CH_3COCH_3	Propanon	$CuSO_4 \cdot 3Cu(OH)_2$	Basisches Kupfersulfat
Be	Beryllium	$CH_3COOC_2H_5$	Ethansäureethylester		
Bi	Wismut	CH_3COOH	Ethansäure/Essigsäure	D	Deuterium
Bk	Berkelium	CH_3NH_2	Methylamin	D_2O	Deuteriumoxid
Br/Br_2	Brom	CH_3OCH_3	Dimethylether		
$-Br$	Bromgruppe	CH_3OH	Methanol, Methylalkohol	Dy	Dysprosium
C	Kohlenstoff	CH_4	Methan	Er	Erbium
C_2H_2	Ethin/Acetylen	$CHCH$	Ethin	Es	Einsteinium
C_2H_4	Ethen/Ethylen	CO	Kohlenmonoxid	Eu	Europium
C_2H_5Br	Bromethan	$-CO-$	Carbonylgruppe		
C_2H_5CHO	Propanal	CO_2	Kohlendioxid	F/F_2	Fluor
C_2H_5Cl	Chlorethan	$-COOH$	Carboxylgruppe	$-F$	Fluorgruppe
C_2H_5COOH	Propansäure	$(COOH)_2$	Ethandisäure, Oxalsäure		
C_2H_5OH	Ethanol			Fe	Eisen
C_2H_6	Ethan	$COOH(CH_2)_4COOH$	Hexandisäure	Fe_2O_3	Hämatit
C_3H_4	Propin			$Fe_2O_3 \cdot xH_2O$	Rost
C_3H_6	Propen	Ca	Calcium	$FeCl_2$	Eisen(II)-chlorid
C_3H_6O	Propanon/Aceton	$Ca_3(PO_4)_2$	Calciumphosphat	$FeCl_3$	Eisen(III)-chlorid
C_3H_7OH	Propanol	$CaCl_2$	Calciumchlorid	$Fe(OH)_3$	Eisen(III)-hydroxid
C_3H_8	Propan	$CaCO_3$	Calciumcarbonat	FeS	Eisen(II)-sulfid
C_4H_6	Butin-(1)	$CaCO_3 \cdot MgCO_3$	Dolomit	$FeSO_4$	Eisen(II)-sulfat
C_4H_8	Buten-(1)	CaF_2	Calciumfluorid		
C_4H_9OH	Butanol-(1)	$Ca(HCO_3)_2$	Calciumhydrogen-carbonat	Fm	Fermium
C_4H_{10}	Butan			Fr	Francium
C_5H_{10}	Penten-(1)	CaO	Calciumoxid	Ga	Gallium
C_5H_{12}	Pentan	$Ca(OH)_2$	Calciumhydroxid	Gd	Gadolinium

[†] *Wenn der Stoff bekannt ist, nicht aber das Symbol, siehe Index 118-127.*

Symbol	Stoff	Symbol	Stoff	Symbol	Stoff
Ge	Germanium	Mn	Mangan	PbO₂	Blei(IV)-oxid
		MnCl₂	Mangan(II)-chlorid	Pb(OC₂H₅)₄	Bleitetraethyl
H/H₂	Wasserstoff	MnO₂	Mangan(IV)-oxid,	Pb(OH)₂	Blei(II)-hydroxid
H₂CO₃	Kohlensäure		Braunstein	PbS	Blei(II)-sulfid, Bleiglanz
H₂O	Wasser				
H₂O₂	Wasserstoffperoxid	Mo	Molybdän	Pd	Palladium
H₂S	Schwefelwasserstoff			Pm	Promethium
H₂S₂O₇	Rauchende	N/N₂	Stickstoff	Po	Polonium
	Schwefelssäure	N₂O	Distickstoffmonoxid	Pr	Praseodym
H₂SO₃	Schweflige Säure	N₂O₄	Distickstofftetroxid	Pt	Platin
H₂SO₄	Schwefelsäure		Distickstoffoxid	Pu	Plutonium
H₃PO₄	Phosphorsäure	−NH₂	Aminogruppe		
HBr	Bromwasserstoff	NH₂(CH₂)₆NH₂	1,6-Diaminohexan	Ra	Radium
HCl	Chlorwasserstoff,	NH₃	Ammoniak	Rb	Rubidium
	Salzsäure	(NH₄)₂SO₄	Ammoniumsulfat	Re	Rhenium
HCHO	Methanal	NH₄Cl	Ammoniumchlorid	Rh	Rhodium
HCOOH	Methansäure,	NH₄OH	Ammoniumhydroxid	Rn	Radon
	Ameisensäure	NH₄NO₃	Ammoniumnitrat	Ru	Ruthenium
HI	Iodwasserstoff	NO	Stickstoffmonoxid		
HNO₂	Salpetrige Säure	NO₂	Stickstoffdioxid	S	Schwefel
HNO₃	Salpetersäure			SO₂	Schwefeldioxid
		Na	Natrium	SO₃	Schwefeltrioxid
He	Helium	Na₂CO₃	Natriumcarbonat		
Hf	Hafnium	Na₂CO₃.10H₂O	Kristallsoda	Sb	Antimon
Hg	Quecksilber	Na₂SO₃	Natriumsulfit	Sc	Scandium
HgS	Zinnober	Na₂SO₄	Natriumsulfat	Se	Selen
Ho	Holmium	Na₃AlF₆	Kryolit		
		NaAl(OH)₄	Natriumaluminat	Si	Silizium
I/I₂	Iod	NaBr	Natriumbromid	SiO₂	Siliziumdioxid
In	Indium	NaCl	Natriumchlorid,		
Ir	Iridium		Kochsalz	Sm	Samarium
		NaClO₃	Natriumchlorat	Sn	Zinn
K	Kalium	NaHCO₃	Natriumhydrogen-	Sr	Strontium
K₂CO₃	Kaliumcarbonat		carbonat		
K₂Cr₂O₇	Kaliumdichromat	NaHSO₄	Natriumhydrogensulfat	T	Tritium
K₂SO₄	Kaliumsulfat	NaIO₃	Natriumiodat	Ta	Tantal
K₂SO₄.Al₂(SO₄)₃	Kalium-Aluminium-	NaNO₂	Natriumnitrit	Tb	Terbium
	sulfat	NaNO₃	Natriumnitrat	Tc	Technetium
KBr	Kaliumbromid	NaOCl	Natriumhypochlorit	Te	Tellur
KCl	Kaliumchlorid	NaOH	Natriumhydroxid	Th	Thorium
KI	Kaliumiodid			Ti	Titan
KMnO₄	Kaliumpermanganat	Nb	Niob	Tl	Thallium
KNO₃	Kaliumnitrat	Nd	Neodym	Tm	Thulium
KOH	Kaliumhydroxid	Ne	Neon		
				U	Uran
Kr	Krypton	Ni	Nickel		
KrF₂	Krypton(II)-fluorid	NiS	Nickel(II)-sulfid	V	Vanadium
				V₂O₅	Vanadiumpentaoxid
La	Lanthan	No	Nobelium		
La₂O₃	Lanthanoxid	Np	Neptunium	W	Wolfram
Li	Lithium	O/O₂	Sauerstoff	Xe	Xenon
Li₃N	Lithiumnitrid	O₃	Ozon	XeF₄	Xenon(IV)-fluorid
LiCl	Lithiumchlorid	−OH	Hydroxylgruppe		
LiOH	Lithiumhydroxid			Y	Yttrium
		Os	Osmium	Yb	Ytterbium
Lr oder Lw	Lawrencium	OsO₄	Osmiumtetroxid		
Lu	Lutetium			Zn	Zink
		P	Phosphor	ZnCl₂	Zinkchlorid
Md	Mendelevium	P₂O₅	Phosphorpentaoxid	ZnCO₃	Zinkcarbonat
					Zinkspat
Mg	Magnesium	Pa	Protactinium	ZnO	Zinkoxid, Zinkweiß
MgCl₂	Magnesiumchlorid	Pb	Blei	Zn(OH)₂	Zinkhydroxid
MgCO₃	Magnesiumcarbonat	PbI₂	Blei(II)-iodid	Zn(OH)Cl	Basisches Zinkchlorid
MgO	Magnesiumoxid	Pb(NO₃)₂	Blei(II)-nitrat	ZnS	Zinkblende, Zinksulfid
Mg(OH)₂	Magnesiumhydroxid	PbO	Blei(II)-oxid	ZnSO₄	Zinksulfat
MgSO₄	Magnesiumsulfat			Zr	Zirkonium

GRÖSSEN UND EINHEITEN

Physikalische Größen wie **Masse*** und **Strom*** werden in allen Naturwissenschaften verwendet. Sie müssen in irgendeiner Form gemessen werden und haben daher alle eine eigene **Einheit**. Die Einheiten werden durch internationale Vereinbarungen festgelegt und **SI-Einheiten** genannt, abgekürzt vom französischen **Système International d'Unités**. Die Größen werden eingeteilt in **Basisgrößen** und **abgeleitete Größen**.

Basisgrößen

Gruppe von Größen, von denen aus alle anderen Größen (s. **Abgeleitete Größen**) definiert werden können (s. Tabelle unten). Jede Basisgröße hat eine **SI-Basiseinheit**, mit der alle anderen SI-Einheiten definiert werden können.

Basisgröße	Symbol	SI-Basiseinheit	Abkürzung
Masse	m	Kilogramm	kg
Zeit	t	Sekunde	s
Länge	l	Meter	m
Stromstärke	I	Ampere	A
Temperatur	T	Kelvin	K
Stoffmenge	n	Mol	mol
Lichtstärke	lv	Candela	cd

Vorsilben

Eine SI-Einheit kann manchmal zu groß oder klein sein, um zweckmäßig zu sein, z.B. ist der Meter zu groß, um die Stärke eines Blatts Papier zu messen. Daher werden standardisierte Bruchteile und Vielfache der SI-Einheiten verwendet und durch Vorsilben gekennzeichnet (s. Tabelle unten). Der Millimeter (mm) z.B. entspricht dem Tausendstel eines Meters.

Gebräuchliche Bruchteile und Vielfache

Bruchteil / Vielfaches	Vorsilbe	Symbol
10^{-9}	Nano-	n
10^{-6}	Mikro-	μ
10^{-3}	Milli-	m
10^{-2}	Centi-	c
10^{-1}	Dezi-	d
10^{1}	Deka-	dc
10^{2}	Hekto-	h
10^{3}	Kilo-	k
10^{6}	Mega-	M
10^{9}	Giga-	G

SI-Basiseinheiten

Kilogramm (kg)
SI-Einheit der Masse. Entspricht der Masse des internationalen Kilogrammprototyps – einem Metallzylinder, der in Sèvres bei Paris aufbewahrt wird.

Sekunde (s)
SI-Einheit der Zeit. Entspricht der Dauer von 9 192 631 770 **Perioden*** einer bestimmten Strahlung, die vom Cäsium-133-Atom ausgeht.

Meter (m)
SI-Einheit der Länge. Entspricht der Länge der Strecke, die das Licht im Vakuum während der Dauer von $1/299\,792\,458$ Sekunden durchläuft.

Ampere (A)
SI-Einheit des elektrischen Stroms (s. 60). Entspricht der Stromstärke, die durch parallele, unendlich lange, gerade Drähte fließt, die im Vakuum im Abstand von einem Meter angeordnet sind und zwischen denen pro Meter eine Kraft von $2 \cdot 10^{-7}$N auftritt.

Kelvin (K)
SI-Einheit der Temperatur. Sie ist der 273,16te Teil der Temperatur des **Tripelpunktes*** von Wasser auf der **absoluten Temperaturskala***.

Mol (mol)
SI-Einheit der Stoffmenge (unterscheidet sich von der Masse, denn sie misst die Anzahl der Teilchen eines Stoffes). Entspricht der Stoffmenge, die $6,02 \cdot 10^{23}$ (**Avogadro-Konstante**) Teilchen enthält, z.B. Atome oder Moleküle.

Candela (cd)
SI-Einheit der Lichtstärke. Entspricht der Lichtstärke, mit der $1/600\,000$ m² eines schwarzen Körpers bei der Temperatur des erstarrenden Platins und einem Druck von 101 325N m⁻² leuchtet.

***Absolute Temperaturskala**, 29; **Masse, Periode**, 117; **Strom**, 45; **Tripelpunkt** 117.

Abgeleitete Größen

Größen, die von den **Basisgrößen** oder von anderen abgeleiteten Größen abgeleitet sind. Die abgeleiteten Größen haben SI-Einheiten, die aus den **SI-Basiseinheiten** oder anderen **abgeleiteten SI-Einheiten** zusammengesetzt sind. Sie ergeben sich aus der Definitionsgleichung für die Größe und tragen manchmal eigene Namen, die aber nicht immer die gebräuchlichsten Einheiten sind.

Abgeleitete Größe	Symbol	Definitionsgleichung	Abgeleitete SI-Einheit	Name der Einheit	Abkürzung
Geschwindigkeit	v	$v = \dfrac{\text{Wegänderung}}{\text{Zeit}}$	$m\ s^{-1}$	–	–
Beschleunigung	a	$a = \dfrac{\text{Geschwindigkeitsänderung}}{\text{Zeit}}$	$m\ s^{-2}$	–	–
Kraft	F	$F = \text{Masse x Beschleunigung}$	$kg\ m\ s^{-2}$	Newton	N
Arbeit	W	$W = \text{Kraft x Weg}$	$N\ m$	Joule	J
Energie	E	Gespeicherte Arbeit	J	–	–
Leistung	P	$P = \dfrac{\text{Arbeit}}{\text{Zeit}}$	$J\ s^{-1}$	Watt	W
Fläche	A	Abhängig von der Form	m^2	–	–
Volumen	V	Abhängig von der Form	m^3	–	–
Dichte	ρ	$\rho = \dfrac{\text{Masse}}{\text{Volumen}}$	$kg\ m^{-3}$	–	–
Druck	p	$p = \dfrac{\text{Kraft}}{\text{Fläche}}$	$N\ m^{-2}$	Pascal	Pa
Periode	T	Zyklusdauer	s	–	–
Frequenz	f	Zykluszahl pro Sekunde	s^{-1}	Hertz	Hz
Konzentration	c	$c = \dfrac{\text{Stoffmenge}}{\text{Volumen}}$	$mol\ m^{-3}$	–	–
Impuls	–	$\text{Impuls} = \text{Masse x Geschwindigkeit}$	$kg\ m\ s^{-1}$	–	–
Elektrische Ladung	Q	$Q = \text{Stromstärke x Zeit}$	$A\ s$	Coulomb	C
Potenzialdifferenz	U	$U = \dfrac{\text{Energie}}{\text{Ladung}}$	$J\ C^{-1}$	Volt	V
Kapazität	C	$C = \dfrac{\text{Ladung}}{\text{Potenzialdifferenz}}$	$C\ V^{-1}$	Farad	F
Elektrischer Widerstand	R	$R = \dfrac{\text{Potenzialdifferenz}}{\text{Stromstärke}}$	$V\ A^{-1}$	Ohm	Ω

GLOSSAR

Adhärens
Klebemittel, mit dem zwei gleiche oder verschiedene Stoffe zusammengehalten werden.

Amalgam
__Legierung__ von Quecksilber mit einem anderen Metall. Es ist meist weich und manchmal auch flüssig.

Anlaufen
Der teilweise oder völlige Verlust von Glanz durch Bildung einer matten Schicht an der Oberfläche, z. B. Silbersulfid auf Silber oder Lithiumoxid auf Lithium. Anlaufen ist eine Form der __Korrosion__.*

Antazidum
Stoffe, die gegen eine übermäßige Magensäureabscheidung wirken, indem sie die Säure __neutralisieren__. Beispiele sind Aluminiumhydroxid und Magnesiumhydroxid.*

Ausräuchern
Das Töten von Schädlingen wie Insekten durch giftige Gase, z. B. Schwefeldioxid, oder durch Rauch.

Bleichmittel
Stoff, der zum Entfärben eines anderen Stoffes verwendet wird. In der Regel sind das starke __Oxidationsmittel__ oder __Reduktionsmittel__*. Das bekannteste Haushaltsbleichmittel ist Natriumhypochlorit (auch ein sehr wirksames __Germizid__). Die folgende Gleichung zeigt die Produkte der Reaktion zwischen Natriumhypochlorit und einem gefärbten Material.*

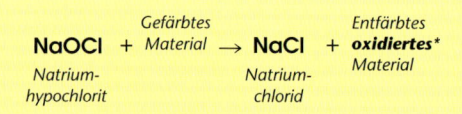

$$NaOCl + \underset{\text{Material}}{\text{Gefärbtes}} \rightarrow \underset{\substack{\text{Natrium-}\\\text{chlorid}}}{NaCl} + \underset{\text{Material}}{\text{oxidiertes*}} \text{ Entfärbtes}$$

Natrium-
hypochlorit

Celsiusskala
Standardisierte Temperaturskala. Ein Grad Celsius entspricht der Größe von einem Kelvin (s. __Absolute Temperaturskala__ 29); der Wert 0°C ist festgelegt als der Gefrierpunkt von Wasser, der Wert 100°C als Siedepunkt von Wasser.

Dehnbar (Plastisch)
Beschreibt einen Stoff, den man strecken kann. Allgemein ein Metall, das zu einem Draht gezogen werden kann, z. B. Kupfer. Verschiedene Stoffe zeigen verschiedene Grade der __Dehnbarkeit__ (Plastizität) (s. a. 51). Ein __sprödes__ Material kann nicht in dieser Weise gedehnt werden.

Dehydratisierungsmittel
Stoff, der einem anderen Stoff die Feuchtigkeit entziehen kann. Falls vorhanden, kann er Wassermoleküle ganz übernehmen, aber auch einzelne Wasserstoff- und Sauerstoffatome von den Molekülen des Stoffs. Dabei entsteht ein anderer Stoff plus Wasser (s. a. __Trockenmittel__). Konzentrierte Schwefelsäure ist ein Beispiel:

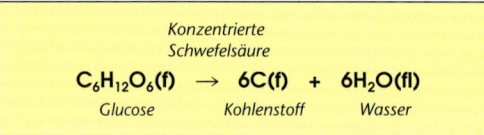

$$\underset{\text{Glucose}}{C_6H_{12}O_6(f)} \xrightarrow{\substack{\text{Konzentrierte}\\\text{Schwefelsäure}}} \underset{\text{Kohlenstoff}}{6C(f)} + \underset{\text{Wasser}}{6H_2O(fl)}$$

Konzentrierte Schwefelsäure kann auch als Trockenmittel verwendet werden, wenn sie nicht mit dem zu trocknenden Stoff reagiert. Z. B. wird sie gebraucht, um Chlorgas zu trocknen, indem sie im Gas vorhandene Wassermoleküle wegfängt (s. a. 102).

Dichte
Maß für die __Masse__, die in einer __Volumen__-Einheit eines Stoffes vorhanden ist. Sie wird ermittelt, indem man die Masse durch ihr Volumen dividiert. Ihre Einheit ist Kilogramm pro Kubikmeter (kg m^{-3}).

Erz
In der Natur vorkommendes Mineral, aus dem ein Element, meist ein Metall, gewonnen werden kann, aus Bauxit z. B. Aluminium.

Flüchtig
Beschreibt eine Flüssigkeit, die leicht __verdampft__, z. B. Benzin, oder einen Feststoff, der leicht __sublimiert__*, z. B. Iod.*

Fotoelement oder **fotoelektrische Zelle**
Halbleiter, der Licht in elektrische Energie umwandelt und mit dem man Lichtstärken messen kann.

Fungizid
Chemischer Stoff, der schädliche Pilze und deren Sporen abtötet, z. B. Schimmelpilz auf der Feldfrucht.

Gefriermittel
Eine Art __Kühlmittel__, das in Kühlschränken verwendet wird. Es muss eine Flüssigkeit sein, die bei geringer Temperatur __verdampft__. Heute gebräuchliche Substanzen sind __Chlorofluorocarbonate__*, während früher meist Ammoniak verwendet wurde.*

Germizid
Chemischer Stoff, der Bakterien abtötet, insbesondere krankheitserregende Bakterien (Keime).

Geschmeidig (Elastisch)
Beschreibt einen Stoff, der in verschiedene Formen gebracht werden kann. In der Chemie ist meist ein Stoff gemeint, den man zu dünnen Blättern hämmern kann, wie viele Metalle und __Legierungen__. Verschiedene Stoffe zeigen verschiedene Grade der __Geschmeidigkeit__ (Elastizität) (s. a. 51).

Gradeinteilung
Markierungen in regelmäßigen Abständen zur Abmessung, z. B. am __Messzylinder__ oder am __Kolbenprober__*.*

Halbleiter
__Elektrische Leiter__ mit einem Widerstand, der mit steigender Temperatur abnimmt (der Widerstand normaler Leiter nimmt mit steigender Temperatur zu). Halbleiter sind meist __Halbmetalle__ wie Germanium oder Silizium. Ihre Eigenschaften hängen vom Grad der Verunreinigung ab.*

Harz
Als __Klebemittel__ benutzte Stoffe, meist nicht wasserlöslich. __Natürliche Harze__ sind organische Verbindungen, die von einigen Pflanzen und Insekten abgesondert werden. __Künstliche Harze__ werden durch __Polymerisation__ gewonnen.*

Isolator
Schlechter __Leiter__ für Wärme oder Elektrizität. Nichtmetallische Elemente und ihre Verbindungen sind meist Isolatoren, z. B. Schwefel und Gummi.

Kalorimetrie
Messung der Energieänderung bei einer chemischen Reaktion und einem Vorgang mit Wärmetransfer. Der Temperaturanstieg einer Wassermenge kann z. B. benutzt werden, um die Energie zu ermitteln, die abgegeben wird, wenn Brennstoff verbrennt (s. __Kalorimetrische Bombe__ 33).

Konstante
Ein Zahlenwert, der sich nicht verändert, z. B. in der Gleichung PV = RT (s. a. 28) ist der Zahlenwert R (__Gaskonstante__) die Konstante. P und V sind __Variablen__, da sie sich ändern können. Die Gaskonstante liegt bei 8.314 Jk^{-1}Mol^{-1}.

Kühlmittel
*Flüssigkeit, die in der Industrie und in Haushalten zum Kühlen verwendet wird (s. a. **Gefriermittel**). Im Allgemeinen entzieht das Kühlmittel dem einen Medium Wärme und gibt sie an ein anderes ab. In einem Kernkraftwerk transportiert das Kühlmittel z. B. Wärme aus den Kernreaktionen zum Dampferzeuger, der Turbinen antreibt und so Strom erzeugt.*

Latex
*Eine milchige Flüssigkeit, die von Pflanzen erzeugt wird, insbesondere vom Kautschukbaum, aus dem Rohgummi gewonnen wird; ist auch Grundlage für einige **Adhärenzien**. Auch einige **synthetische Polymere***.

Legierung
Mischung von zwei oder mehr Metallen oder von Metall und Nichtmetall. Hat eigene (metallische) Eigenschaften, unabhängig von denen ihrer Bestandteile.

Leiter
*Material, durch das elektrischer Strom oder Wärme fließen kann. Die Stoffe besitzen dann **Leitfähigkeit**. Ein **elektrischer Leiter** lässt elektrischen Strom durch; ein **Wärmeleiter** lässt Wärme durch. Metalle, Lösungen mit Ionen und geschmolzene **Ionenverbindungen*** sind elektrische Leiter, Metalle sind auch gute Wärmeleiter (s. a. **Isolator** und **Halbleiter**).*

Masse
*Bezeichnung für die Menge eines Stoffes. Sie wird in Kilogramm angegeben und durch Wägen ermittelt. Sie ist aber nicht das **Gewicht**. Das Gewicht einer Masse hängt von der Anziehungskraft der Erde, des Mondes oder eines anderen Himmelskörpers ab (Gravitation). Die Masse eines Körpers ist überall gleich.*

Mineral
*Anorganischer Stoff aus der Natur, der nicht von Lebewesen stammt, z. B. **Steinsalz***. Verschiedene Mineralien haben verschiedene chemische Zusammensetzungen und Eigenschaften (s. a. **Erz**).*

Oberflächenspannung
Tendenz der Oberfläche einer Flüssigkeit, sich so zu verhalten, als ob sie von einer Haut bedeckt wäre. Verursacht wird die Oberflächenspannung durch die Anziehungskräfte zwischen den Oberflächenmolekülen. Ein einzelner Flüssigkeitstropfen nimmt wegen der Oberflächenspannung die Form mit der kleinsten Oberfläche an, gewöhnlich eine Kugelform.

Organisches Lösungsmittel
Eine organische Flüssigkeit, in der sich Stoffe lösen.

Periode
Die Zeit, die benötigt wird, um einen Zyklus einer Bewegung zu vollenden, z. B. einen Wellenzyklus oder die vollständige Umdrehung eines Rades.

Pigmente
Stoffe, die den Pflanzen und Tieren Farbe geben. Die unlöslichen Pulver werden zum Färben von Plastik und zum Malen verwendet.

Regelstab
*Teil des Betriebssystems eines Kernreaktors. Lange Stäbe oder Rohre, die hinauf- und hinabbewegt werden, um die Reaktionsrate im Reaktor zu regulieren. Sie sind aus Stahl oder Aluminium mit Beimengungen von Bor, Cadmium oder anderen Stoffen, die **Neutronen*** absorbieren.*

Rohstoffe
Stoffe aus den Naturvorräten, aus denen man Stoffe für die industrielle Verarbeitung gewinnt, z. B. Eisenerz, Koks und Kalkstein sind die Rohstoffe, aus denen Eisen hergestellt wird (s. 60, Bild).

Schleifmittel
Material, das die Oberfläche eines weicheren Feststoffes abreibt.

Spurenelemente
*Elemente wie Kupfer und Iod, die, allerdings nur in kleinen Mengen, lebenswichtig für viele Organismen sind. Sie bilden oft Teile von **Enzymen*** oder **Vitaminen***.*

Stoffwechsel
*Chemische Prozesse, die im lebenden Organismus stattfinden, gesteuert von **Enzymen***. Komplexe Verbindungen werden zur Freisetzung von Energie aufgebrochen und in einfachere zerlegt, aus denen zum Speichern und zur Gewebebildung wieder komplexere Verbindungen aufgebaut werden.*

System
*Eine Reihe zusammengehöriger Teile, die aufeinander einwirken und eine Einheit bilden, z. B. die Stoffe in einer Reaktion im Stadium des **chemischen Gleichgewichts***.*

Träge
*Eigenschaft eines reaktionsarmen Stoffes, der nur sehr schwer zur Reaktion gebracht werden kann, z. B. die **Edelgase***.*

Tripelpunkt
*Der Punkt bei einer bestimmten Temperatur, einem bestimmten Druck und **Volumen**, an dem der gasförmige, flüssige und feste **Aggregatzustand*** eines Stoffes gleichzeitig bestehen kann.*

Trockenmittel
*Ein Stoff, der dazu benutzt wird, anderen Stoffen die Feuchtigkeit zu entziehen; er bindet aber nur die Wassermoleküle, nicht etwa einzelne Wasserstoff- und Sauerstoffatome. Der zu trocknende Stoff selbst ändert sich nicht (s. a. **Trocknung** 107 und **Dehydratisierungsmittel**). Phosphorpentaoxid (P_2O_5) ist ein Beispiel:*

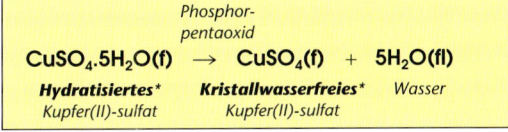

$$CuSO_4.5H_2O(f) \rightarrow CuSO_4(f) + 5H_2O(fl)$$

Phosphorpentaoxid

Hydratisiertes* Kupfer(II)-sulfat | **Kristallwasserfreies*** Kupfer(II)-sulfat | Wasser

Überhitzter Dampf
Dampf mit einer Temperatur von über 100°C. Man erhält ihn durch Aufheizen unter Druck.

Volumen
*Maß für den Raum, den ein Körper einnimmt. Bei regelmäßig geformten Körpern kann das Volumen aus einfachen Messungen errechnet werden. Bei unregelmäßigen Körpern misst man das Volumen, indem man das Volumen einer von ihnen verdrängten Flüssigkeit ermittelt. Die **SI-Einheit*** ist der Kubikmeter (m^3).*

Vulkanisation
*Aufheizen von Rohgummi (gewonnen aus **Latex**) mit Schwefel. Vulkanisiertes Gummi ist härter, zäher und weniger temperaturempfindlich als Rohgummi. Dies hängt damit zusammen, dass die Schwefelatome Kreuzverbindungen zwischen den Ketten der Gummimoleküle bilden (s. 87, Bild).*

Zähflüssig (Viskos)
*Beschreibt Flüssigkeiten, die sich sirupartig bewegen, z. B. Motoröl. **Zähflüssigkeit** (Viskosität) ergibt sich aus der Bewegung von verschiedenen Schichten einer Flüssigkeit, die sich aufgrund unterschiedlicher Reibungskraft unterschiedlich schnell bewegen.*

REGISTER

Die Seitenzahlen des Registers sind auf drei verschiedene Arten angegeben. Fett gedruckte (z. B. **92**) geben an, wo die Definition des Begriffes (oder der Begriffe) zu finden ist. Mager gedruckte Zahlen (z. B. 92) beziehen sich auf zusätzliche Einträge. Kursive Seitenzahlen (z. B. *92*) geben an, wo der Begriff (die Begriffe) als Abbildungsbeschriftung zu finden ist. Steht vor einer Seitenzahl ein Begriff in Klammern, so wird der Registerbegriff im Zusammenhang dieses Begriffes erläutert. Einzahl (Ez.), Mehrzahl (Mz.), Zeichen und Formeln sind, wenn nötig, hinter dem Registerbegriff eingeklammert angegeben. Auf Synonyme wird mit „siehe" verwiesen.